普通高等教育"十五"国家级规划教材
上海普通高校优秀教材

ZUZHI XINGWEIXUE

# 组织行为学

## （第五版）

阎海峰　主编

高等教育出版社·北京

## 内容提要

本书是普通高等教育"十五"国家级规划教材、上海普通高校优秀教材。全书共 13 章，分别是导论、个性与价值观、态度与情绪、知觉与个体决策、动机与激励、群体与团队、沟通与谈判、群体决策与冲突管理、权力与政治、领导理论、领导行为、组织设计与组织文化、组织发展与组织变革。

本书理论体系完善，案例丰富，每章配有相应的思考题、练习题、案例分析，利于读者巩固练习。本书既可作为高等学校工商管理专业相关课程教材，也可作为社会人士自学用书。

#### 图书在版编目(CIP)数据

组织行为学 / 阎海峰主编. —5 版. —北京：高等教育出版社，2021.6
ISBN 978-7-04-055987-3

Ⅰ.①组… Ⅱ.①阎… Ⅲ.①组织行为学—高等学校—教材 Ⅳ.①C936

中国版本图书馆 CIP 数据核字(2021)第 087691 号

| 策划编辑 刘自挥 | 责任编辑 张正阳 | 封面设计 张文豪 | 责任印制 高忠富 |

| | | | |
|---|---|---|---|
| 出版发行 | 高等教育出版社 | 网　　址 | http://www.hep.edu.cn |
| 社　　址 | 北京市西城区德外大街 4 号 | | http://www.hep.com.cn |
| 邮政编码 | 100120 | | http://www.hep.com.cn/shanghai |
| 印　　刷 | 杭州广育多莉印刷有限公司 | 网上订购 | http://www.hepmall.com.cn |
| 开　　本 | 787mm×1092mm　1/16 | | http://www.hepmall.com |
| 印　　张 | 15.75 | | http://www.hepmall.cn |
| 字　　数 | 354 千字 | 版　　次 | 2000 年 7 月第 1 版 |
| | | | 2021 年 6 月第 5 版 |
| 购书热线 | 010-58581118 | 印　　次 | 2021 年 6 月第 1 次印刷 |
| 咨询电话 | 400-810-0598 | 定　　价 | 35.00 元 |

本书如有缺页、倒页、脱页等质量问题，请到所购图书销售部门联系调换
版权所有　侵权必究
物　料　号　55987-00

# 第五版前言

时间真的如白驹过隙,《组织行为学》第四版出版发行至今,已经将近五个春秋了。在这过去的五年里,中国和世界都发生了很大变化。从管理学领域看,中国学者越来越自信,也越来越具有自我意识;学习管理学知识和接受管理学教育的各类学生,也同样日益具有反思和批判的勇气与能力。这些变化,既是中国经济社会发展的结果,也是改革开放几十年来管理学教育在中国传播发展的结果。因应这些变化,结合自身在管理学教学、研究工作中的体会,我们对《组织行为学》第四版的内容进行了修订,以努力满足变化了的时代和需求。

本次修订(第五版)主要体现在如下两个方面。

第一,篇章结构进行了较大的调整。主要表现在,增加了态度与情绪(第3章);将前一版本中的领导理论与领导行为(第12章)分为领导理论(第10章)和领导行为(第11章)两章,以便将相关领域内更多新进展及时补充到新版本中。另外,这次修订将前一版中的第13章组织结构设计与第14章组织文化进行了合并,共同构成目前版本的第12章组织设计与组织文化;前一版中的第4章学习与行为改变相关内容合并到了本书第5章动机与激励;原第6章群体行为基础和第9章团队与团队管理,合并为本书第6章群体与团队;原第7章群体沟通、第8章群体决策和第10章冲突、谈判与群体间行为,调整为目前的沟通与谈判(第7章)和群体决策与冲突管理(第8章),并将有关个体决策的内容补充到了第4章知觉与个体决策。经此修订,这一版本的内容从第四版的15章,调整修改为目前的13章。

第二,本次修订对每一章的开篇案例和章末案例进行了更新,以增强案例内容的时代感。每章结束后除了思考题之外,更新了绝大部分的练习题。考虑到组织行为学知识的特点,本次修订选择的练习题,主要以自我评估练习为主。我们准备后期将这些练习通过网络小程序的方式,转移到线上,随教材赠送给需要的教师,以期通过数字化的教学材料,适应新一代学生的学习特点,提升其学习兴趣。练习的内容都是与相关章节的教学内容密切联系的,通过这些练习,可以帮助学生通过体验式学习增进对相关组织行为学理论或知识点的理解,也增进学生对自身的了解,这样可以使参

## 第五版前言

与其中的学习者,不仅获得组织行为学相关知识,也可以通过课堂学习获得成长。

本次修订工作主要由阎海峰、张凯丽和叶昇三位老师负责。阎海峰提出整体修订原则,并对第1章进行了修订,叶昇负责第2—5章的修订,张凯丽负责第6—13章的修订。华东理工大学商学院研究生徐嘉悦、金伟杰,以及本科生康心怡、赵奕飞、胡晨歌和周吉谊协助做了部分资料收集工作。

最后,衷心感谢购买和使用我们这本教材的老师和同学们,正是因为你们的关爱和支持,才使得这本《组织行为学》教材得以再次修订出版。在使用过程中,大家如有任何批评和建议,也请告诉我们,以帮助我们把教材修订工作做得更好。

编 者

2021 年 5 月

# 第一版前言

组织行为学在我国的命运,与其他从西方引进的管理类学科大不一样,它与20多年来的改革开放历程可以说是紧紧相连。当初对它的指责是"企图以西方的意识形态取代思想政治工作",这在20世纪80年代初的中国,可是一个不小的罪名。

有趣的是,两部文学作品为组织行为学在中国的推广起到了"鸣锣开道"的作用。一部是著名作家蒋子龙的小说《赤橙黄绿青蓝紫》,它描述了一个运输车队里的非正式团体领袖与车队队长、车队支部书记间的冲突,引起了社会的极大反响。另一部是著名作家张洁的小说《沉重的翅膀》,它描述了一位党的高级干部对行为科学研究的支持,其内容直接反映了组织行为学引入中国后的冲突,反响更为强烈。

本书编者仍清楚地记得,1985年初一个严冬的上午,时任国家经委主任的袁宝华同志亲临第一届中国行为科学学会成立大会并发言,提出要结合国情加强对组织行为学的研究与应用,他的讲话赢得了与会者的阵阵掌声。这意味着一位国家的部委级领导对学术界与企业界解放思想、大胆探索的肯定。此后,学术界为推广组织行为学投入了大量的精力。许多学者、教授纷纷著书立说,宣传组织行为学。特别是在1992年初小平同志视察南方的重要讲话发表后,组织行为学的地位与作用开始得到了应有的肯定与重视,它在管理类专业的本科、研究生与工商管理硕士的教学中被列入核心课程,有关组织行为学的研究与应用也得到了很大的进展。

与其他应用性较强的管理类学科课程(如会计学、市场营销学、生产经营管理等)相比较,组织行为学在中国的发展仍处于起步阶段,特别是中西方对行为的理解差别直接制约了组织行为学在中国的普及。西方对组织行为的研究源于实验性很强的心理学,强调个体对外来刺激的反应是研究行为的基础;中国则历来重视思想意识对行为的影响。这使得人们在理解与掌握组织行为学时,一开始便在基本概念上遇到了困难。组织行为学的教学研究虽然已走上正轨,但要达到"组织行为学的中国化"仍有一段相当长的路要走。

本书基于下列考虑展开结构与内容的设计:

1. **以对现实社会与工作方式的介绍为出发点。** 目前及今后的大学生与以往大学生的差别在于,大学教育在近几年的飞速发展,在某些地区尤其是在大城市已趋向于"大众教育"而非"精英教育",大学生读书的"就业倾向"而非"成就倾向"也成为不争

## 第一版前言

的事实。大学生在学习基础理论的同时,将相当一部分精力用于考各种资格证书、在社会上打工或兼职。对此,绪论的重点有必要从以往较多的理论性铺垫改为对社会及工作的变化的介绍。因此,本书第一章为"组织行为与当代工作方式"。

**2. 以对行为的分析、比较为理论的切入点。**以往的教材对行为及行为科学方面的介绍甚少,其原因可能是顾忌其心理学方面的知识过于专门化,也可能是国外教材并无此类介绍。本书编者出于多年教学之体会,认为有必要对学生介绍一些背景知识,并将中外对行为的认知作一分析与比较。编者认为,引入组织行为学的理论背景知识会有助于学生把握好组织行为学的基本理论与方法。这就是本书第二章"行为与行为科学简介"之来源。

**3. 以大学生的可接受及对其今后工作适用性程度为教材结构设计的主线。**组织行为学历来以个体、群体、领导与组织为主导内容,近年来则增加了一些专题(如冲突、沟通、权力等)作为紧随其后的章节。本书考虑到:(1)大学生的可接受程度及可能开设该课程的时段(一般在二年级下、三年级上或下);(2)大学生已具有的知识水准(如学生已学过"管理学"等专业基础课程);(3)大学生今后就业所涉及的组织行为现象,将重点放在个体、群体领域(共安排十章),对领导与组织领域作简略介绍(共安排四章)。

**4. 以案例与练习为辅助教学的手段。**当今社会强调人际与组织间的互动,以研究人际与组织间互动的组织行为学的教学如果还是满堂灌,则显然不符合当前社会需要与当代大学生的特点。为此,本书在每一章的开始安排一个小案例作为引导,在每章之后安排2~3个练习,以及供讨论用的小案例。编者建议,在课堂教学中,一半时间用于教学,另一半时间可用于课堂练习与案例讨论。教师也可自己选择相应的练习或案例。

**5. 以通俗易懂的表述为写作风格。**考虑到本科大学生的特点,本书在尽可能体现组织行为学的最新研究成果的同时,采用了简明流畅的写作风格。一般的组织行为学教材均有较多的图表与公式,本书初稿也有类似情况。在修改过程中,听取了各方特别是高等教育出版社编辑的意见,将一些图表与公式作了删节,并在文字上作了必要的处理,以适应本科教学的需要。

编 者
2000年4月

# 目　　录

**第 1 章　导论** · 001
　第一节　组织行为学的概念与相关学科 · 002
　第二节　组织行为学的理论体系 · 004
　第三节　组织行为学的历史演变 · 007
　第四节　管理伦理与组织行为 · 009
　第五节　研究术语与研究方法 · 012
　本章小结 · 017
　思考题 · 017
　练习题 · 018
　案例分析 · 019

**第 2 章　个性与价值观** · 021
　第一节　个性概述 · 021
　第二节　个性测量 · 023
　第三节　组织情境中的个性 · 025
　第四节　价值观 · 027
　本章小结 · 030
　思考题 · 031
　练习题 · 031
　案例分析 · 033

**第 3 章　态度与情绪** · 035
　第一节　态度概述 · 035
　第二节　工作满意度 · 037
　第三节　情绪 · 039
　本章小结 · 040
　思考题 · 040
　练习题 · 041
　案例分析 · 042

**第 4 章　知觉与个体决策** · 044
　第一节　知觉过程与知觉影响因素 · 044

# 目 录

  第二节 社会知觉 ·············· 048
  第三节 归因 ·············· 051
  第四节 个体决策 ·············· 055
  本章小结 ·············· 056
  思考题 ·············· 056
  练习题 ·············· 057
  案例分析 ·············· 058

## 第 5 章 动机与激励 ·············· 060
  第一节 动机概述 ·············· 060
  第二节 动机的分类 ·············· 064
  第三节 影响动机的因素 ·············· 065
  第四节 激励概述 ·············· 066
  第五节 员工激励实践 ·············· 073
  本章小结 ·············· 082
  思考题 ·············· 083
  练习题 ·············· 083
  案例分析 ·············· 085

## 第 6 章 群体与团队 ·············· 086
  第一节 群体相关概念 ·············· 086
  第二节 群体相关理论 ·············· 092
  第三节 团队相关概念 ·············· 094
  第四节 团队建设与发展 ·············· 099
  本章小结 ·············· 103
  思考题 ·············· 104
  练习题 ·············· 104
  案例分析 ·············· 107

## 第 7 章 沟通与谈判 ·············· 109
  第一节 沟通的相关概念 ·············· 110
  第二节 沟通的相关理论 ·············· 113
  第三节 谈判及相关理论 ·············· 117
  本章小结 ·············· 123
  思考题 ·············· 123
  练习题 ·············· 124
  案例分析 ·············· 125

## 第 8 章 群体决策与冲突管理 ·············· 128
  第一节 群体决策 ·············· 129
  第二节 群体决策的基础 ·············· 131
  第三节 群体冲突 ·············· 136
  本章小结 ·············· 141

| | |
|---|---|
| 思考题 | 142 |
| 练习题 | 142 |
| 案例分析 | 143 |

## 第9章　权力与政治　147

| | | |
|---|---|---|
| 第一节 | 权力及相关概念 | 147 |
| 第二节 | 权力的类型 | 150 |
| 第三节 | 正确使用权力 | 152 |
| 第四节 | 组织内政治行为 | 153 |

| | |
|---|---|
| 本章小结 | 157 |
| 思考题 | 158 |
| 练习题 | 158 |
| 案例分析 | 160 |

## 第10章　领导理论　162

| | | |
|---|---|---|
| 第一节 | 领导概述 | 162 |
| 第二节 | 领导特质理论 | 163 |
| 第三节 | 领导行为理论 | 164 |
| 第四节 | 领导权变理论 | 167 |
| 第五节 | 当代领导理论 | 172 |
| 第六节 | 领导面临的挑战 | 176 |

| | |
|---|---|
| 本章小结 | 178 |
| 思考题 | 178 |
| 练习题 | 179 |
| 案例分析 | 180 |

## 第11章　领导行为　182

| | | |
|---|---|---|
| 第一节 | 积极领导行为 | 182 |
| 第二节 | 消极领导行为 | 188 |
| 第三节 | 跨文化背景下的领导行为 | 189 |
| 第四节 | 领导培育 | 193 |

| | |
|---|---|
| 本章小结 | 193 |
| 思考题 | 194 |
| 练习题 | 194 |
| 案例分析 | 196 |

## 第12章　组织设计与组织文化　198

| | | |
|---|---|---|
| 第一节 | 组织结构与组织设计的概念 | 198 |
| 第二节 | 典型的组织结构形态 | 199 |
| 第三节 | 组织结构设计 | 203 |
| 第四节 | 组织文化 | 212 |
| 第五节 | 组织文化的创建与维护 | 216 |

| | |
|---|---|
| 本章小结 | 219 |

# 目 录

　　思考题 ·················································································· 220
　　练习题 ·················································································· 220
　　案例分析 ··············································································· 221
第 13 章　组织发展与组织变革 ······················································· 225
　　第一节　组织发展 ··································································· 225
　　第二节　组织变革 ··································································· 228
　　第三节　组织变革的动力与阻力 ················································· 229
　　第四节　组织变革模型 ····························································· 231
　　本章小结 ··············································································· 235
　　思考题 ·················································································· 235
　　练习题 ·················································································· 236
　　案例分析 ··············································································· 237
主要参考文献 ············································································· 240

# 第1章 导　　论

余可为是上海一家著名咨询公司的咨询顾问,刚从某大学毕业不久,学习成绩优秀。他刚刚接手一项任务,帮助一家小型制造企业做一项决策咨询:应该把有限的资金投向哪个产品系列。对于该咨询公司来说,这只是一个小项目,于是一位高级咨询顾问将整个项目都交给了这个年轻人,并明确要求他按预算尽快完成任务。

余可为怀着极大的热情接受了这项任务,因为这是他第一次独立负责一个项目。他将这个项目视为展示自己的咨询能力、为本公司赢得利润、帮助客户企业发展的绝好机会。

在去客户企业的第一天,客户公司总裁召集了大部分经理开会,向余可为介绍情况。总裁谈了自己对于关键资源分配的看法并鼓励大家各抒己见。小余很清楚自己是这间会议室最年轻的一员,于是极尽所能表达出对这个问题的理解和自己在这个领域的专业知识。在他看来,这次会议进行得很顺利,只是其间发生了一件稍微有点意外的事,但这件事也成了他展示自己专业能力的机会。

会议大约进行到2/3的时候,一个穿着一件皱巴巴棕色西服的小个子男人从后排站起来首次发言,他问了一个含糊不清且冗长的问题,这个问题表明他没有弄明白刚才咨询顾问所做的分析。余可为实在不想浪费时间给这个男人补课,于是便把话题岔开了。但那个男人却不肯罢休,又提了一个问题,于是咨询师使用自己的口才和机智使其安分下来,这一招很灵,几乎所有的人(除了那个男人)都笑了起来,那个穿皱巴巴棕色西服的小个子只好不再说话。

会议之后,余可为分别和公司的一些高层经理会面并很快得出结论:该项目的关键是弄清每个产品系列的实际成本。之后,他就去找主管财务的副总裁,得知他所需要的大部分历史数据都没有存在计算机里,而是以不同方式存在各种档案中,这些档案又散乱分布于财务部和整个工厂之中。到了下午4点钟,咨询顾问越来越焦急,很明显主管财务的副总裁和他的助手们都不知道相关档案是以什么方式建立的,甚至不知道它们现存于何处。

这个年轻人心急如焚。好在最后副总裁想起来有个下属是"公司里肯定知道在哪儿可以找到这些档案的人",这让他多少有了点头绪。他被迅速带到财务部后面的一个小房间里。

# 第1章 导　论

　　进去后余可为看见了一个人，正是那个穿皱巴巴棕色西服的小个子男人。

　　余可为接下来可能面对怎样的挑战？为什么会出现这样的挑战？应对这类挑战需要怎样的技能？对于组织中此类问题的解答，就是这门课程的重点所在。

　　今天，人类社会已经是一个高度组织化的社会，组织体现在人类生活的方方面面，从营利组织（如各种类型的企业）到非营利组织（如政府、军队、联合国、国际奥委会）。世界上大多数人的一生几乎也与各类组织密切关联，从医院、学校到支持人们工作和生活的各类机构，都是以组织的形式存在着。一般认为，组织是一种有意协调的社会单元，它由两个或两个以上的人组成，在一个相对连续的基础上运作，以达到共同的目标或一系列目标。而在通过组织方式实现目标的过程中，无论时代如何变迁、技术如何进步，有一点从来不曾改变过，那就是如何运用有效的人际技能实现对组织中的人的管理。因为，任何一个组织要实现有效的运行，都离不开对人的管理。

　　已有的研究发现，无论从功能视角、角色视角、技能视角，还是活动视角来看，管理工作都有一个共同点，那就是每一种视角都认识到对人的管理的重要性。而且，无论冠以什么样的名称，如"领导功能""人际角色""人际技能"或是"人力资源管理和社交活动"等，显而易见的是，管理者要想在工作中取得成效，都必须开发自己的人际交往技能。因为管理者需要通过他人来完成工作，达到目标。

　　广泛地对与人际交往技能相关的学术问题进行描述的学科就是组织行为学。学习、了解组织行为学相关的理论、知识和技能，最重要的作用自然是帮助各个层级的管理者理解、解释组织中个体、群体的态度与行为，从而通过对员工和团队的有效组织与管理，改善组织的绩效，以有利于组织战略的实施。除此之外，学习组织行为学也有利于个体的自我管理和成长。通过学习组织行为学，人们可以掌握一些观察和理解自我的理论和方法，并通过它们对自己有更多、更深的了解，比如，了解自己的人格特征、价值观、工作态度、动机、冲突管理风格和压力管理能力等。了解这些，不仅可以帮助人们在职业生涯准确定位，更好地做好规划和管理，培养和激发工作潜力，并更好地与组织中的他人相处；还有助于人们更好地处理工作与生活的平衡，甚至生活中相关的问题。接下来，就让我们一起开启组织行为学的学习历程吧。

## 第一节　组织行为学的概念与相关学科

### 一、组织行为学的概念

　　许多学者从不同角度阐述过组织行为学的概念。我们这里列举其中比较有代表性的一些，以帮助大家理解。

　　美国学者安德鲁·丁·杜布林（A. J. Dubrin）认为："组织行为学是系统研究组织环境中所有成员的行为，以成员个人、群体、整个组织以及外部环境的相互作用所形成的行为作为研究的对象。"

约翰·W.纽斯特罗姆和基斯·戴维斯认为:"组织行为学是一门研究人——个体和群体——在组织中的行为知识并加以应用的学科。它致力于寻找人的更有效的行为方式。"

我国学者孙彤的认为是:"组织行为学是研究一定组织中人的心理和行为规律性的科学,它采用系统分析的方法,综合运用心理学、社会学、人类学、生理学、生物学、经济学和政治学等知识,研究一定组织中人的心理和行为的规律性,从而提高各级领导者和管理者对人的行为的预测和引导能力,以便更有效地实现组织预定的目标。"

卢盛忠、余凯成等人表达的概念相对简单:"组织行为学是综合运用各种与人的行为有关的知识,研究各类工作组织中人的工作行为规律的学科。"

斯蒂芬·罗宾斯的看法是:"组织行为学是一个研究领域,它探讨个体、群体以及结构对组织内部行为的影响,以便应用这些知识来改善组织行为的有效性。"

我们这里基本采用斯蒂芬·罗宾斯给出的这个概念,来界定组织行为学的内容。我们认为组织行为学至少有如下特征:

① 它以工作中的人类行为作为研究对象,因此关注的是工作岗位、缺勤、员工流动、生产率、绩效和管理有关的行为;

② 它运用综合的知识,特别是心理学、社会心理学和政治学等学科知识,描述、解释、预测和控制组织中的人的行为;

③ 对于组织行为学中的一些核心议题,如激励、领导、人际沟通、权力、冲突、群体结构与过程、学习、态度、知觉、变革过程和压力等,人们基本上已经认同;

④ 组织行为学的知识体系建立在个体、群体和组织三个层面上,分别关注个体层面的因素(或变量),如个体特征、能力、价值观、态度、人格和情绪等;群体层面的因素,如群体结构、团队特征、领导风格、权力与政治,以及冲突管理等;组织层面的因素,如组织结构、组织文化、组织变革等。

## 二、组织行为学与相关学科的关系

今天,与组织行为学(organizational behavior)非常相关的领域有组织理论(theory)、组织发展(devolopment)、人力资源管理(human resource management)。许多人会对此感到困扰,因为它们之间常常有很多的重叠部分。国际著名管理学者,第一代的组织行为学家弗雷德·鲁森斯(Fred Luthans)在他的《组织行为学》中,介绍了组织行为学与相关学科的关系,如图1-1所示,这个图有助于人们理解四者之间的相互关系。

|  | | |
|---|---|---|
| 理论的 | 组织理论 | 组织行为学 |
| 应用的 | 组织发展 | 人力资源管理 |
|  | 宏观的 | 微观的 |

图1-1 组织行为学与相关学科的关系

(1) 组织行为学更为理论化,并处于微观分析层面。具体来说,组织行为学汲取各种行为科学的理论,关注理解和解释组织中个体和群体的行为。和其他学科一样,组织行为学通过公认的科学研究方法积累知识、验证理论。

(2) 组织理论倾向于比组织行为学更为宏观的层面,主要关心诸如组织结构和设计等,它更多的是在组织层面上研究问题。著名组织学家理查德·达夫特(Richard Daft)也认为,组织理论是组织的宏观方面。但是,我们也发现,组织理论的一些主题也常常会包含在组织行为学的研究和应用中,最典型的如组织的环境以及组织结构问题。

(3) 组织发展往往比组织行为学更为宏观,也更具应用导向。和组织理论一样,组织发展的主题往往也会被包括在组织行为学的研究和应用当中。

(4) 人力资源管理的功能就像营销、财务和运营一样,是组织实践的一部分。一个运营的组织,会聘请人力资源经理,可以找到人力资源经理的头衔,但不会找到组织行为学家。然而,组织中所有的经理,无论他们是营销经理、财务经理、运营经理、储运经理、行政经理或人力资源经理,也无论是医院管理者还是学校管理者,除了其技术的、职能性的角色之外,都要扮演人力资源管理者的角色,都要运用和汲取组织行为学领域的知识,因为他们都要对人进行管理。因此,从这个角度看,所有的经理,无论他们的技术职能是什么,都是人力资源经理,因为他们需要处理组织中人的行为。所有经理都需要具有组织行为学的知识和理念。

## 第二节 组织行为学的理论体系

学术界通常认为,组织行为学有三个分析层面,即个体层面、群体层面和组织层面。随着我们从个体层面向组织层面的推进,对组织行为的理解也会越来越系统,基本的组织行为学模型如图1-2所示。

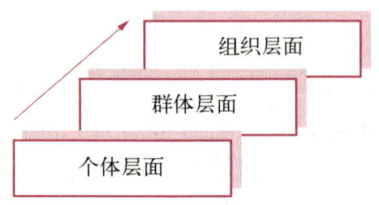

图1-2 基本的组织行为学模型

### 一、组织行为学中的变量

在组织中,有一些关于人和组织的关键变量,它们影响着组织目标实现的结果,组织行为系统的根本目的就是鉴别和帮助控制这些变量。对于有些变量,管理者只能了解它们的存在并对它们的影响予以接受;而对另一些变量,管理者则能加以控制。前者实际上是一种因变量,在组织行为学中主要的因变量是什么呢?一种意见认为,有三个最基本的衡量指标:绩效(如产品或服务的数量和质量,客户服务的水平)、员工满意度(通常通过缺勤率、劳动热情、离职率表现出来)以及员工个人的成长与发展(获得可享用一生的知识与技能)。还有一种观点认为,生产率、缺勤率、流动性和工作满意度是组织行为学中最重要的四个因变量。其中生产率是对产出效率和效果两方面的关注。

对于组织和员工而言,最重要的因变量可以简化为两个,即工作绩效和工作满意度。前者是组织所关心的,它类似于生产率的概念,但比生产率更广泛,目前的应用似乎也更普遍;后者是员工所关心的,它与缺勤率、流动性都有关系,实际上相关的研究也已经发现,工作满意度与缺勤率和流动性都是负相关的。也因此,组织有必要、当然也有责任给员工提供诸如挑战性的工作等方式,来提高员工的工作满意度。因此,虽然工作满意度代表的是态度而不是行为,组织行为研究者仍然把它看作是重要的因变量。

组织中影响工作绩效和工作满意度的因素是什么呢?对于这个问题的回答涉及的就是自变量。组织行为学中的自变量无非来自其所关心的三个层面,即个体层面、群体层面和组织层面。

个体层面的变量主要包括个性特征、价值观、态度、能力、年龄、性别和婚姻状况等基本因素,当个体进入组织时,这些特征基本是完整的,其中大部分都是很难改变的,而且会呈现出各自不同的特点。它们对员工的行为会有很大的影响。另外,个体的知觉特征、归因特点、学习和动机都会影响员工的行为。关于这些问题的解释,详见后续章节。

群体层面的变量问题要比个体层面复杂得多。核心议题包括群体结构与过程、沟通、谈判、冲突过程、组织中的权力与政治,以及领导等。其中相当大的一部分内容,都是关于群体过程的。

当我们把正式的机构加到有关个体和群体的知识中时,组织行为就达到其最复杂的层面。正像群体大于个体成员之和一样,组织是大于群体之和的。正式组织的设计、组织文化以及组织的发展变革等,都对因变量有影响,但是,其复杂程度也是较个体层面完全不同的。

## 二、组织行为学的学科基础

组织行为学是在多门行为学科的基础上建立起来的。这些学科主要包括:心理学、社会学、社会心理学、人类学和政治学。心理学的贡献主要在个体和微观的分析水平;其他四个学科的贡献在于帮助我们理解一些宏观的概念,如群体过程或组织。图1-3表明了对组织行为学研究有贡献的主要学科。

### (一) 心理学

心理学是寻求测量、解释,有时是改变人和其他动物的行为的学科。心理学关心的是研究和理解个体的行为。心理学中对组织行为学有贡献并将继续贡献的知识是学习心理学、人格心理学、咨询心理学,最重要的是工业组织心理学。

早期的工业组织心理学主要关心疲劳、厌倦和其他情怀等与工作条件有关的因素,这些因素会妨碍工作的有效性。近期的研究已经扩展到学习、激励、人格、知觉、培训、领导有效性、工作满意度、个体决策、绩效评估、态度测量、员工选聘、工作设计和工作压力等方面。

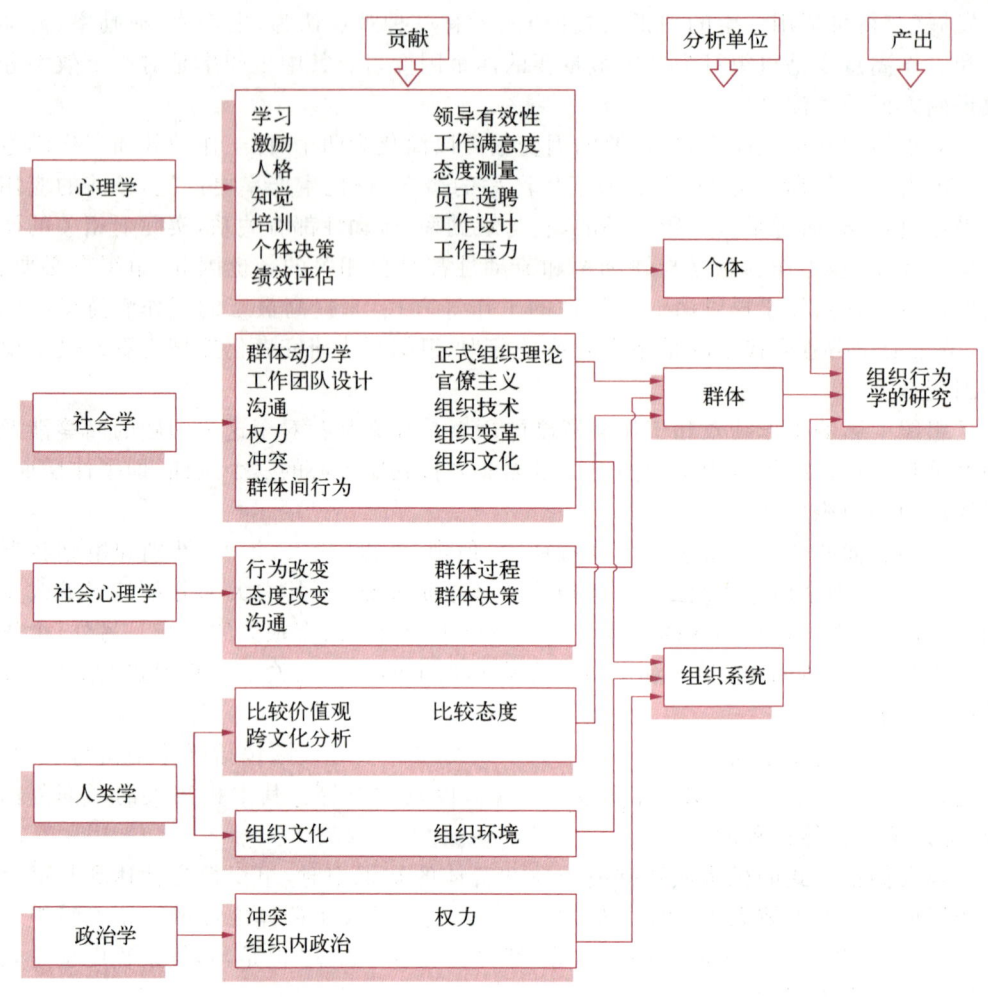

图 1-3 对组织行为学研究有贡献的主要学科

#### (二) 社会学

心理学关注的是个体,社会学主要研究社会系统,个体在其中充当某种角色。具体地讲,社会学对组织行为学的最大贡献是关于组织中群体行为的研究,特别是正式和复杂的组织。社会学家对组织行为提供有价值的信息的领域包括群体动力学、工作团队设计、沟通、权力、冲突和群体间行为;正式组织理论、官僚组织、组织技术、组织变革、组织文化。

#### (三) 社会心理学

社会心理学属于心理学的领域,但它是心理学和社会学结合的产物。它关注人与人之间的相互影响。社会心理学研究较多的一个领域是变革——怎样实施变革及如何减少变革的阻力。另外,社会心理学的贡献还在于对行为改变和态度改变的研究,以及沟通、群体过程、群体决策等方面的研究上。

#### (四) 人类学

人类学家研究社会是为了认识人及其活动。他们对于文化和环境的研究使我们得以了解不同国家和不同组织内人们的基本价值观、态度和民族文化的差异。我们现在对组织文化、组织环境差异的认识大多是人类学家的研究结果或采用人类学方法的研究结果。

### (五) 政治学

政治学家研究政治环境中个体和群体的行为,具体的研究题目包括冲突、组织内政治、权力。现在人们已经清醒地认识到:组织是政治实体,如果我们想准确地解释和预测组织中人的行为,就必须在我们的分析中引入政治学的观点。

## 第三节 组织行为学的历史演变

### 一、早期管理理论与人的管理

组织行为学是随着组织的演变、管理理论的发展而产生的,是组织演变和管理理论发展的必然结果。西方对于组织行为学发展方向的形成有重要影响的理论,可以追溯到亚当·斯密和查尔斯·巴比奇等人那里,从那时起,人们开始真正重视组织管理理论的研究,管理思想从经验直觉进入了比较系统的研究。

从1900年到20世纪30年代中期,最初的一般管理理论开始形成。这一时期的重要人物是泰勒、法约尔、韦伯、福莱特和巴纳德等人,他们奠定了当代管理实践的基础。泰勒的科学管理原理将精确化和标准化引入了工作;法约尔则界定了所有管理者执行中的一般职能以及构成良好管理实践的原理;韦伯则从结构化的角度来研究组织及其管理活动,并提出了理想的官僚组织模型。

无论是泰勒、法约尔,还是韦伯,他们都忽视了一点:人是所有组织中的核心,是具有社会性的动物。而福莱特和巴纳德是两位看到组织中社会一面的重要性的理论家。他们的观点产生在科学管理之后,但是在20世纪30年代之前,并没有受到多大程度上的认可。

福莱特是最早承认应该从个体行为和群体行为两个角度来看待组织的学者之一,她提倡以人为本,认为组织应该建立在团体道德而不是个人主义基础上,管理者的工作就是协调群体努力。管理者要领导下属,不仅要依靠正式职权,更要靠他们的专业技能和知识。福莱特的人本主义观点对如何看待激励、领导行为、权力和职权等都有影响。事实上,日本的组织管理风格正是植根于福莱特的思想。

巴纳德将组织看作是需要人际合作的社会系统。他认为,组织由具有相互作用的人组成,管理者的主要作用是沟通、激励下属使其愿意付出高水平的努力。在巴纳德看来,一个组织的成功主要依赖于从其员工中所获得的合作程度;同时,他也注意到了组织外的、与组织有定期联系的机构和人员维持良好关系的重要性。

### 二、霍桑试验与组织行为学

开始于1924年,最后不断扩展、延伸到20世纪30年代早期的霍桑试验,对组织行为学中的人际关系问题产生了非常深远的影响。

## 第1章 导　论

霍桑试验指的是在美国芝加哥郊外西屋电气公司霍桑工厂的一系列实验。试验实施的重要领导者是哈佛大学工业心理学者梅奥。这一系列实验从1924年到1932年，历时8年，主要包括照明实验、继电器室实验、访谈实验和绕线室实验。霍桑试验的初衷是找到影响员工生产率的外部环境和条件。比如，从事体力劳动的车间照明强度，每天的工作时间、工间休息时间、薪酬支付方式等与员工生产率之间的关系。但试验结果和预期假设相去甚远：无论工作条件如何变化，试验组和非试验组的产量都上升了。不仅如此，研究者还在绕线室试验中发现了群体动力对生产绩效的影响。

作为试验实施的重要领导者，梅奥（Elton Mayo）的结论是：行为与情感紧密相连，组织的力量显著地影响着个人的行为，群体内标准决定着单个工人的产量，与群体内标准、群体情感、安全相比，金钱是决定产出的次要因素。学者们普遍认为，霍桑研究对组织行为学和管理实践的发展方向产生了巨大的影响，它开辟了组织管理研究的新领域。"人群关系理论"（human relation theory）从此闻名于世，成为行为科学研究的先声。从此，更多的管理学者、专家开始专注并致力于对人的行为的研究，自然科学和社会科学方面不断取得的新成果，又促进了这一研究进程，从而导致行为科学这一新兴学科在20世纪40年代末50年代初的正式形成。

1949年在美国芝加哥大学召开的一次跨学科讨论会上，正式把这门综合性很强的学科定名为"行为科学"，它主要涉及对组织中员工的行为及其原因的研究，包括员工的需要、动机、个性、情绪，特别是人群之间的相互关系等，以此为标志，行为科学学派逐渐成为管理理论的主流学说。由于人的行为表现是多方面的，所以，对人的行为的研究要涉及心理学、社会学、社会心理学、人类学、政治学等多个学科。

20世纪60年代中期开始，行为科学的一个重要的发展方向就是组织行为学，它的内容主要涉及企业组织内的人和群体的行为。其特点是，既注意人的因素，也考虑组织的因素，如工作任务、组织结构等，在一定意义上，它是人群关系学派和组织理论的综合。随着这一学科的研究从个体到群体、再到组织的演变，其研究和实验的机构也发生了变化。这门学科从各个大学的心理系转到了管理学院（或商学院），并开始由原来的管理心理学（或组织心理学、工业心理学）改为"组织行为学"这一名称，并一直延续至今，现在美国的管理学院中，几乎所有研究行为的小组，都称为"组织行为学小组"。

20世纪60年代中期开始，行为科学的一个重要的发展方向就是组织行为学，它的内容主要涉及企业组织内的人和群体的行为。其特点是，既注意人的因素，也考虑组织的因素，如工作任务、组织结构等，在一定意义上，它是人际关系学派和组织理论的综合。随着这一学科的研究从个体到群体、再到组织的演变，其研究和实验的机构也发生了变化。这门学科从各个大学的心理系转到了管理学院（或商学院），并开始由原来的管理心理学（或组织心理学、工业心理学）改为"组织行为学"这一名称，并一直延续至今。

当代几乎所有管理和组织行为的理论都以权变理论为基础，也就是说，它提供了各种依赖于情境因素的建议。尽管20世纪60年代和70年代新的理论有所发展，但重点还是放在对现有理论的充实完善、澄清先前的假设以及判别相关的权变变量上。作为一门日益成熟的学科,组织行为学现在的发展重点是对现有理论的完善。

## 第四节　管理伦理与组织行为

最近这些年,伦理才充分进入组织行为学的研究中。人们现在已经认识到,决定伦理行为的不仅仅是个人和团体,来自文化、组织、外部环境等一系列的因素都会对其产生影响。这些因素通常会相互作用,在一个组织中塑造个人和团体的伦理行为。例如,最低工资制的工作会使人们困于经济现状而无法改善生活。那么,只支付给员工最低工资是否道德呢?再比如,有研究表明,那些外表缺乏吸引力的人,在被招聘或涉及组织晋升时,明显处于劣势。而且,对于员工的这种区别对待,几乎没有可以援引的法律,使他们能够对不公正的待遇提出申诉。还有近年来在组织行为学领域关注比较多的工作场所中的偏常行为(deviant workplace behavior)和辱虐领导等,是否存在伦理问题呢?伦理变量是否应该进入传统的组织行为学模型呢?

这些问题有助于说明什么是伦理行为,其中的问题和争论是什么。但是,来自同事的压力使得人们有时不想考虑那么多的伦理标准。另外,在一个人或一个团体看起来不道德的事,在另一个人或团体的眼中可能就不算什么问题。例如,一项研究调查了商业管理层和公司员工对于未经授权就拷贝电脑程序的态度,结果发现,员工并不像管理者那样,会把它视作一个很大的伦理问题。

这些例子表明,在确定伦理行为的标准时,存在不确定性和偶然性。除了和环境保护有关的明显的伦理问题外,行贿问题、定价问题和其他一些违法行为都是最近才引入到组织行为研究中的,而且人们已经认识到了它们的重要性。特别是,当今组织成员所要面临的一些社会问题,比如性骚扰、报酬和晋升中的歧视以及隐私权问题,和组织行为学的研究更是密切相关。接下来,我们将对几个与组织行为密切相关的管理伦理问题进行介绍。

### 一、工作中的性骚扰

工作中的性骚扰可以被定义为一种不受欢迎的与性有关的要求,或者含有性意味的语言或躯体行为。具体而言,性骚扰直接或间接表明这种行为目的在于或者实际造成了对个体工作绩效的干扰;或形成了一种受到威胁的、不友善的或侵犯性的工作环境。

美国的相关研究显示,在工作场所中将近 3/4 的职业女性在她们事业的某一时间受到过性骚扰,其中一些例子还导致了法律诉讼,国内类似的报道也越来越常见。

虽然看起来人们对性骚扰这一问题的认识已经得到了提高,而且在美国等发达国家还通过了防止性骚扰的严格立法,但当今组织对此的敏感性并没有跟上步伐,性骚扰的投诉数量每年都在增加。

性骚扰的负面影响可以以各种方式对组织产生损害。首先,性骚扰会带来花费昂贵的法律诉讼,还会恶化组织的公共关系。同时,还会造成生产力下降、缺勤率上升、士气大减以及更大的离职率等。有调查显示,《财富》杂志评选的500强公司中有九成收到过关于性骚扰的投诉,其中1/3的案例中当事人还因为性骚扰而遭到了起诉。据说这些案例为公司带来的相关损失高达670万美元。

组织可以采取一系列的步骤以防止其员工受到性骚扰,并保证受到骚扰的员工可以得到恰当对待。为此组织需要做到:

(1) **对管理者进行培训和教育**。有必要对管理者进行培训和教育,使他们了解到什么情况下存在性骚扰,以及可以通过哪些必要步骤来解决投诉。还有很重要的一点是,教育管理者应克服逃避、指责、否定和报复受害者的倾向。

(2) **保持警醒**。所有管理者都应努力弄清那些导致不友好工作环境的因素。要做到这一点,管理者必须对工作环境中任何含有性意味的表现加以注意,还有对形式上发生变动的潜在骚扰多加留神。

(3) **立即采取行动**。所有关于性骚扰的报告都要被严肃处理并且立即行动。

(4) **创建适当的政策**。组织必须发展一套适应特定环境的政策和程序,这套政策必须包括对性骚扰的一个明确、合法的定义,并且使用一些被法庭判定为性骚扰的各种行为的真实案例。

(5) **建立明确的报告程序、明确的成文申诉程序,确保公平的管理者迅速进行调查的机制,以及对原告和被告双方隐私的保护**。

组织如果能够遵守这些方针并致力于改变它们的文化,以应对性骚扰对伦理和法律提出的挑战,那么,这种问题在很大程度上是可以防止的。

## 二、报酬和晋升上的歧视

对于女性来说,报酬和晋升机会的平等仍是一个主要问题。导致这一问题的行为被认为是一种工作歧视。在很多国家,工作中任何原因的歧视不仅是不合法的,也是不道德的,不符合伦理规范的。

对于晋升机会缺乏的原因,最普遍的一种说法是所谓的玻璃屋顶效应。美国劳工部将这种效应定义为:"基于态度上或组织上的偏见而产生的人为障碍,阻碍了有资格的女性晋升到组织的高层管理职位上。"尽管多年来已经有数目可观的女性进入管理层,但仍然只有少数女性能够进入当今组织的顶层。

一种观点认为,女性的自我和组织指向的态度较低,是阻碍她们晋升的关键。但有对女性管理者进行研究的学者提出了反驳:事实上,几乎没有可信的经验证据是基于对实际组织中的男性和女性的真实样本进行比较的,也不能够从中得出女性的自我和组织指向的态度整体上低于男性。实际上,当组织层次或职位被控制好后,女性的自我和组织指向的态度比男性还要积极。

还有人认为,女性对家庭的选择胜过事业,是造成她们在管理高层中比例不足的原因。然而,证据表明,妇女离开她们所在组织的主要原因是,那里缺乏事业发展的机会。一项调查研究比较了有孩子和没有孩子的管理层女性,结果发现:在满足期望、离职倾向、承诺、满意度、工作特性或发展知觉上,都不存在差异。

有研究还显示,在双方都工作的家庭,妻子参加工作的男性比起那些妻子在家照顾孩子的男性挣得要少。换言之,妇女工作的事实甚至会导致她丈夫薪水上的歧视,因此双职工家庭可能遇到报酬上的双重打击。

AT&T 的一项研究发现,男性管理和女性管理者之间在整体领导能力和技能水平上不存在差异。特别地,女性的人际交往技能、对社会线索的觉察、工作投入、行为灵活性和个人影响方面优于男性同事,而且还更容易避免对民族、种族及其他社会团体产生偏见。

为了根除报酬和晋升中的歧视,女性自身也应尽力做到:① 接受良好教育,能够挑战自己;② 保持对自己能力的自信,永远不要站在敌视和防御周围的立足点上;③ 乐于在较低职位上安心工作,但是如果发现没有前途,不要害怕改换单位;④ 一旦设立了目标,不要畏惧任何人的恐吓;⑤ 争取获得来自家庭和朋友的支持;⑥ 乐于承担关于事业发展决策的责任。

### 三、员工隐私权问题

除了性骚扰和报酬与晋升上的不平等之外,另一个更为直接的伦理问题就是工作中的隐私权。近些年,一系列的发展直接影响到了员工的隐私权。

信息科技的发展使得雇主更容易了解到员工的信息。数据库在保存所有类型的个人信息外,也对员工的隐私权带来了重大影响。例如,上百万职工使用电子邮件,并同时使用一个身份验证密码来确保其隐私。不幸的是,这些密码可能会被泄露,而且也的确出现过这种事。这样,别人就可以读到这位员工的私人信件。

除了关于电子邮件的重要伦理问题外,还有许多私人或伦理问题涉及公司的权限。要特别注意的是,当公司需要共享重要的机密商业计划或运营数据时,共享者要确保不出现共谋行为。另一个伦理问题是雇主可以在多大程度上对雇员互联网的使用进行监视。没有人知道在一家公司中有多少时间是被浪费掉的,但在一次调查表示,人力资源经理曾经看到过或听说过员工在上班时间上网冲浪,不专心工作。然而,在网上闲逛的做法还不是最糟的,他们还有可能从网上下载染有病毒的软件,或者有触犯某些法律的行为。这些问题将会给公司带来很大的损失。

为了避免类似损失,公司会设立一些政策,限制或禁止员工进行与商业无关的互联网活动或使用电子邮件,提醒员工公司有权对他们的信息和在线活动进行监测和检查,要求管理信息系统的员工定期对发送和存储的电子邮件进行核查,从而确保员工遵守公司政策,同时要求可信的 IT 经理掌握所有员工的电子邮件密码。但这同时会对隐私权构成潜在威胁。

对于隐私权的一项新的威胁,来自公司对他们员工的生活方式的干预。比如,一家公司是否有权解雇两名开始约会、谈情说爱的员工?因为按照公司的政策是禁止员工深入交往的。近些年,总有许多事例是由于个人生活模式的选择给员工和企业带来麻烦的。例如,越来越多的公司开始拒绝聘用吸烟者,原因是吸烟会导致医疗费用的上升和病休的增多。

另外,药品检查和对员工进行心理测试等,也涉及隐私问题。前者在国内还不多见,后者已经开始多起来了,所以也要特别引起注意。管理中的伦理问题当然远不止这些,而且,我们相信一定会有新的问题不断出现。因此,我们认为,管理中的伦理问题是组织行为学发展进程中值得关注的方面。

## 第五节 研究术语与研究方法

### 一、研究术语

以下是行为科学研究中常用的一些术语：

(1) 变量。变量是能被测量的，可能在数量、强度的任一方面，或者是两个方面都发生变化的一种一般特征。组织行为学中的变量有：工作满意度、员工生产率、工作压力、能力、个性、群体规范等。

(2) 假设。对于两个或者多个变量之间的关系所做的尝试性解释就是假设。除非被接下来的实证研究所证实，否则假设就只能是尝试性的解释，并且不能被接受。

(3) 因变量。因变量是受自变量影响而发生变化的反应变量。在假设中，它是研究人员需要着重解释的变量。在组织行为学的研究中，常见的因变量有生产率、缺勤率、工作满意度以及组织承诺等。

(4) 自变量。自变量是假设中导致因变量变化的原因。在组织行为学中的自变量有：个性、经验、动机、强化模式、领导风格、报酬分配、工作满意度，等等。需要注意的是，在组织行为学中，具体变量的命名（是自变量还是因变量）要根据其在假设中的地位来定。如在"工作满意度提高将使员工流动率下降"这个假设中，工作满意度是一个自变量；而在"加薪将提高员工的工作满意度"这句话中，工作满意度就成了一个因变量。

(5) 中介变量。中介变量能够减弱自变量对因变量的影响，它也可以叫做权变变量：如果 $x$ 是自变量，那么 $y$（因变量）出现，但只有在 $z$（中介变量）存在的条件下上述关系才成立。比如，"如果加强对工作中的直接监督程度（$x$），则会提高员工的生产效率（$y$），但这种影响受到员工所从事工作复杂性（$z$）的制约"。

(6) 因果关系。研究假设中实际上暗含着一种关系，也就是说，它意味着有一种预先假设的原因与结果之间的关系，如自变量的变化被认为会引起因变量的变化。然而，在行为研究中，这种对因果关系的揭示可能会发生错误的因果假设。比如，早期的行为学家发现，员工工作满意度和生产效率之间存在某种关系，得到的结论是：一个愉快的工人是一个高产出的工人。随后的研究证实了两者之间关系的存在，但方向恰恰相反：高生产率会带来高的工作满意度，而不是后者导致前者。

(7) 相关系数。了解两个或多个变量之间的某种关系是一回事，而了解这种关系的强弱程度则是另一回事。相关系数就是用来表示变量间的这种强弱关系的，变化范围从 $-1$（完全负相关）到 $+1$（完全正相关）。当两个变量的变化方向一致时，相关系数是正的，反之，则为负。如果两者各自独立变化，则相关系数为零。需要特别指出的是，相关系数只是用来测量两个变量之间的相互关系程度，并不意味着一定存在因果关系。比如，股票市场门口的老大娘茶叶蛋的销量一直被认为与股票价格起落有很强的相关性，但不能就此说它们之间存在因果关系。

(8) 理论。理论所描述的是一套系统的相互关联的概念或假设，其目的在于解释或预测某些现象。在组织行为学中,理论也经常被称为模型。关于组织行为学中的理论可以说是不胜枚举。例如,关于如何激励员工的理论,关于有效领导风格的理论,解释冲突的方法,等等。在有些情况下,我们至少可以列举出五六个相互独立的理论来解释和预测某一具体的现象。这是不是意味着其中的某些理论是错误的呢?事实并非如此,这种现象恰恰是科学理论的特征,研究人员在前人理论的基础上,进行科学的检验和修正,然后提出新的具有更高解释力和预测力的理论,正是科学理论发展应有的逻辑。

(9)**效度、信度以及普遍性**。这是研究评价中所涉及的三个最重要的术语。简单地说,研究的效度问题,就是对变量的测量是否确实是想要测量的内容。比如,当我们探讨高凝聚力的工作团队与高生产率之间的关系时,必须注意了解每一个变量是如何测量的,并且是否真正达到了测量的目标,真正测出了想要测量的内容。而研究的信度是指测量结果的一致性。换句话说,当我们用某个测量工具对同一个对象进行测量时,每一次测量的结果应该是相当接近的,而不管测量者是谁。所谓的普遍性,则是指我们的研究结论可以在多大程度上被一般化。比如,当我们为了研究的方便而用大学生作为研究对象时,其相关结论能否适用于企业中的在职员工呢?

## 二、研究方法

每个人都是行为的研究者,人们几乎一生中都在"解读他人",观察他人的言行举止,并试图做出解释,甚至预测一个人在不同条件下可能会如何行动。当然,这些大多是出于人类的本能、直觉或经验,很多可能还常常会导致错误。但是,组织行为学者在解释和预测人们行为时,试图运用更为系统化的办法,以提高预测力。

对组织行为学的研究,通常采用以下几种主要方法:

### (一)案例研究

案例研究是对组织内的个体、群体或组织的一个或几个以至更多的变量之间的关系作出描述和说明。像企业家传记、公司发展的历史之类的文章或书籍,就属于案例研究。一般来说,在这种研究中,研究人员是一个独立的观察员。他利用组织正式的或非正式的访问谈话,发调查表和实地观察所收集的资料,以及从组织结构内的各种记录与档案中去搜集有关个人、群体或组织的各种情况,用文字、录音、录像等方式如实地记录下来,可提供给学生和有实践工作经验的人员研究、讨论和分析。这种方法是体现理论与实践、知识与能力、历史与现实、教学与研究、科学与艺术五组关系统一的很好方法。它能够提供许多研究建议,对解决未来的实践和研究工作中的问题很有价值。但是,由于它是对实况的描述说明,变量很多,解决问题的方法也多种多样,所以无法证明答案的正确与否。因此研究结果的信度、效度和普遍性无法确切说明,另外研究人员本身的主观性也会影响对案例研究的结果。所以,案例研究很难证实或拒绝某个研究假设。不管怎样,案例研究不仅能够提供深层次的分析,而且对于探索性研究和组织中真实问题的评价而言,也还是非常有效的方法。

### (二)现场调查法

现场调查法主要是了解被调查者对某一事物(包括人)的想法、感情和满意度。

组织行为学家可以用这种方法来调查职工对所在的组织和所任的工作的满意程度，以及影响职工积极性的因素等。许多公司还可以用这种方法来发现顾客喜爱购买哪些商品。无论调查法用于何种目的，作为从事科学研究、收集资料和数据的方法大致相同。

一般采用以下三种具体的调查方法：

### 1. 问卷调查法

这是运用经严格设计的问题和对问题回答的不同程度的量表，让被调查者进行书面回答的调查、研究方法。这种方法可以在很大的范围内进行调查，而且花钱花时不多。此外，回答问题的人可以不写明姓名，这使被调查者敢于如实回答一些敏感的或关于本人的问题。这种方法还有一个优点是，被调查者有较多的时间考虑如何回答问卷中提出的问题。这种问卷调查又可分两种：一种是书信邮寄问卷调查法，一种是直接现场问卷调查法。前者的缺点是回收率较低，尽管信中附上了邮票，而真正回复的一般只有45%左右。而直接现场问卷调查法，回收率较高，但花的人力和时间又会较多。

常用的问卷调查法有四种形式：

（1）**选择法**。这是要求被调查者从多种可供选择的回答中，挑选一种或若干种回答和问卷形式。

（2）**是否法**。这是要求被调查者对每一问卷项目做出"是"或"否"的回答。

（3）**计分法**。这是要求被调查者对问卷中每个问题用五级或七级计分的方式进行回答的问卷调查。例如对现任的工作岗位安心与不安心和程度在五级或七级量表中选择符合自己的分值。五级量表和七级量表如图1-4所示。

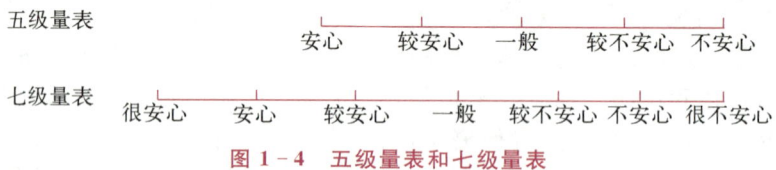

图1-4 五级量表和七级量表

（4）**等级排列法**。这是让被调查者对多个被选择项目按一定标准排出等级的先后顺序。例如，在有关奖励制度的问卷中，可以要求职工对多种奖酬方式按其重要性程度排出等级来。

### 2. 面谈法

这是研究人员通过与被调查者直接交谈来探索被调查者的心理状态的研究方法。其优点是，信息的回收率高，通常在80%～95%之间。而且由于面对面地谈话，调查者可以作解释，因此所得的反应也较丰富、确切。但是这种方法也有缺点。因为面对面谈话往往会给人增加心理负荷，使人产生防御心理，所以要求研究者应具备一定的谈话技巧。另外，面谈比较费人力和时间。

### 3. 电话调查法

这种方法的优点是比较节省，而且能调查较多的人。但是这种方法也有缺点，它不像面谈法那样可以采取多种方式详细询问和解释问题，以使被调查者对问题不发生误解。

### （三）实验法

这种方法必须首先假设一个或多个自变量对另一个或另几个因变量的影响,然后设计一个实验,有系统地改变自变量,然后测量这些改变对因变量的影响。例如对房间内噪声的强度予以不同的改变,以探求噪声强度对工作效率、工作速度是否存在函数关系。

实验法又可分为下列三种：

#### 1. 实验室实验法

这种方法观察和实验的条件是在实验室内可控制的,通常研究的变量也是限制的。如上述噪声与工作效率这两者的关系。把其他方面的条件都控制在完全相同的条件下的两个群体,只是工作环境的噪声不同,然后测两个群体各自的工作效率。那么噪声就是自变量,工作效率即因变量。这种方法能较明确地反映两变量的因果关系。

#### 2. 现场实验法

这种方法是一种完全放在现场自然条件下适应控制自变量,如噪声的变化,对无关的其他变量不加控制地进行的实验法。如在现场进行噪声对工作的影响,事实上对群体工作效率的影响不仅是噪声,而且可能还有设备、技术、人际关系、管理规章制度等。因此,这种实验很难准确说明主要是哪两个变量的关系。

#### 3. 准实验法

研究人员在不能完全控制的情景下所进行的实验叫做准实验。这种方法与现场实验一样,是在现实的组织或群体内进行的,不是在完全控制的实验室内进行的。例如,实验承包经营责任制对工作效率的影响,本来要随机抽样被调查的人员,可是这样就会破坏了原来的群体结构,因此在实际生活中就只好在保持原群体的结构下进行实验,只能大体证明承包经营责任制对工作效率的影响关系。这种准实验常见的有下面两种。

（1）**间隔时序准实验**。间隔时序准实验指在保持原群体结构条件下,测定实验前未实行承包制时班组群体的工作效率,然后再测定实行承包制后班组群体的工作效率的提高,以此来证明承包制对提高工作效率的效果。实际上这一段时间内工作效率的提高除承包制之外可能还由于其他因素的影响,但对其他的因素无法明确测定。

（2）**不等同对照组准实验**。这种实验的原理是两个原来条件相似,但不完全等同的班组群体进行承包责任制实验的对比研究。一个组没有实行承包责任制,另一个组实行了承包责任制,从而测定两个组工作效率的差别,以此说明实行承包责任制对提高班组工作效率的关系。

这种准实验方法虽然不如实验室实验那么准确,但是它的好处是自然而不做作,减少由于严格控制的实验条件所带来的特殊心理反应。另外由于没有打乱正常的生产秩序,也可消除研究中可能受到的管理当局对实验的抵制,在实际工作中较为可行。

以上这些研究方法各有利弊,都有特定的使用价值。在特定的情况下究竟采用

## 第1章 导　论

哪一种或哪几种最为适宜,应根据所要研究的问题,研究人员和被研究对象的不同情况而定。一般应该把几种方法结合起来使用。

### （四）观察法

观察者以自己的感觉器官为工具（如眼、耳、鼻、舌和皮肤），直接观察人们的行为,并通过对外在行为的分析去推测人们内在的心理状态,这种方法称观察法。现在许多研究采用录像机和录音机协助观察。

在实践中观察法是多种多样的,大体有以下两种分类:

#### 1. 按照观察者与被观察者的关系分类

按照观察者与被观察者的关系来分类,可把观察法分为参与观察法和非参与观察法两类。观察者直接参与被观察者的活动,并在共同活动中进行观察的方法称为参与观察法。观察者不参与被观察者的活动,以旁观者身份进行观察的方法称为非参与观察法。采用参与观察法的好处是:研究人员以组织成员的身份去观察,使被观察者避免伪装和做作,从而使观察到的资料较为可靠和有效。可是参与观察法也存在某些问题:一是由于亲自投入现场作观察者,可能会影响到研究者的客观性,而非参与观察法就较为客观。二是在观察别人时,会使别人感到不自然,如若要使被观察者不知道是在观察他们的行为,就得创造一种观察的条件,这是不太容易做好的。此外参与观察法和非参与观察法均受观察者本人的价值观、个性等的影响较大,因此,信度、效度也会受到一定的影响。

#### 2. 按照观察情景的差异分类

按照观察情景的差异来分类,可把观察法分为自然观察法与控制观察法两类。观察者在自然真实的情景下观察他人的行为,也就是被观察者不知道自己处于被观察状态,这种观察方法叫自然观察法。观察者在限定条件下进行观察,也就是操纵自变量的情况下进行观察,被观察者知道自己处于被观察的状态中,这种观察方法叫控制观察法。自然观察法不操纵自变量,在实际生活中观察人的行为,此法的优点是所观察得到的结果更具有典型性,更易于应用于实际。但是也有缺点,自然观察法有时不能肯定被观察到的行为变化是由何种自变量所引起的,这方面控制观察法就优于自然观察法。

#### 3. 循证管理（evidence-based management，EBM）

循证管理是对系统研究的补充,它以最佳可用的科学证据为基础做出管理决策。例如,我们希望医生基于可以使用的最新证据做出病人治疗的决策,EBM 认为管理者应该也像医生那样进行决策,才能在考虑管理问题时更加科学严谨。例如,一名经理人可能会提出一个管理问题,寻找最佳可用的证据,然后将相关信息应用于手头的问题或者案例。你也许会觉得这难道不是天经地义的常识吗? 管理者不靠证据的话,那靠什么做出决策呢? 但实际上相当多的管理决策都是在匆忙中靠"拍脑袋"作出的,很少有决策是在可用证据的系统研究基础上做出来的。

比如,对于"人们做事的动机"这一问题,系统研究和 EBM 显然可以完善、甚至修正我们的直觉,或者本能。尽管以非系统的方式所形成的观念未必一定是错误的。这正像通用电气公司前首席执行官杰克·韦尔奇所说的那样,关键是你要知道什么时候依赖直觉。但是,如果所有的决策仅靠直觉和本能来做出,至少决策所需要的信息很可能是不完整的,决策错误率也就会更高。因为我们人类倾向于高估自己所知的准确性,所谓过度自信偏见。例如,在一项调查中,有86%的管理者认为他们的组织对员工很好,但是只有55%的员工也这样认为。

## 本章小结

本章是全书的导论部分,目的在于向初学者或本书的读者展示与组织行为学相关的基础性内容,以及一些前沿性的话题。组织行为学概念部分,主要对组织行为学从学术上进行了界定:它是研究工作中人的行为的一门学科,目的在于描述、解释、预测甚至控制工作中人的行为。本章还对与组织行为学紧密相关的一些学科间的关系进行了解释。组织行为学的理论体系,从理论角度介绍了组织行为学理论所包含的主要内容,以及对组织行为学提供理论支持的相关学科。组织行为学的历史演变,简单介绍了这门学科发展的大致脉络,可以帮助读者更清楚地理解和把握这门学科的轨迹。管理伦理与组织行为是一个重要的话题,也是组织行为学研究领域的新课题。本章的最后对组织行为学的研究方法做了简单的介绍,目的在于使大家能够以一种更加科学、客观的态度来对待组织行为学中所涉及的所有理论。

## 思 考 题

1. 什么是组织行为学?如何理解它在管理中的作用?
2. 组织行为学的学科体系主要由哪些方面构成?
3. 查阅有关霍桑实验的相关内容,谈一下它在组织行为学发展历史上的意义。
4. 组织行为学中有哪些主要伦理问题?你的观点是什么?
5. 组织行为学研究主要有哪些研究方法?

## 练 习 题

### 练习一 自我测试：基本管理素质

说明：用下面的尺度给自己的个性打分。

a. 很好　　b. 较好　　c. 不好　　d. 不确定

1. 能够在有压力的情况下完成工作。（　　）
2. 即使在不确定的情况和条件下也能完成工作。（　　）
3. 能够漠视种族、性别和其他社会歧视或偏见。（　　）
4. 能够按照自己的高标准要求自己。（　　）
5. 能够长时间地持续工作。（　　）
6. 能够灵活、迅速地适应变化。（　　）
7. 能够始终保持坚定的立场，在任何场合都能保持自信、从容的态度。（　　）
8. 对自己的优缺点有清醒的认识，清楚地知道从事某项工作所需具备的技能。（　　）
9. 能够积极地吸取经验教训，自我学习能力强。（　　）

评分：每个 a 得 1 分，每个 b 得 0.5 分，其他的为 0 分。总分：_____。

解释：这个测试是用来测量你的基本管理素质。如果你的得分接近 10 分，那么说明你是少数的一些具有很高的基本管理素质的人。你可以让别人根据对你的印象来回答这些问题，你会发现两者得出的结果之间可能存在很大的差异。实际上，大多数人都需要努力改善和发展他们的基本管理素质。

### 练习二 管理者在做些什么

（一）思考下列问题，把答案写在空格中：

1. 一个典型的管理者的时间分配应如何分配给以下人物？（总数为100%）

和下级在一起的时间为_____%；

和上级在一起的时间为_____%；

和同行以及外行人在一起的时间为_____%。

2. 管理者平均一星期工作_____小时。

3. 管理者一般在下列活动上花多少时间？（总数为100%）

_____%在预定的会议中；

_____%在未经预定的会议中；

_____%在办公；

_____％在打电话；
_____％在各部门走动。

（二）指导

与周围的同学讨论一下你的选择,并找出你们答案中相同和不同之处。为参加指导老师组织的集体讨论做准备。

# 案 例 分 析

## 新任人力资源总监

### （一）

陈总就任上海某国有企业总经理后不久,原来的人力资源总监就退休了。许多人都推荐江念慈,江念慈在人力资源部工作了许多年,精力旺盛,工作勤勤恳恳,为人也不错,与上上下下的关系都非常好。最终公司决定,由江念慈担任人力资源总监。

江念慈得知后,十分高兴,请同事、朋友们出去吃饭庆祝了一下。

思考题：

1. 你对江念慈出任人力资源总监后有何预测?
2. 你预计他的领导风格怎样?
3. 在出任人力资源总监方面,他可能有何优势、劣势?

### （二）

由江念慈出任人力资源总监,大家都很满意。可一段时间下来,问题就出现了。虽然江念慈工作认真,经验丰富,人缘又极好,但他似乎还不明白自己所处职位对全公司的重要性。他总企图与所有的人维持很好的人际关系,在牵涉到各种利益问题时,总是犹疑不定。

江念慈的朋友们也认为,他不过是过渡期的总监,明哲保身就行了。所以开会时他也从无异议,更没有什么建议。

思考题：

1. 你以上的预测对吗?
2. 你在他的位置会怎么做?

### （三）

陈总对江念慈开始不满意了。在江念慈第一个任期将满时,陈总提出要引进外部人才，可没找到适当人选，于是决定再给江念慈一次机会，并对他如何改进工作提出了不少要求。江念慈满口答应，确实想有一番作为。

可事实并不如大家所想，江念慈依然优柔寡断，提交给他的问题总要几周，甚至一个月才能得到解决。大伙把他的办公室戏称为"黑洞"，问题交过去就杳无音信了。人们越来越怀疑他的领导能力，不过这并不妨碍他的良好人缘。他也感到十分迷茫。

思考题：
1. 如果你是陈总，怎么办？
2. 如果你是江念慈，又该怎么办？

# 第 2 章　个性与价值观

　　一个美国商人坐在墨西哥海边一个小渔村的码头上,看着一个墨西哥渔夫划着一艘小船靠岸。小船上有好几尾大黄鳍鲔鱼,这个美国商人问渔夫要多少时间才能抓这么多。墨西哥渔夫说,才一会儿时间就抓到了。美国人接着问道,你为什么不待久一点,好多抓一些鱼。墨西哥渔夫觉得不以为然,这些鱼已经足够他一家人生活所需。美国人又问:"那么你一天剩下那么多时间都在干什么?"墨西哥渔夫解释:"我呀?我每天睡到自然醒,出海抓几条鱼,回来后跟孩子们玩一玩,再跟老婆睡个午觉,黄昏时晃到村子里喝点小酒,跟哥儿们玩玩吉他,我的日子可过得充满又忙碌呢!"

　　美国人不以为然,帮他出主意,他说:"我是美国哈佛大学企管硕士,我倒是可以帮你忙! 你应该每天多花一些时间去抓鱼,到时候你就有钱去买条大一点的船,再买更多渔船。然后你就可以拥有一个渔船队。然后你可以自己开一家罐头工厂。如此你就可以控制整个生产、加工处理和行销。然后你可以离开这个小渔村,搬到墨西哥城,再搬到洛杉矶,最后到纽约。在那里经营你不断扩充的企业。"

　　墨西哥渔夫问:"这又花多少时间呢?"美国人回答:"十五到二十年。"

　　"然后呢?"

　　美国人大笑着说:"然后你就可以在家当皇帝啦! 时机一到,你就可以宣布股票上市,把你的公司股份卖给投资大众。到时候你就发啦! 你可以几亿几亿地赚!"

　　"然后呢?"

　　美国人说:"到那个时候你就可以退休啦! 你可以搬到海边的小渔村去住。每天睡到自然醒,出海随便抓几条鱼,跟孩子们玩一玩,再跟老婆睡个午觉,黄昏时,晃到村子里喝点小酒,跟哥儿们玩玩吉他喽!"

　　墨西哥渔夫疑惑地说:"我现在不就是这样了吗?"

## 第一节　个　性　概　述

### 一、个性的概念

　　在心理学中,个性是一个复杂而宽泛的概念,不同的心理学家对个性有着不同的定义。麦迪(S. R. Maddi)认为,个性是决定每个人心理和行为的普遍性和差异性的那些特征和倾向的较稳定的有机组合;凯立希(R. A. Kalish)认为,个性是导致行为以及使一个人区别与其他人的各种特征和属性的动态组合。这里,我们从组织行为学的角度出发,对个性给出一个较简单的概念:个性就是人的一组相对稳定的特征,这些特征决定着特定的个人在各种不同情况下的行为表现。

在日常生活中,人们正是把这种特征性品质理解为人的个性。有人统计过,若以形容词来描述人的个性,可找到4 000多条,它们都可以用来描述人的那种独特的、较稳定持久的、习惯性的行为模式或倾向——个性。

## 二、个性的性质

人们经常使用个性这个概念,但对它的性质的认识则未必太清楚。它的性质的确较复杂,有时甚至看上去是自相矛盾的,因此有必要搞清它的基本性质。

### (一)独特性

个性的独特性是指人与人之间在个性上的差异性和不同性。由于人的先天遗传素质的不同和后天的生活环境、社会实践及所受教育的不同,就形成了彼此之间在心理活动过程和表现方式上的个别差异,构成了每个人的独特风格。

### (二)稳定性

个性是稳定的心理特征,具有时间(过去、现在、未来)和空间(不同情境)的一致性、一贯性。这也是我们预测人的行为的基础。

### (三)整体性

个性是一个人在行为中的所有心理特征的整合体。也就是说人的各种心理现象和心理过程,都是有机地相互联系、相互制约并完整地从一个人身上表现出来的。个性不是支离破碎的特征的简单拼合,而是有机的组合,体现为人的思想、情感、行为之间的协调性、统一性。

### (四)倾向性

个性的倾向性是指人们对现实事物所持有的一定的看法和态度,它既体现出个体的需要、动机、信念、理想、兴趣和价值观等,又体现出每个人对事物都有自己的选择和特定的行为方式。

## 三、个性与行为的关系

基于有关研究,著名学者勒温(K. Lewin)提出了一个行为函数:

$$B = f(P, E)。$$

式中,$B$表示行为,$P$表示个性,$E$表示环境。

勒温认为行为是个性和环境的函数,即一个人的行为是由他的个性及其所处环境共同作用的结果。

研究表明,环境的约束性越强,由个性特征对行为进行的预测就越不准;反之,环境给予行为变化和选择的可能性越大,预测就越准。也就是说,只有在环境为常态时,个性特征才与实际行为有较大关联。即,当$E = C$(常态)时,行为函数成为:$B = f(P)$。

## 四、个性的形成因素

通常认为,个性的形成因素主要有以下几种:

(1) 自然的、遗传性因素。除了完全相同的孪生子,每个人都有一组独特的基因。在此基础上成长出的中枢神经系统、内分泌系统和感官等,对人的行为有约束控制的作用。

(2) 社会化因素。这指的是人们少年时代在家庭和学校中,逐步认识并学会如何适应其现实环境的过程。独生与非独生子女、家庭最年长与最年幼的子女,会受到父母的不同对待。这些影响逐步积累,对个性的塑造起了相当重要的作用。有些早期的影响会随年龄的增长而衰退或消失,有一些则会留下持久乃至终身的烙印。

(3) 组织环境因素。当人们已经成年并获得职业后,工作组织的环境继续影响着人们的个性。然而由于前两因素的作用,组织环境因素不是在一张白纸上任意挥毫。这种因素包括、奖酬制度、工作设计、领导风格等,它们的影响只是局部的,对每个人的影响也是不等的。人们行为的变化,主要仍发源于人们那些较稳定的特征的差异。

(4) 偶然因素。以上三种因素是个性的主要成因,但是某些偶然因素(突发事件、重大变故等)在个性的形成过程中也会发挥重要的影响,其作用不可忽视。例如,少年时代亲人亡故、高考落榜、下岗失业等都会对个性的形成产生较大的冲击。有时,一次偶然的境遇也可能改变一个人的个性。

由此可见,人的个性是由先天的生物遗传因素和后天的社会影响、社会实践活动相互作用与融合的产物。但是,在个性的形成过程中,人并不是消极、被动地接受先天遗传和后天环境的影响。人在实践活动中,在与外界环境相互作用的过程中形成和发展自己的个性。因此,在大体相同环境中生活和成长的人,由于他们实践活动的不同,以及主观努力的倾向不同,会形成不同的个性。

# 第二节 个性测量

个性测量的方法主要包括三大类,即问卷测量法、投射测量法和情景模拟测量法。

## 一、问卷测量法

个性测量问卷是心理学专家根据所要测定的个性要素的特点,精心设计而成的。它们一般由一系列问题组成,其编制方法通常采取是非式、选择式或等级排列式。被测评者按照从自我观察中建立的自我概念与认识,通过对问卷的填答来报告或描述自己的个性。

在实践中,应用较广泛的问卷测量法有以下几种:

(1) 麦尔斯-布里格斯个性特质问卷。麦尔斯-布里格斯类型指标(MBTI)是职业咨询、团队建设、冲突管理和管理风格分析等方面非常盛行的个性特质框架。它的理论基础是20世纪20年代瑞士精神病学家荣格的理论。他把人分为内向和外向两类,而且认为人类有两个基本的智力过程——知觉和判断。然后,进一步地把知觉类型分为感觉和直觉,把判断分为思维和情感。这样,就可将人们分为外向型或内向型(E 或 I)、感觉型或直觉型(S 或 N)、思考型或情绪型(T 或 F),以及认知型或判断型(P 或 J)四种个性维度,这些维度可组合成 16 种人格类型。在荣格提出这个理论的 20 年后,也就是 20 世纪 40 年代,麦尔斯和布里格斯编制了包括 100 个问题的人格测试问卷,询问人们在特定情形下的一般感受和行为。

(2) 大五模型。大五模型提供了五个维度的统一的人格框架。这五个维度是:外(内)向性(衡量自如度)、随和性(衡量尊重和顺从他人的倾向)、责任心(衡量可靠性)、情绪稳定性(衡量承受能力)、思维开放性(衡量创新能力)。

大五模型发现这些人格维度与工作绩效之间存在密切关系。研究人员进行了大范围的职业调查,结果显示,责任心高的人都可被预测其工作绩效较好,外向性可预测管理和销售人员的绩效,思维开放性对于预测培训熟练程度很重要,情绪稳定性高的人容易保住工作。

(3) 个性-工作适应理论。人们的个性各不相同,所从事的工作最好也因人而异。根据这种逻辑,人们努力尝试给不同的个性类型找到对应相适合的工作。研究得最多的个性与工作适应的理论是霍兰德(John Holland)的六个性类型模型。该模型指出,员工对工作的满意度和流动倾向取决于他(她)的个性与其职业环境的适合程度。当个性与职业一致时,人们的满意度最高而离职率最低。霍兰德的个性与职业范例如表 2-1 所示。

表 2-1 霍兰德的个性与职业范例

| 类 型 | 表 现 | 人格特点 | 职业样本 |
| --- | --- | --- | --- |
| 现实型 | 喜欢表现技巧性、力量和协调性高的体力活动 | 害羞、诚恳、坚持、稳定、遵循、实际 | 机械师、钻床操作工、装配线工人、农夫 |
| 研究型 | 喜欢涉及思考、组织和理解的活动 | 善于分析、富于独创、好奇、独立 | 生物学家、经济学家、数学家、新闻记者 |
| 社会型 | 喜欢有关帮助和培养其他人的行为 | 好交际、友好、合作、宽容 | 社会工作者、教师、法律顾问、临床心理学家 |
| 传统型 | 喜欢有严格规范的、有秩序的和职责明确的工作 | 遵循、高效、实际、缺乏想象力、顽固 | 会计、公司经理、银行出纳、档案管理员 |
| 进取型 | 喜欢有机会借言辞影响别人和谋求权力的行为 | 自信、野心勃勃、精力充沛、专横 | 律师、房地产代理人、公共关系专家、小企业经理 |
| 艺术型 | 喜欢能提供创造性表达的模糊而无系统的行为 | 想象力丰富、混乱无序、理想主义、感情丰富、不实际 | 画家、音乐家、作家、室内设计师 |

## 二、投射测量法

这种方法的原理是,认为人的许多行为倾向隐藏在人的深层意识中,不易探测,因此需要求助于投射测试,即用一个含义不明确、可作多种解释的称为"投射物"的物件(可以是一种图形、一件实物等),短期地暴露在被测者眼前,然后要他迅速观察后,立即解释他对这投射物的理解，不允许深思熟虑。因为是猝不及防，被测者内心深处的隐秘倾向（如态度、兴趣、动机等个性要素）便被投射到对这投射物的解释之中，被训练有素的专家"破译"或推断出来。

在实践中应用较广泛的投射测量工具主要有墨渍图、句子续完测试、主题统觉测试三种。

(1) **墨渍图**。据国外心理测试及人事管理咨询专家的实践，在个性测量中最可靠、最准确的投射测试工具，是一套精心设计的"墨渍图"。即一组图形，似乎是由落在纸上的墨自然流淌扩散而风干后所形成的不规则图案。它们的轮廓似乎毫无特定意义，似此似彼，但却是洞察内心的利器。

(2) **句子续完测试**。这类投射测试工具以几十个词或词组作为"句根"，如"我的老师""下棋"等。被测试者需在指定的时间内把这些"句根"接续成完整的句子，如"我的老师是位忠厚渊博的学者""下棋可以开发智力"等。专家们便可据此分析出被测者的内心动机等个性要素。这类工具中比较有名的是美国的"迈纳句子完成量表"(MSCS)，其中有专门用来测量管理者"管理动机"的内容。

(3) **主题统觉测试（简称 TAT）**。这种工具主要用来测试以动机为基础的个性特征。美国一些学者开发出了一套 TAT 工具用于测评管理者的成就动机、情谊动机和权力动机。

### 三、情景模拟测量法

"人才评价中心"就是美国开发出的一种综合性情景模拟个人特征测评方法，该方法目前已被大量实际应用于企业界管理人才的发掘与评价。典型的评价活动包括：

(1) **一次"无领导小组讨论"练习**。被评者组成一个 4~6 人的小组，模拟一个领导班子，讨论一个给定的假想的管理问题。

(2) **一次"公文处理模拟"练习**。每位被评者在指定时间内，在一模拟的特定岗位上，以批阅公文的形式，对一系列管理问题作出反应。

(3) **"决策模拟"练习**。通常带有竞赛性质，即由被评者组成的一个小组模拟一领导班子，就一假定情境中的市场与投资状况连续作出一系列决策。现在该种练习已多半实行计算机化，开发了多种软件。

上述三类活动，都是由旁观的考评员根据被评者在这些模拟的工作情境下的行为表现，按某些与管理效能有关的个性特征（如果断性、主动性、敏感性、自主性、工作激励等）进行评测。实践证明，此法所测上述个性特征对预测管理人才的绩效与成功相当准确。评价中心活动除上述三种外，往往还辅以业务计划讲演、写作练习、自陈式个性问卷调查等。

## 第三节 组织情境中的个性

研究者发现，一些个性特质对于解释和预测组织中的行为有更直接的作用。它们分别是：控制点、马基雅维利主义、自尊、自我监控、冒险倾向、A 型/B 型个性。

## 一、控制点

控制点是指个体相信他们能够控制影响他们行为的程度。有些人认为自己是命运的主宰;另一些人则认为人由命运摆布,他们相信发生在自己身上的事情都是因为运气或机会。前者具有内控型特征,他们相信自己掌握着自己的命运;后者具有外控型特征,他们认为自己的命运由外部力量控制。研究发现,外控型员工的工作满意度通常较低,对工作的关心不如内控型员工,并且,他们的离职率也比较高。如果外控型员工的绩效评价很低时,他们往往会责怪上司有偏见、责备同事或其他超出他们控制的因素。而对同样的评价,内控型员工则会从他们自己的行为中寻找原因。

## 二、马基雅维利主义

马基雅维利主义人格特征是根据尼科罗·马基雅维利(Niccolo Machiavelli)而命名的。马基雅维利是16世纪意大利著名的哲学家和政治家,他写了一部关于如何获取和使用权力的著作。一个表现出强烈马基雅维利主义倾向的人往往具有较强的支配欲,与人保持情感距离,并且相信结果决定一切。与低马基雅维利主义者相比,高马基雅维利主义者们更加可能做出存在道德疑问的行为。那么高马基雅维利主义者们是否算好员工呢?这个问题的答案要取决于工作的种类和在评估绩效时是否需要从道德角度考虑。在需要讨价还价技巧(比如商业谈判)或者能产生巨大赢利(例如代理销售)的工作中,高马基雅维利主义者表现出很强的能力。研究发现,马基雅维利主义与后文(第9章权力与政治)中谈到的政治行为具有很强的相关性。它被认为是许多组织情境中政治行为的一个很好的预测指标。

## 三、自尊

人们在对自己的喜欢程度上也有很大差别,这种特性就是自尊。研究发现自尊与对成功的渴望有直接关系。例如,有高度自尊的人认为自己有能力在工作中取得成功。自尊还会影响人们对外来影响的敏感性。低自尊的人比高自尊的人往往更加容易受到外界的影响,他们依靠外界对他们的积极评价,结果比高自尊的人更倾向于从别人那里获得肯定,也更愿意与他们所尊重的人的信仰和行为保持一致。在管理职位中,与高自尊的人相比,低自尊的人更倾向于让别人满意,因而不太可能做出不受欢迎的事情。对于工作满意度,有证据表明高自尊的人比低自尊的人对工作更加满意。

## 四、自我监控

自我监控是指一个人根据外部环境因素调整自己行为的能力。高自我监控的人对外界的暗示非常敏感,并且能够根据具体情境调整自己的行为。他们是变色龙——能够隐藏真实的自我并且针对不同情境能见风使舵。与之相反,低自我监控的人则保持一贯性,他们在任何情况下都表达真实的立场和态度。研究显示,高自我监控的人比低自我监控的人更加注意其他人的行为,并且更有能力与之保持一致。高自我监控的人更善于在组织中搞政治,因为他们对暗示很敏感,并且能够面对不同的对象而摆出不同"脸孔"。

## 五、冒险倾向

冒险倾向即个体愿意冒险的程度。与低冒险倾向者比较,具有高度冒险倾向的人会更快地做出决定,并且做选择时使用的信息较少。管理者们可以根据具体情况给具有冒险精神的员工分配特殊的工作任务。例如,一个有冒险精神的员工可能会成为某经纪人业务公司的优秀的证券交易者,这种类型的工作要求员工具有快速决策的能力。另一方面,这种个性特点对于需要从事查账操作的会计师来说是个很大的缺陷,会计这类工作更适合于低冒险倾向的人。

## 六、A型/B型个性

A型个性的典型特征就是不断努力,希望通过最少的时间取得最大的收效。他们总是闲不住,没有什么休闲时间,而是给自己拟订严格的人生计划和实现期限。从工作行为的角度看,具备A型个性的人干活很快,他们强调数量而不是质量。在管理职位中,A型个性通过延长工作时间来证明自己的能力,但也经常会由于决定太快而做出糟糕的决策。具备A型个性的人缺乏创造力。由于过于注重数量和速度,遇到问题时他们往往依赖过去的经验。他们不会专门花时间去思考对新问题有没有独特的解决方案。具备A型个性的人更可能在销售这类工作中取得好的成绩,而不适合担任高级主管人员。与之相对的是B型个性。具备B型个性的人从来没有时间上的紧迫感,喜欢充分享受娱乐和休闲,而不是不惜一切代价实现自己的最佳水平。他们认为没有必要表现或者讨论自己的业绩和成就。具有B型个性的人往往占据组织中的高层职位。

## 第四节 价 值 观

价值观是个体对客观事物的重要性和社会价值的一种判断和观点,是人们对客观事物的是非、善恶和重要性的看法与评价。它代表个体一系列的基本信念,而个体的行为往往就是在各种信念的支配下进行的。因此价值观对于研究个体以及组织行为相当重要。个体在加入一个组织之前,往往已经形成了什么是应该的、什么是不应该的思维模式,这些思维模式在一定程度就表现为个体的价值观。他们隐含着这样一种观念:某种行为或结果相对于其他行为或结果更为可取。价值观包括个体的信仰、伦理道德观、生活目标和处世哲学等,其最高层次表现为理想。

价值观是决定人们态度和行为的心理基础。在同样条件下,不同的个体对同一客观事物,有着不同的价值观,也就会产生不同的态度和行为。比如在同一团队中,各人的价值取向各不相同,有的人重视工作成就,有的人看重物质利益,而有的人则迷恋权力地位,究其根源,这些差别都起源于价值观的不同。个体的价值观对个体的行为起着如此重要的作用,管理者在对员工行为进行管理的过程中,必须抓住在员工行为背后所隐藏的深层次的价值观问题,从而有的放矢地采取措施,才能真正有效地提高员工的工作绩效。

根据不同的方法,不同的学者对价值观有不同的分类。

## 一、奥尔波特对价值观的分类

奥尔波特把个体的价值观划分为六种类型：① 重视以批判和理性的方法寻求真理的理论性价值观；② 强调实效和实用的经济型价值观；③ 重视外形和谐匀称的审美型价值观；④ 强调对人的热爱的社会型价值观；⑤ 重视拥有权力和影响力的政治型价值观；⑥ 关心对整体世界的理解和体验融合的宗教型价值观。

为了区分不同个体的价值观类型，奥尔波特及其助手编制了一份问卷，被调查者从问卷设计的大量不同环境中，选出最符合自己判断的答案。根据这些答案，研究人员可以分别界定出这六种价值观对该答卷者的不同重要程度，从而确定每个答卷者的价值观类型。从答卷的结果来看，不同工作环境下的不同个体，对这六种价值观的重要性做出了不同的判断。这样根据不同个体的价值观类型，可以对相应个体的行为做出判断和预测。

## 二、格雷夫斯对价值观的分类

行为学家格雷夫斯在对企业组织中各种人员做了大量调查的基础上，把各种各样的价值观按其表现形式分成了七个类型，分别为：

(1) **反应型**。具有这类价值观的个体只对自己的基本生理需要做出反应，没有意识到周围其他人的存在，也相应地没有对其他事物的判断。典型的这类个体是婴儿和脑部神经损失者。

(2) **家法式忠诚型**。具有这类价值观的个体从父母或上级那里学自己所遵循的价值观，类似于封建家法式忠诚，这类个体喜欢按部就班地工作，服从习俗和权势，喜欢有一个友好而专制的监督和家庭式的和睦集体。

(3) **自我中心型**。具有这类价值观的个体往往表现为性格粗犷、精力充沛，为了取得所希望的报酬而愿意做任何工作，尊重与服从于严格的领导。

(4) **服从型**。具有这类价值观的个体具有传统的、努力和尽职的性格，勤勤恳恳、谨小慎微，喜欢任务明确的工作，重视安全和公平的监督方式。

(5) **权术型**。具有这类价值观的个体重视现实，爱好交际，目标明确，具有较高的成就感，喜欢玩弄权术，一方面逢迎有权势的上级，另一方面常常通过摆布他人、搬弄是非，来达到个人目的。

(6) **社会中心型**。具有这类价值观的个体重视工作集体的和谐、友好的监督和人与人之间的平等互利关系，把与人为善、和谐的人际关系和氛围看作自己行为的目标和追求。

(7) **存在主义型**。具有这类价值观的个体喜欢富有自由和创造性的工作，重视挑战和成长的机会，认为金钱和晋升并不是自己追求的最重要的目标，从而能高度容忍模糊不清的意见和不同观点的人，对制度和规范的僵化、权力的强制实用反感并敢于直言。

## 三、罗基的价值观调查

米尔顿·罗基设计了罗基价值观调查方法，它包括两组价值，每组包括 13 条个体价值条目。一组叫做终极价值观，是指认可的终极存在状态，反映他(她)一生所追求的目标;另一组叫做工具价值观,是指更偏好的具体行为方式,或者实现终极价值的方法。罗基价值观调查中的终极价值观和工具价值观如表2-2所示。

表2-2 罗基价值观调查中的终极价值观和工具价值观

| 终极价值观 | 工具价值观 |
| --- | --- |
| 舒适的生活(富足的生活) | 抱负(努力工作、积极上进) |
| 成就感(持久的贡献) | 能干(有能力、有效力) |
| 世界和平(没有战争和冲突) | 快乐(愉快、喜悦) |
| 美丽的世界(自然和艺术的美) | 清洁(整洁、整齐) |
| 平等(手足情谊、机会面前人人平等) | 勇敢(坚持自己的信念) |
| 家庭和睦(互助互爱) | 乐于助人(为他人的福利而努力) |
| 自由(独立、自由选择) | 诚实(诚恳、可信任) |
| 幸福(满足) | 想象力丰富(大胆、有创造性) |
| 内在和谐(内部没有冲突) | 有逻辑(协调、理性) |
| 快乐(愉快、闲适的生活) | 爱(挚爱、温柔) |
| 超度(永恒的生命) | 孝敬(忠实、尊敬) |
| 社会认同(尊重、敬佩) | 礼貌(有礼貌、彬彬有礼) |
| 真正的友谊(亲密的个人关系) | 责任(可靠、可依赖) |

有研究证实,罗基价值观在不同群体中往往也不同。从事同一职业或属于同一类别的人通常持有类似的价值观;相反,不同职业或类别的人价值偏好可能存在很大差异。

## 四、施瓦茨个人价值观理论

20世纪80年代以来,以施瓦茨为代表的价值观研究者基于米尔顿·罗基的终极价值观和工具价值观的理论,从需要和动机出发来解释价值观的深层内涵,并在此基础上构建了一个具有普遍文化适应性的价值观心理结构,提出了人类基础价值观理论。该理论认为:人类存在着跨文化、超越情境的目标,在一个人的生活中或其他社会存在中起着指导原则的作用。

施瓦茨运用最小空间分析方法进行了结构分析,在全球70多个国家,通过200多个跨文化大规模样本验证了基于人类动机的基础价值观结构的普遍性。施瓦茨的个人价值观结构是一个连贯、凝聚的体系。该价值观结构由10种类型的动机目标构成,分别是:自主、刺激、享乐、成就、权力、安全、遵从、传统、友善和博爱,如图2-1所示。价值观体系内部的这10种动机目标并不是相互分离的,而是彼此相容或对立的,呈现为一个环状结构的模型。位置相近/相邻的价值观(如自主和博爱)所表达的动机性目标是互相包容兼并的;而位置相距较远或处

图2-1 施瓦茨价值观模型

于对立位置的价值观所表达的动机性目标是矛盾对立不兼容的。

### 五、霍夫斯蒂德的文化价值观维度理论

文化价值观是文化的核心,是为社会大多数成员所信奉的和普遍倡导的信念,并通过形成行为规范来影响社会成员的态度和行为。在全球化背景下,跨国企业中的管理者必须具备和不同文化下的人们打交道的能力,因为不同文化下价值观存在差异,而对这些差异的理解有助于管理者对来自不同国家员工的行为进行解释和预测。在分析文化间差异时,霍夫斯蒂德的文化价值观维度理论是当前最被人们广为引用的理论之一,是跨文化管理的理论基础。通过研究,他将不同文化间的差异归纳为五个基本的文化价值观维度。

(1) 权力距离。一个社会的组织和机构中,相对权利较小的人对于权利分布不均的接受程度。相较于西方文化的机构和组织,东方文化更注重权利的约束性,对于不同等级间权利的差异接受度相对较普遍。不同国家或地区的人对权力的认识并不一致。欧美人相比权力,更加看重个人能力。而亚洲国家由于体制的关系,更加注重权利的约束力。

(2) 个人主义和集体主义。某一社会总体是更加关注个人利益还是集体利益。作为全球性文化范畴中截然对立的两大文化,个人主义倾向的社会中人与人之间的关系是松散的,人们倾向于关心自己及小家庭;集体主义倾向的社会中注重族群内关系,主张个人从属社会,个人利益服从整体利益,强调组织目标和凝聚力的重要性。

(3) 男性化和女性化。若某一社会或企业文化中代表男性化品质如成功性、独断性等品质更多则说明该社会的男性化导向显著。若该社会或企业文化中,代表女性化的品质如谦虚、关爱他人等更多,则显示该社会或企业中的女性化导向更为显著。

(4) 不确定性规避。一个社会考虑自己利益时受到不确定的事件和模棱两可的环境威胁时,是否通过正式的渠道来避免和控制不确定性。不确定性规避程度高的社会文化更加重视权威、地位、资历、年龄等,对非常规观点和偏激行为的容忍性较低,更加偏好通过知识和专家评定等手段来规避这些情景。相反,不确定规避程度低的社会文化对于个性化的观念和独特的行为容忍度较高,主张不同意见的平等性。

(5) 长期导向和短期导向。某一社会文化中的成员对延迟其物质、情感、社会需求的满足所能接受的程度。长期导向文化价值观重视潜在的长远利益,而短期导向文化价值观重视当前利益。

## 本 章 小 结

个性是人的一组相对稳定的特征,这些特征决定着特定的个人在不同情境下的行为表现。个性的形成是由先天的遗传因素和后天的社会影响、社会实践相互

作用的结果。心理学家对个性进行了大量研究,并开发了相关的个性测量方法和测量工具,主要包括问卷测量、投射测量和情景模拟测量。研究发现,一些个性特质对于解释和预测组织中的行为有更直接的作用,它们分别是:控制点、马基雅维利主义、自尊、自我监控、冒险倾向以及A型、B型人格性。价值观是个体对客观事物的重要性和社会价值的一种判断和观点,是人们对客观事物的是非、善恶和重要性的看法与评价,它代表个体的一系列基本的信念,而个体的行为往往就是在各种信念的支配下进行的。因此价值观对于研究个体以及组织行为相当重要。

## 思 考 题

1. 什么是个性?它由哪些因素决定?
2. 如何理解个性测量的问题?你认为这些测量工具有价值吗?
3. 你认为哪些组织情境中的个性因素对一个人的成功影响更大?为什么?
4. 什么是价值观?

## 练 习 题

**练习一:大五个性测试**

说明:下列有一些可能适合您或者不适合您的描述。请您在每题前面填入具体数字,表明您同意或者不同意那句话的程度:

| 完全不同意 | 不确定 | 完全同意 |
| --- | --- | --- |
| 1 | 3 | 5 |

1.健谈的;2.说话尖酸刻薄;3.工作负责任;
4.压抑、忧郁;5.有创新精神,经常有新想法;6.缄默的;

## 第 2 章 个性与价值观

7. 乐于助人,不自私;8. 有点粗心;9. 放松的,能够很好地应对压力;
10. 对许多不同的事物感到好奇;11. 精力充沛;12. 与他人针锋相对;
13. 容易分心;14. 可能会紧张;15. 一个机灵的深入思考者;
16. 热情;17. 宽容大度;18. 做事经常缺乏条理;
19. 担心过多;20. 有丰富的想象力;21. 喜欢安静;
22. 完成自己的计划;23. 懒惰;24. 情绪稳定,不易烦躁;
25. 善于创造;26. 能与他人很快熟悉起来;27. 对人冷淡;
28. 坚持不懈直到任务完成;29. 可能是喜怒无常的;30. 重视艺术和审美的体验;
31. 避免与他人接触;32. 对几乎每个人都很友善;33. 做事有效率;
34. 在紧张情境中保持冷静;35. 擅长美术、音乐或文学;36. 开朗、善社交;
37. 有时候对别人很粗鲁;38. 制定计划并能按计划执行;39. 容易紧张;
40. 喜欢思考做事的新方式;41. 几乎没有艺术兴趣;42. 喜欢与他人合作。

说明:大五模型提供了五个维度的统一的个性框架,以下是五大维度所包含的题项,请根据您的上面的作答计分,如果在某一维度中得分较高,则说明您的个性更偏向大五个性中的那一种。

| 维 度 | 项 目 |
| --- | --- |
| 外倾性 | 1、6、11、16、21、26、31、36 |
| 宜人性 | 2、7、12、17、27、32、37、42 |
| 责任心 | 3、8、13、18、22、23、28、33、38 |
| 神经质 | 4、9、14、19、24、29、34、39 |
| 开放性 | 5、10、15、20、25、30、35、40、41 |

### 练习二:文化价值观量表

指导语:下面的陈述句用来测试您的文化价值观,其中有些句子可能符合您的看法,有的可能不太符合。请您仔细阅读每个句子,采用下面的量表,评定每个句子是否与您的想法相符;并选择最符合您想法的数字。

| 完全不同意 | 不确定 | 完全同意 |
| --- | --- | --- |
| 1 | 3 | 5 |

一、权力距离导向
1. 管理者的绝大多数决策不需要咨询下属
2. 对待下属时,管理者常常有必要使用权威和权力

3. 管理者应较少的征求员工们的看法
4. 管理者应避免和员工发生工作以外的接触
5. 员工不应该不同意管理层作出的决策
6. 管理者不应该安排重要的任务给员工们

二、集体主义观念
1. 比起在一个集体里工作,我更愿意一个人独立工作
2. 假如集体拖我的后腿,最好离开集体单干
3. 一个人独立工作会比在集体中做得更好
4. 对于个人困难,我宁愿自己渡过难关,而不是与其他人一起探讨
5. 个人比集体能更好地解决问题

三、不确定性规避
1. 相对于非结构化情境,我更喜欢一切固定程式化的情境
2. 相对于宽泛的工作要求,我更喜欢具体的指示
3. 当我不知道结果会怎样时很容易焦虑
4. 当我无法预计后果时会感到有压力
5. 当无法预知后果时我不愿意冒风险
6. 所有人都应该遵守社会规范的道德准则
7. 我不喜欢模棱两可的情况

说明:该问卷包括了文化价值观中的权力距离、集体主义倾向和不确定性规避三个维度,分数越高表明对权力距离接受度越高、个人主义观念越浓厚以及更喜欢结构化的情境。

## 案例分析

### 超级梦想家:马斯克

"我不知道什么叫放弃,除非我死去。"梦想家往往不是常人所能理解的,因为他可以为了自己的梦想付出一切。埃隆·马斯克,他是好莱坞卖座影片《钢铁侠》主角的灵感来源;他与苹果创办人乔布斯一样,都被称为是改变世界的科技狂人。在太平洋两岸,他的动向总能霸占头条。作为太空探索科技公司Space X的创办者和特斯拉电动汽车公司的合伙运营者,计划在未来15年到20年内,以50万美元一张票的价格,将8万名地球人送往火星的男人。

马斯克自幼喜欢读书,尤其是科幻小说,他最喜欢的书是《银河系漫游指南》,对于未来的想象,都来自他所阅读的科幻小说。"天才就是1%的天分加上99%的汗水,但是那1%的天分是最重要的。"马斯克在10岁时拥有了一台属于自己的电脑,不同于其他的同龄人,还在泥地里打滚的小毛孩,他在两年的时间内编译了一个名为baster的游戏,并且成功将专利卖出了500美元,那些成年人也许根本不能想象到他们所玩的游戏竟然是出自一个十岁孩童。从创立zip2,到贝宝,再到特斯拉汽车,这除了远见卓识之外,离不开"天分"的支撑,而当他成立Space X之后,竟然还能对火箭引擎进行深入的研究。有人叫他"科技狂人",有人将他称之为"神",有人说他不属于地球,由此看来,这些评价不无道理。

敢想敢干,"能动手绝对不说话"。马斯克的成功,除了他的想象力和天分之外,还离不开他的胆识和执行力。他所涉及的领域,几乎都是与传统对抗的领域:贝宝对抗传统的银行业;特斯拉对抗传统的燃油汽车及燃油汽车生产企业;space X对抗波音、洛克希德马丁等超级巨头。每当他新踏入全新的领域,都会遭到众多人的反对,但马斯克不但不会妥协,而且会加速推进。马斯克奉行行动至上,说做就做,当他想造运载火箭时,很多人觉得他是痴人说梦,然而马斯克却说:"我要是不立刻行动,将来老死了躺在棺材里,我都会跺脚后悔的!"

可以说,马斯克是一位执行力超强的大梦想家。他做的很多事情都是为了追求伟大的理想。正如成立Space X,其最终目标就是降低太空运输成本,并使宇宙殖民成为可能;而成立特斯拉则是为了带来新能源革命,让世界加快向可持续能源的转变。大家用"天才在左,疯子在右"形容马斯克,2018年,马斯克接受美国电视节目《60分钟》的采访。当记者问到"当时三次都发射失败的时候有没有想过放弃?"马斯克仅用一句"I never give up!"表达了自己的决心,在这之后,Space X第四次发射成功了。在经历了种种挫折和低谷后又屡屡强势回归的他,像是把精彩的电影活成了现实的生活,又像是把现实的生活过成了电影般的精彩。

**思考题:**

1. 试对马斯克的个性特征进行描述
2. 马斯克的哪些特质是他获得成功的重要特点?
3. 成功的企业家应该具有哪些个性特点?

# 第3章 态度与情绪

美国年轻妇女塞尔玛跟随着奉命参加军事演习的丈夫定居在了一片沙漠腹地中。荒凉的沙漠，难熬的高温，陌生的邻居，这些都令塞尔玛烦躁不已。塞尔玛无法与当地人进行交流，只能孤零零一个人留在一间像集装箱一样的小铁皮屋子里，对朋友和家人的思念随着时间的流逝也愈来愈重，于是塞尔玛写信给自己的父母，哭诉周遭环境的恶劣，并表达了想迅速离开的想法。然而只等到了父亲短短一行字的回信："两个人同时从牢房的铁窗口望出去，一个人看到泥土，一个人看到繁星。"塞尔玛开始没有读懂其中的含义，以为父亲没有理解自己的处境，直到反复读了几遍后，她才恍然大悟，打消了想要逃离这里的想法，决定留下来寻找自己的"繁星"。接下来的日子里，她一改往日的消沉，开始学习当地人的语言并积极融入当地社会，积极地面对人生。经过一段时间的相处，她和许多当地人成了朋友，人们甚至将舍不得卖给观光客的陶器、纺织品送给她作为礼物。塞尔玛开始爱上了这片土地，她十分投入地研究了让人痴迷的仙人掌和许多沙漠植物的生长情况，还掌握了有关土拨鼠的生活习性，闲暇时她还会去观赏沙漠的日出日落，并饶有兴趣地寻找海螺壳，日子过得越来越精彩。为了记录自己在沙漠中的发现，她甚至拿起了笔将其记录下来。两年后，世界畅销书《快乐的城堡》诞生了，是的，塞尔玛就是这本书的作者，她通过自己的努力成功的看到了"繁星"。

生存决定于改变的能力，面临无法改变的客观环境，尝试着去改变自己，态度改变了，环境也自然随着发生变化。正如事情总有正反两面，人们的心态也分为积极与消极两个方面，持有消极的心态看到的总是痛苦，持有积极的心态则会看到幸福。痛苦和幸福，其实就在一念之间。

## 第一节 态度概述

态度是个体对于某物、某人或某事的评价性陈述，比如赞同或者不赞同，喜欢或者不喜欢。它反映个体对某事物的感受。当我说"我喜欢该工作"时，我表明了自己对工作的态度。态度发挥作用的方式与价值观不一样，它比价值观更直接、更具体；而价值观对个体行为的影响，往往是自觉的、以令人难以觉察的方式在起作用。

## 一、态度的构成

个体的态度是由认知、情感和行为倾向三要素构成的。这些要素并不是孤立的,它们往往相互协调、相互作用。但是,态度的三要素之间的关系往往又比较复杂。认知评价、情感体验、行为倾向之间一般是相互协调的,但也可能不一致。比如,有些情况下,个体认知改变了,但情感却没有转过来。

态度决定个体选择什么样的客观事物作为自己的认知对象,对与客观事物相关的信息做出何种反应,以及对与客观事物相关的信息如何进行处理。态度的对象是极其广泛的,既包括自然界的事物与现象,也包括人类社会现象。人们对这些对象往往持赞成或反对,喜欢或厌恶,羡慕或妒忌,肯定或否定,接纳或排斥等不同的情绪。这些情绪就是我们所说的态度。这些不同的态度对个体的行为具有相应的影响和作用。

## 二、态度与行为的交互影响

态度与行为一方面具有一致性,另一方面这种一致性又受到其他各种因素的影响。目前比较一致的看法是,个体的大部分行动都由意识控制。因此,个体是否采取某一特定行动的最直接的决定因素是意识。意识又取决于两种变量:一是行为者对该行为的态度,二是行为者的主观行为规范。该模式把态度看作是个体对特定行为的态度,而不是个体对一般对象的态度。该研究中区分了行为和行为结果。这意味着行为受个体行为意识的控制,而行为结果则超出了个体行为意识的控制。因此,做是一回事,是否做到则是另一回事。

不仅态度会影响行为,而且行为反过来也会影响态度。这在实际生活和科学研究中已经得到了证明。人们的行动可以改变先前的认识、感受和意识,特别是当人们觉得自己对该行动负有责任的时候。研究表明,承担新的社会角色,从事该角色所规定的行为,也将使个体发展出新的态度。比如从两个普通的操作工人中,提拔两个员工,一个做领班,一个做车间的工会代表,不久之后,领班会对管理职位有更多的好感,而工会代表则对工会职位有了更多的好感。

## 三、态度的形成

个体对某件事或某个人的态度如何形成的?学界对态度的形成有不同的结论。有学者认为态度是对周围的人和事反应的比较稳定的倾向,也就是态度几乎被看作是个人品质。因此,有人对工作感到愉快的倾向,而不论工作本身的性质如何;也有人感到不愉快,同样不论工作的实际性质如何。

态度形成的第二种方法被称为情景方法。这种方法认为态度是给定情景的特殊产物,它由情景决定,并随着工作条件的变化,随时间而改变。因此作为工作经历的结果,人们发展起与之相适应的态度。

也有学者认为态度的形成过程遵循服从—同化—内化的步骤。一个人态度的形成需要一个过程,第一阶段是服从。个体为了获得物质或精神的报酬而采取表面上服从的行为,但这个时候并不是自己真心愿意的行为,只是在某种条件下对社会大众或规范的服从。第二阶段是同化。当个体把服从的东西转化成自己的东西,个人自愿地接受社会的观点或信念,与外界环境保持一致,也就是被环境所同化了。第三个阶段是内化。个体把外界的标准和思想完全转换成自己的标准,并从内心深处接受和认同,也就是彻底转变了自己的态度。

### 四、工作中的态度

个体可以有许多态度,但是组织行为学只侧重于研究与工作有关的态度,这些态度包括员工对工作环境等方面的积极或消极的评价,主要包括:工作满意度、工作投入度、组织承诺感等。

工作满意度(job satisfaction)是指个体对他所从事的工作的总体态度。如果一个人拥有较高水平的工作满意度,说明他对工作持积极态度,而对工作不满意的人,则对工作持消极态度。当人们谈论员工的态度时,更多时候指的是工作满意度。由于工作满意度的重要性,本章后面的内容将对此深入探讨。

工作投入度(job involvement)是指员工从心理上对其工作的认可程度,认为他的绩效水平对自我价值的重要程度。工作投入度高的员工认为工作对他实现自身价值很重要,对工作有强烈的认同感,积极投入。研究显示,工作投入对个体的工作绩效和某些工作态度及行为变量,以及顾客满意度、生产力、利润率和单位总体绩效等组织结果变量均具有一定的影响。

组织承诺感(organizational commitment)是指员工对于特定组织及其目标的认同,并且希望保持组织成员身份的一种心态。组织承诺感有三个特点:一是对组织目标和价值观的强烈信念和认同;二是愿意为组织发挥个人所有的努力;三是愿意继续为组织工作的强烈愿望。可见,组织承诺感远远超过相对被动的对组织的忠诚,它更表现为一种与组织的积极关系,个人渴望为组织的成功而贡献自己的能力。

## 第二节 工作满意度

个体可以有无数种态度,然而组织行为学最重视的是关于工作的态度。其中最令人关注的就是工作满意度,它被认为是最重要的工作态度。

### 一、工作满意度概述

工作满意度一般可以从两个方面来加以考察:一是侧面满意度,这是一种对工作的某一方面感到满意的倾向。这类与工作有关的因素主要表现为:工作本身的性质、工作的报酬、晋升的机会、工作被认可的程度、工作的物理环境、组织的管理方式、同事之间的关心和组织内部的各种政策。一般来说,报酬和工作本身是工作满意的最重要的原因,而工作中的晋升机会是工作满意的一般重要原因。二是总体满意度,表明某一个体对其工作的全面的或综合的态度。在某种意义上讲,总体满意度是对工作的不同侧面的平均或总的态度,表现出一种整体的水平。

需要注意的是,个体的工作满意度是动态的,随着环境和个体本身情况的变化,个体的满意度也会发生相应的变化。因此,对于管理者来说,保持员工的工作满意度应持一种发展的观点,在发展中来解决问题。

## 二、影响工作满意度的因素

研究表明,影响工作满意度的重要因素有:工作本身、报酬、工作条件以及同事关系。

员工偏爱的工作应当能给他们机会充分展示自己的技术和能力,能够提供不同的任务和自由度,并且能对他(她)所做的事情给予反馈。具备这种特点的工作往往具有一定的挑战性。工作太容易会让人感到厌倦,太困难又会产生挫折感和失败感。在中等挑战性环境下工作,通常会使员工对工作感到愉快和满意。

员工希望他们的薪酬制度和晋升政策能够公平、透明并且符合他们的期望。当同样条件下,员工感到薪酬制度公平时,就可能对工作感到满意。类似地,如果员工觉得升职决定是以公平、公正的方式做出的,同样也会对工作感到满意。

员工关心其工作环境既为了个人舒适,也为了做好工作。他们希望周围的物理环境能够安全、舒适、卫生并且不易让人分散注意力。

最后,员工工作不仅仅只是为了赚钱和取得成就。对大多数员工来说,工作满足了他们社会交往的需要。因而,与友好和谐的同事一起工作也会提高工作满意度。

## 三、工作满意度与生产率

早期关于工作满意度与生产率之间关系的论点基本上可以归结为:"快乐的员工必定有高生产率。"从20世纪30年代到20世纪50年代,管理人员所表现出来的家庭式管理风格,例如,组建保龄球队、举办公司野餐以及对管理者进行培训,就是希望通过取悦员工来提高生产率。然而,快乐员工理论更多的是主观臆测而没有可靠的依据。

经过进一步研究表明,即便工作满意度对提高生产率有积极作用,这种作用也是相当微弱的。而适度地引入其他的变量可以影响这种作用关系。例如,当员工的行为较少受到外界因素的约束和控制时,这种作用关系就较强。譬如对于机械化程度高的工种,生产率更多地决定于机器的运行速度而不是工人的满意程度。

目前可以得出的结论是:生产率的提高将导致工作满意度的增加,但反之未必尽然。如果你在干一件不错的工作,你自然会对它感到满意。另外,如果假设组织会对生产率提高给予相应的回报,那么你的高效率必然会增加别人对你的赞誉,工资水平和提升机会也会随之提高;反过来,这些回报将会增加你的工作满意度。

研究者还发现,工作满意度与缺勤率以及流动率之间存在着负相关关系。也就是说,工作满意度越高,员工缺勤率越低,流动率也越低。

## 四、工作满意度的测量

工作满意度测量的主要方法是满意度调查,通过适当的满意度调查,能够了解到员工的满意状况,从而使管理层意识到哪个员工群体或哪个组织层面在工作的哪一方面存在着问题。按照调查过程中的提问方式来区分,工作满意调查大体可以分为目标型调查法和描述型调查法两种。目标型调查法是指不仅提出问题,而且提供问题的各种答案,被调查者只需要做一个标记表明他们的选择即可的一种调查方法。这种方法使人们只能选定与他们的看法比较接近的答案,而不能准确地表达他们的真实感受,但是这种方法比较便于实施和进行统计分析。描述型调查法是只提出问题,答案则由员工自由表述自己的意愿和想法,准确地诉说自己的感觉。用这种方法反映出来的问题往往能给管理者强烈的印象。但采用这种方法,调查结果较难进行数理统计分析。

## 第三节 情　　绪

情绪(emotion)指的是个体受到某种刺激所产生的一种身心激动状态。有以下四个特点:① 情绪不是自发的,是由刺激所引起;② 情绪是一种主观意识体验;③ 情绪体验往往伴随外部表现同时出现;④ 情绪会产生生理唤醒。

情绪被认为是一种强烈的情感,会影响人们生活的方方面面,如人们的幸福感、健康、甚至寿命。在组织情境下,研究者业已认识到许多前因变量正是通过情绪和情感来影响员工的态度、行为和工作绩效。关于情绪和情感的研究已渗透到了组织的许多方面。

### 一、情绪劳动

Hochschild 于 1983 年提出情绪劳动这一概念,用来界定员工通过"管理自己的情感来建立一种公众可见的表情和身体展示,从而获得报酬的一种劳动方式"。这一劳动本质上是个人的情绪调节行为,主要涉及三个方面内容:内部状态(情绪体验)、内部过程(情绪调节)和外部行为展示及规则(情绪表达)。

根据个人在组织中调整情绪时所付出的努力,可将情绪劳动区分成两类。第一类是调节主观体验,这种劳动着重处理个人内在的冲突、焦虑、紧张、不安及其他不良情绪。此时员工需要进行更多的认知调节,以调整主观感受为目标,同时还需要一定程度的表情调节。第二类是调节情绪的外在表现,体现为了特定的目标而展现出符合要求的情绪。以调整外在行为表现为主,偏重调整情绪行为。

### 二、情绪智力

情绪智力又称情感智力、情感智慧,可以用情绪商数(EQ)来表示。它指察觉和管理情绪线索和情绪信息的能力,并利用这些信息去指导自己的想法与行动。概括而言,个体情绪智力越高,则调节情绪,促进积极情绪的能力越强。

在过去的几十年中,国内外学者关注情绪智力对于工作绩效的影响,并通过实证研究发现,较高情绪智力的员工更加善于控制自己的情绪、有更强的心理承受能力且能够及时进行自我激励。管理者的情绪智力则体现为对员工情绪的觉察和良好的工作沟通,高情绪智力的领导善于觉察下属情绪并及时给予反馈,更好地建立信任关系,进而提升组织中的工作绩效。

### 三、情感事件理论

情感事件理论探讨组织成员在工作中经历的情感事件、情感反应与其态度及行为关系。该理论关注个体在工作中情感反应的结构、诱因以及后果。个体在相对稳定的工作环境中面对不同的事件而感受到的不同情感体验会影响个体对待该事件的态度并影响个体行为。该理论指出,员工会对工作中发生的事情产生情绪反应,这些反应又影响到他们的工作绩效和满意度。举例来说,个体在组织工作中,因为工资报酬、工作环境等会影响到个体的工作态度,进而引发个体的情感体验。不同个体对于同一事件的不同情感体验(积极或消极)将反过来影响个体对待工作的态度以及对于执行工作任务时的情绪。

## 本 章 小 结

管理者应该对员工的态度重视起来,因为态度可以预警存在的问题,并影响员工行为。例如:感到满意并忠诚于组织的员工,其流动率和缺勤率都更低,退出行为也更少,在工作中的表现也更好。对整体工作态度的合理测量,是组织了解员工最重要的信息之一。为了提高员工的工作满意度,管理人员应更加关注工作的内在部分,让工作更具有挑战性、更有趣,创造令人满意的工作场所,并不能成为优秀组织绩效的保障,但是有确凿证据表明,管理者为了改善员工态度而作出的所有努力都可能有助于增强组织工作效率。在组织情境下,人们越来越意识到情绪对员工态度、行为和工作绩效的影响。

## 思 考 题

1. 什么是态度?为什么它对理解组织行为学很重要?
2. 什么是工作满意度?它如何影响一个人的工作?
3. 什么是情绪?
4. 情绪劳动有哪几种类型?区别是什么?
5. 个体情绪如何影响其在组织中的行为?

## 练　习　题

**练习一：工作满意度量表**

下面您能看到一些关于您目前工作的陈述。仔细阅读这些陈述,确定您对句子中所描述的关于目前工作的某方面是否满意。

请问一下自己：我对工作这一方面的满意度如何？对于每一题项,选择最符合您真实满意度的数字。

| 非常不满意 | 不确定 | 非常满意 |
| --- | --- | --- |
| 1 | 3 | 5 |

1. 能够一直保持忙碌的状态。2. 独立工作的机会。3. 时不时地能有做一些不同事情的机会。

4. 在团体中成为重要角色的机会。5. 我的老板对待他/她的下属的方式。6. 我的上司做决策的能力。

7. 能够做一些不违背我良心的事情。8. 我的工作的稳定性。9. 能够为其他人做些事情的机会。

10. 告诉他人该做些什么的机会。11. 能够充分发挥我能力的机会。12. 公司政策实施的方式。

13. 我的收入与我的工作量。14. 职位晋升的机会。15. 能自己作出判断的自由。

16. 自主决定如何完成工作的机会。17. 工作条件。18. 同事之间相处的方式。

19. 工作表现出色时,所获得的奖励。20. 我能够从工作中获得的成就感。

以上这20个项目组成了对一般工作满意度测量时最常用的工具。得分越高,说明对目前工作的满意度越高。

**练习二：情绪智力量表**

情绪智力是属于社会智力的一个子系统,涉及感觉和表达情绪,透过情绪理解和推理并调节自身和他人情绪的能力。以下题目可用以评估您的情绪智力水平,即对于自己以及他人情绪的感知、理解、表达、控制和管理利用的能力。请认真阅读每一个句子,根据实际情况选择最符合的数字。

| 非常不符合 | 不确定 | 非常符合 |
| --- | --- | --- |
| 1 | 3 | 5 |

1.我知道什么时候该和别人谈论我的私人问题。2.当我面对某种困难时,我能够回忆起面对同样困难并克服它们的时候。3.我期望我能够做好我想做的大多数的事情。

4.别人很容易信任我。5.我觉得我很难理解别人的身体语言。6.我生命中的一些重大事件让我重新评估了什么是重要的什么是不重要的。

7.心境好的时候我就能看到新的希望。8.我的生活是否有意义,情绪是影响因素之一。9.我能清楚意识到自己体验的情绪。

10.我希望能够有好的事情发生。11.我喜欢和别人分享自己的情感。12.情绪好的时候,我知道如何把它延长。

13.安排有关事情,我尽可能使别人感到满意。14.我会去找一些让我感到开心的活动。15.我很清楚我传递给别人的非言语信息。

16.我尽量做得好一些,以给别人留下好的印象。17.当我心情好的时候,解决问题对我来说很容易。18.通过观察面部表情,我可以辨别别人的情绪。

19.我知道自己情绪变化的原因。20.心情好的时候,新奇的想法就会多一些。21.我能够控制自己的情绪。

22.我很清楚自己在某一刻的情绪。23.学习时我会想象自己即将取得好成绩,以激励自己。24.当别人在某个方面做得很好时,我会称赞他们。

25.我能够了解别人传递给我的非言语信息。26.当别人告诉我他人生中的某件重大事件时,我几乎感觉到好像发生在自己身上一样。27.当我感到情绪变化时,就会涌现一些新颖的想法。

28.遇到困难时,一想到可能会失败,我就会退却。29.只要看一眼,我就知道别人的情绪怎样。30.当别人消沉时我能够帮助他,使他感觉好一点。

31.在挫折面前,我让自己保持良好的情绪以应对挑战。32.我能够通过别人讲话的语调判断他当时的情绪。33.我很难理解别人的想法和感受。

说明:该量表共33道题项,得分越高,表明情绪智力水平越高,其中第5、28、33题为反向计分。

## 案 例 分 析

### 一只苍蝇害死一名世界冠军

1965年的9月7日,美国纽约正在举行世界台球冠军争夺赛,在这最后一场

## 案例分析

的冠军争夺赛中，美国本土的台球选手路易斯·福克斯的分数遥遥领先于对手，此时只要把最后那个8号黑球打进，凯歌就奏响了。但就在路易斯正全神贯注地准备击球时，比赛场内飞来一只苍蝇，并稳稳地落在了那个主球上，路易斯生气的挥动着球杆，赶走了这只讨厌的苍蝇。然而就在路易斯俯身准备再次击球时，那只才被赶跑的苍蝇居然又飞了回来，再次落在那个主球上，现场观众传来了哄笑声。这一笑惹怒了路易斯，他的情绪开始了变化，气急败坏地挥舞球杆，狠狠地将那只苍蝇再次赶走。

随着现场观众的哄笑声渐渐平息，比赛继续进行。路易斯尝试着拿起球杆再次走近台球桌，但已无法再回到之前稳定的情绪状态中，没想到就在他俯身准备击球的时候，观众的哄笑声突然再次爆发出来。原来，刚刚飞走的那只苍蝇鬼使神差地飞了回来，而且竟然又落在了先前的主球上！这一戏剧性的场景仿佛是苍蝇故意在戏弄路易斯，观众的哄笑让他的情绪恶劣到了极点，难以抑制的愤怒使得他突然用球去击打苍蝇，结果球杆触动了主球，裁判判他出球，他也因此失去了一轮机会。一番折腾过后，路易斯再也无法保持平静，在后面的比赛中连续发挥失常，致使他的对手后来居上，自己最终与冠军失之交臂。最后的领奖台上，路易斯折断了自己的球杆，并不停地咒骂着走出了赛场。令人没想到的是，第二天的凌晨，人们在一条河中发现了投河自杀的路易斯的尸体。恼怒万分的路易斯选择结束自己的生命，以摆脱这次比赛给他带来的心灵伤害。

一只苍蝇和一场比赛，哪个更重要？制怒是为了心静，而迁怒让路易斯失去了冠军和生命，所向无敌的世界冠军，被一只小小的苍蝇打败了，听起来很不可思议，但这样的事情其实在现实中每天都在上演。人的一生会被各种情绪牵绊，愤怒作为一种激烈的负面情绪常常会打乱我们逻辑思考的能力，如果一个人被情绪控制，沦为了情绪的奴隶，他将脆弱不堪一击。但我们的每一种情绪都是基本的、重要的、不可替代的，不可能选择一种忽视其他。想要克服不良情绪的关键在于理解它们，最终才能触及它们的核心。比赛如此，做人做事又何尝不是这样？学会控制自己的情绪，否则因为一些小事而唤醒心中情绪的猛虎，失去的又岂止是冠军。

**思考题：**
1. 路易斯为什么会被一只小小的苍蝇击败？
2. 情绪是如何影响人们的行为的？
3. 应该如何避免类似事件的发生？

# 第4章 知觉与个体决策

由于经济下行,某大型制造业公司的盈利状况每况愈下,因此老总召集了三个厂长,说道:"今年亏损,奖金不发了。"三个厂长回去后以不同的表达形式转述给了员工,得到了不同的回应。

A厂长回厂后说:"今年亏损,奖金不发了。"众员工听后怨声载道,均对厂长和公司十分不满意。

B厂长回厂后说:"今年亏损,奖金不发了,本来还说要裁员,在我力争下人总算是不裁了。"众员工听后都对厂长十分感激,对于消失的奖金不再有怨念。

C厂长回厂后说:"今年亏损,奖金不发了,公司有裁员的打算。"说完便离开了,等到了晚上众员工纷纷拿着红包来厂长家送礼。

2002年诺贝尔经济学奖得奖人,普林斯顿大学心理学教授卡尼曼通过心理学研究发现,针对同一个问题,两种在逻辑意义上相似的说法,会导致完全不同的决策判断,这便是因语言表达不同而产生的决策偏差。

## 第一节 知觉过程与知觉影响因素

知觉就是个体为了对自己所在的环境赋予意义而解释感觉印象的过程,包括选择、获得和在头脑中加工组织信息。它反映的是一个心理过程,即人们是怎样从环境中获得信息并产生对他们世界的感觉。知觉研究一直在证明,不同个体对同一事物的认知往往不同。事实上,任何人看到的都不一定是事实。人们只是在解释所看到的事物,并称为事实。

### 一、知觉过程模型

知觉的核心是选择与组织。不同的人常对同一情境有不同的知觉,这种不同主要来自知觉选择和对所知觉事物的组织与理解。知觉过程模型如图4-1所示,它概括了从外部环境刺激到最后行为反应的知觉过程,以及相关的基本要素。

人们通过其五种感觉,即味觉、嗅觉、听觉、视觉和触觉,接受环境刺激。每个

# 第一节 知觉过程与知觉影响因素

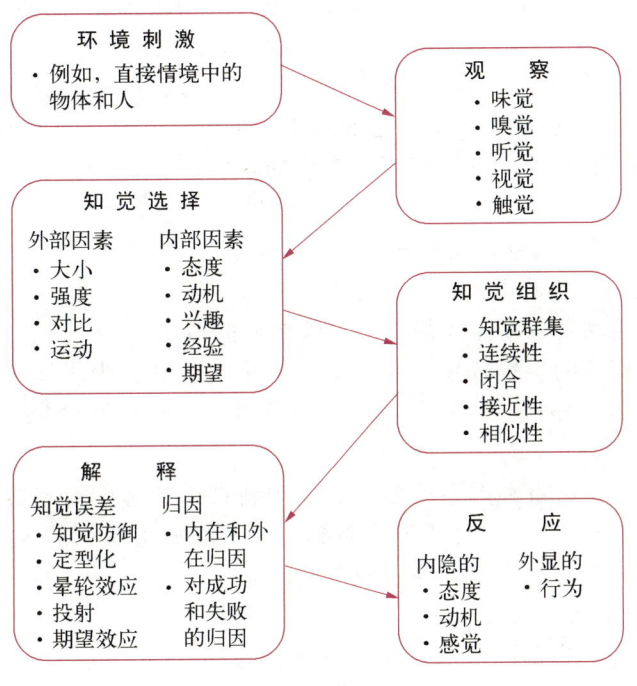

图 4-1 知觉过程模型

人在某一特定时刻,选择性地注意环境的某些方面而忽视其他方面。例如,当一个人买了一辆新汽车之后,他会发现好像马路上一夜之间冒出很多跟他一样的车子。原因显然不是这种车真的一下增加了,而是因为他选择性地注意到了马路上的这种汽车。

人们的选择过程包括外部因素和内部因素。其中外部因素主要与知觉对象的特点有关,而内部因素主要与知觉者有关,特别是其态度、动机、兴趣、经验和期望。

人们怎样解释所知觉到的东西也存在相当大的差异。挥手可以被解释为友好,也可以被视为威胁,这取决于当时的情境和人的心理状态。因为在任一特定时间个体的行为是建立在对情境的知觉基础上的,所以知觉对于理解组织行为是非常重要的。

由于人们对感觉和刺激的理解方式不同,所以就会产生不同的解释和反应,知觉的这种差异使我们能解释为什么在同样的情境中人们会有不同的行为。换言之,人们常用不同的方式知觉同样的事情,且他们的行为反应在某种程度上依赖于他们的知觉。对管理者和组织而言,个体选择、组织和解释他们形成对外部世界知觉的方式是不容忽视的。

## 二、知觉影响因素

### (一)外部因素

影响知觉选择的外部因素有:

(1) **知觉对象的大小**。知觉对象越大就越有可能被知觉,例如一棵高大的冷杉树要比一棵树苗更容易引起高空电线检修工的注意。

(2) **知觉对象的强度**。知觉对象越强烈(如明亮的灯光、大噪声)就越可能被知觉。语言的强度当然也会影响到知觉的结果。例如,"在你方便时到我办公室来一下"和"马上到我办公室来",对知觉者所产生的紧迫感是不一样的。

(3) **知觉对象与环境的对比度**。突出于背景的或人们所期望的外部因素更易引起注意。比如,人们在家电大卖场对一台 50 英寸\*电视机的感觉,和在自己家比较小的卧室里对同一尺寸的电视机的感觉就会有差异。

(4) **运动**。运动着的对象比静止的对象更易被知觉。

(5) **重复**。重复的要素较单个要素更容易引起注意。为了取得较大的成效,一个广告可能会被重复多次。耐克公司的品牌符号,就被重复应用于其全球范围内的所有产品。

(6) **知觉对象的新奇和熟悉程度**。环境中新奇或熟悉的对象容易引起注意,这一点取决于情境。例如,人们会迅速注意到一头走在城市街头的大象。某人可能会从一群走近的人中注意到一个亲密朋友的脸。

### (二) 内部因素

影响知觉选择的内部因素来自知觉者自身的特征,其中最相关的个人因素是态度、动机、兴趣、经验和期望。

(1) **态度**。个体对一件事物所持有的态度不同,会影响到他们对事物的看法。比如,对于同一个教师,喜欢他的学生会对这个教师所讲授的课程比不喜欢他的学生有更多的正面反应,也会有更多的认同。

(2) **动机**。凡是能够满足需要、符合动机的事物,往往容易引起人们的注意,成为知觉的对象;反之,与需要和动机无关的事物,则容易被忽视。一个自尊心受过挫伤的员工,就会对尊重和不尊重自己的行为比较敏感。

(3) **兴趣**。兴趣是动机的进一步发展,一般指热切地追求知识或从事某种活动的外观性倾向。兴趣在更大程度上制约着知觉的主动选择性。感兴趣的事物,较容易从复杂的环境中被注意到,并成为知觉对象;反之,即使注意到了,也会很快从知觉中消失。

(4) **经验**。经验是指个体通过过去的认知积累并有当前知觉有关的知识。它们以信息的形式储存于大脑中,并形成信息系统。经验对知觉选择的影响很明显,主要使熟悉的对象易于从环境中分离出来,成为知觉对象。例如,在许多人说话的场合,人们很容易从中首先知觉到熟人的声音。

(5) **期望**。一个人的内心期望也会影响到知觉的选择,人们总是比较容易知觉到自己所期望的东西。如果你预期现在的年轻人都是缺乏进取心的,你也很容易以这种方式去知觉他们,而不管实际情况究竟怎样。

此外,像人的个性、气质等方面的差异,也会影响到个体对知觉的选择。

内部因素和外部因素在任何时候都共同影响知觉,它们一起决定任一特定刺激

---

\* 英寸是非法定计量单位。1 英寸=0.025 4 m。

是否更多或更少地被注意。

### 三、影响知觉组织的因素

知觉的组织是个体将环境刺激组织成为可识别的模式的过程。即人们通过知觉加工,将进入的信息组成一个有意义的整体。知觉选择性涉及的是获取个体注意的内外部因素,而知觉组织所关注的是一旦情境中的信息被接收到,知觉过程会发生什么。例如,大多数人对由木头制作且有四条腿、一个座位、一个靠背和扶手的物体有一个心理图像:一把椅子。然后当人们实际看到有这些属性的物体时,就能把这些信息组织成一个有意义的整体,并认识到这个物体是一把椅子。

人们需要进一步了解人的心理装配、组织和分类信息的方式。显然知觉组织的一些因素,如知觉组合对理解知觉组织是有益的。知觉组合是通过连续性、闭合、接近性和相似性把几个刺激组合为一种可识别模式的倾向。

(1) **连续性**。连续性是把物体知觉为连续的样式的倾向。连续性是一个有用的组织原则,但它也有负面性。例如,知觉连续性倾向可能导致不能觉察到单个物体的变化。在经济或商业预测中,一个常见的错误就是将未来简单地设想为现在事件和趋势的反映。

(2) **闭合**。闭合是使一个物体完整化且将它知觉为一个固定的、完整的形式的倾向。换句话说,闭合是即使仅感觉到物体的部分,但仍知觉为整个物体的能力。格式塔心理学认为,人有时会知觉到一个完全不存在的整体。人们在处理观念和信息时也常用闭合原则组织知觉,例如,一个面临复杂决策的管理者即使缺少某些信息也能对问题形成一个相当准确的理解。管理者依靠经验和想象就能充实那些决策所需的缺失的片断。

(3) **接近性**。接近性是指一组物体因它们彼此接近,而可能被知觉为相关联的物体。例如,组织中一些员工可能由于空间位置上的接近性被知觉为一个团队或单元;为某个特定项目工作的员工容易被知觉为一个整体。某组织的高级经理注意到三楼有五个人已离职了,即使他们离职的原因完全不同,但这个经理可能将这些辞职知觉为三楼上的一个问题,并调查那儿的士气、工资和工作条件以发现到底问题是什么。我们能看到,在时间上也有接近性组织原则。例如,在工作环境中几乎同时发生的三件事情即使它们并不相关也可能被知觉为相关的。

(4) **相似性**。相似性是指物体或观念间越相似就越可能被知觉为同一类。相似性与接近性在概念上有相互关联,但在大多数情况下,其作用要强于接近性。在大多数团体运动中相似性尤为重要,例如,在足球运动场上,所有穿蓝色队服的人将被知觉为一个整体;在一个组织中,所有穿着白色衣服的人可能被知觉为同一个群体,而实际上每个人都是一个独立的个体。一个公司可以要求来访者戴黄色安全帽而员工戴白色的。这样,当员工在工作区域内时就易于认出每日安全预警及常规工作中不熟悉的人。尽管相似原则有益于人们感知世界,但这一组织原则的负面影响在于定型化的知觉误差,本书将在后面进行阐述。

## 第二节 社会知觉

### 一、社会知觉的概念与分类

1947年美国心理学家布鲁纳(J. S. Bruner)提出了社会知觉的概念,用以表示他对知觉的一种新观点。社会知觉是指人类的知觉过程受到社会因素的制约。这个概念在社会心理学中得到了发展,被赋予了新的内涵,认为社会知觉是对社会对象的知觉,包括一个人对另一个人、个体对群体、群体对个人、群体对群体的知觉,以及人际间、群体间关系的知觉。简而言之,社会知觉就是对人的知觉,只不过是把人归入某一个群体,作为群体的一个成员来知觉。

社会知觉一般分为四种知觉:

(1) **对他人知觉**。这是单向知觉,主要通过对对象外表特征的知觉,进而取得对该对象的动机、感情和意图等的认识。俗话说"听其言、观其行,而知其人"。这就是说,了解一个人要根据他的言论和行为,这个行为,不仅指的是举止风度,同时也包括眼神、姿势和表情等。对他人知觉依赖两个方面:一方面是知觉对象的外表特征;另一方面,依赖知觉者的观点、态度,因为每个知觉者总是用自己的观点、态度来观察人,不同的观点、态度必然影响对人的知觉。

(2) **人际知觉**。这是双向知觉,是人与人之间互相关系的知觉。这种知觉有明显的感情因素,人们彼此之间的接近程度、交往频率、相似多少等都对人际知觉产生很大影响。

(3) **自我知觉**。即自己对自己的看法。人本身是认识客观世界的主体,同时也是被自己、被别人所认识的客体。自我知觉,要主客体相结合。俗话说:"人贵有自知之明",对管理者而言,有客观、明确的自我知觉是难能可贵的。

(4) **角色知觉**。对社会上所扮演的角色的认识及判断。人们在社会上从事各种各样的工作,各有特点,也各有难处。角色知觉就是要使人能够"设身处地为别人想想",善于理解非自己扮演角色的特点和困难,也就是通常意义的换位思考。

良好的社会知觉能力是人们之间和谐相处的基础,作为管理者,这一点尤为重要。

对人的知觉过程与图4-1中显示的一般知觉过程相同。这一过程也同样遵循观察—选择—组织—解释—反应的顺序。然而在环境中被知觉的客体是另一个人。对情境、事件和物体的知觉当然是重要的,但对他人知觉的个体差异,对于理解工作环境中的行为至关重要。例如,假设你遇到了一名新员工,为了认识他并使他不拘束,你请他吃午饭。午餐过程中他一直在谈论他的工作和生活情况,并表现其突出技能,这样你可能会对他产生很以自我为中心的不好印象。后来你可能渐渐认识到他个性的其他方面,但你的知觉可能一直被你们第一次见面时的印象所影响。

一般而言,影响对人知觉的因素和影响知觉选择的因素是相同的。然而,我们仍可对如何影响对人的知觉的因素做如下分类:① 被知觉者的特征;② 知觉者的特征;③ 知觉发生的情境或背景。

## 二、社会知觉的误差

知觉和解释他人是一项非常困难的事情。为了使这个过程能够相对容易一些,学者应用很多方法来简化社会知觉过程。这些方法帮助人们比较迅速地进行正确的知觉,并为预测提供有价值的资料。然而,这些方法并不是绝对安全可靠的,它们常常会给人们带来一些麻烦。因为它们会导致知觉过程在判断和理解上的一些误差。而理解这些误差的起因是理解知觉的个体差异的一个重要部分。在介绍这些知觉误差之前,我们首先对知觉的准确性问题进行简单的讨论。

人们对他人的知觉准确吗?这个问题在组织行为中非常重要。例如,在工作鉴定中错误地判断员工的特征、能力和行为,可能导致错误地评价员工对公司的现在和未来的价值。

对人的知觉的准确性体现了一个重要的个体差异:某些人在判断和评价他人时非常准确,而某些人则相反。要想对他人的知觉更准确,知觉者必须避免:① 由单个特征推知其他特征;② 孤立地看待整个情境中的单个行为;③ 过度依赖外在表现。此外,由于对人的知觉受知觉者和情境的特征的影响,因而当知觉者理解了这些潜在偏见时,对人的知觉的准确性可能有所提高。

但是,在对人的知觉及其他知觉过程中个体产生的误差非常普遍。下面将介绍六种常见的知觉误差:知觉防御、刻板印象、晕轮效应、投射、期望效应以及首因和近因效应。

### (一) 知觉防御

知觉防御是个体使自己免受某些观念、物体或情境的威胁的倾向。换句话说,通过知觉防御,人们试图扭曲或忽略可能威胁情感的或是文化上不能接受的信息。而个体一旦形成了观察世界的方法就可能很难改变。有时这种防御会给工作环境带来不良后果。例如,有证据表明,知觉误差会使我们难以知觉到在解决问题的过程中对创造性的需要。由于知觉防御的结果,个体会按照习惯方式简单地行事。例如,在劳资谈判过程中,有消息说,由于利润下降,工厂可能要关门停业了。但焦虑的工人可能会忽略这个信息,他们宁可相信这是管理层故意制造的谣言。

具有知觉防御的一个结果是,使人们避免面对无力处理或不愿面对的事情。作为一种感觉防御装置,它使人们能对环境的干扰视而不见,充耳不闻,而将注意力转移到其他方面,并希望带来压力的事情能够最终消失。

知觉防御能够保护个体免受某些观念、物体或情境的威胁,但也使人们无法看到事情的本来面目,因为它使人产生了知觉盲点。

### (二) 刻板印象

刻板印象,或叫定型化,是指将一类人的特征作为知觉基础,对该类人群中的某一个体进行判断的倾向。人们一般都期望某人作为一个医生、公司总裁或牧师具有其特定的积极特征,即使他们发现他不具备那些特征。例如,一个对归类为退学的学生、有犯罪前科或酗酒的人自然引起消极知觉。在组织中,我们也常常听到一些反映了以性别、年龄,甚至职能部门为基础的刻板印象,如"女性不会为了晋升而调动工作""男性不喜欢做家务""老年人一般对新技能的接受性较差""财务部门的人都是很死板的"等。从知觉角度讲,如果人们期望看到这种刻板印象,那么他们就会知觉到,无论这种刻板印象是否准确。

当然,刻板印象也有其优点。这种方法使得复杂的现实世界变得简单,并承认人与人之间存在着一致性,可以比较容易地处理不计其数的外部刺激。比如,一个销售经理想挑选一名有进取心、工作勤奋、能够应对不利环境的大学毕业生。过去的经验告诉他,那些曾经参加过大学体育运动队的学生常常表现得很出色。这种刻板印象可以帮助经理节约大量时间。不过,刻板印象所带来的知觉偏差在于,大学运动队的成员并不一定个个都是积极进取、勤奋努力和善于处理不利环境的。

### (三) 晕轮效应

当我们以个体的某一个特征,比如智力、社会活动能力或外貌为基础,对知觉对象形成一个总体印象时,这种现象就称为晕轮效应。换言之,晕轮效应像一个光环遮住了知觉者应评价的、能帮助其形成对他人完整准确印象的其他特征。

学生在评价教师时经常会出现这种效应。他们常常会受到某种具体特征(比如热情)的影响,从而在对某个教师进行整体评价时发生晕轮效应。比如,某位教师可能是安静、认真、知识丰富、水平很高的,但如果他的风格不够热情,则其他特点可能也不会得到很高评价。

晕轮效应并不是随意发生的。研究表明,在下列情况下最容易发生晕轮效应:当被知觉者的特质在行为界定上十分模糊时;当这些特质隐含道德意义时;当知觉者根据有限的经历来判断特质时。在组织管理实践中,管理者可能挑出一个特征用以作为评价所有其他工作的基础。例如,由高出勤率推出高产量、高质量的工作。管理者要尽量避免晕轮效应对员工评价的影响。

### (四) 投射

投射就是人们把自己的特征视为他人的特征的倾向。人们常常把自己的感觉、个性特征、态度或动机投射到他人身上。例如,如果你希望自己的工作具有挑战性并能够自己负责,则会假定别人也同样希望如此。同样,如果你是一个诚实可靠的人,就会想当然地认为别人也同样是诚实可靠的。再比如,被马上要进行组织变革的流言惊吓的员工,不仅会认为其他人比他更恐惧,而且可能认为各种政策决策比合理改变更令人害怕。

那些知觉者具有的、但其还未认识到的不良特征,更易产生投射。有吝啬、顽固和目无法纪个性特征的人,比没有这些特征的人更倾向于在这些特征方面给予他人较高的评价。

投射使人们倾向于按照自己的样子来知觉他人,而不是按照被观察的他人的真实情况进行知觉。当两者相似性很高时,结果会很准确,但这并不是因为知觉的准确,而是因为被知觉者正好与知觉者相似。因此,投射使我们对他们的知觉产生了失真。这也是管理者应该注意的。

### (五) 期望效应

知觉过程中的期望效应是对事件、物体和人的先前期望知觉的偏差程度。有时人们会简单地知觉他们期望知觉的东西。

期望效应也可能在较明确的情境中引起知觉偏差。例如,当你被分配到一个小组中时,如果你的督导告诉你这个小组的工作很重要,并且其成员都是各部门抽调来的精英,你对该小组可能产生积极的知觉。如果督导告诉你这个小组是因某种政治原因而存在的,且其成员都是其他部门中多余的,那么你会产生对小组的负面的知觉。你也可能因对每个人的期望不同而对小组中其他成员的同类行为产生非常不同的知觉。

早期我们认为过去的经验和学习对知觉过程是重要的。人们常常期望情境是某种特定的样子或其他人具有某种特征。这些期望极大地影响了他们对现实的知觉。

期望效应的另一个方面是自我实现的预言。知觉者期望某一事件发生,则这一事件就更有可能发生。例如,如果团队的领导者确信某一新员工有较大的潜能,那么他可能会做两件事情:① 把该员工的绩效评价得比实际上更好(期望效应);② 通过鼓励或额外培训,使该员工确实表现出良好的绩效(自我实现的预言)。

### (六)首因和近因效应

在进行社会知觉的整个过程中,知觉对象最先给人留下的印象,往往"先入为主",对后来对该对象的印象起着强烈的影响,这是首因效应,即通常所说的第一印象。在知觉过程中,最后给人留下的印象最为深刻,对后来对该对象的印象也起着强烈的影响,这是近因效应。

对首因效应和近因效应起作用的条件有所不同。一般说来,在感知陌生人时,由于陌生人的新异性在开始时特别突出,因而首因效应更大一些。而对熟人的感知(指对新异行为的感知),则近因效应更大一些。感知熟人时,即使一开始就出现一些新异行为,也往往被熟人本身的非新异性所冲淡,以致未能引起主体足够的注意。而到后来,由于新异行为的继续作用,才引起主体足够的注意,因而出现近因效应。管理人员在工作中要尽可能做到:一方面预防这两种效应的消极影响,另一方面在一定条件下发挥这两种效应的积极作用。比如,在与员工沟通时,可首先用几句话扼要地说明一下问题的要点,使能产生首因效应,从而加深员工对问题的印象。最后把所谈问题加以归纳,从别的角度把问题的要点再重复一下,使能产生近因效应,进一步加深员工对问题的印象。

## 第三节 归 因

归因就是指人们如何理解和解释自己和他人行为的原因。在对人的知觉过程中,归因起到了重要作用。对某人行为的归因可能影响对个体根本特征或特质的判断。

在组织当中,员工和管理者对行为原因的归因对理解组织行为是非常重要的。例如,把低绩效直接归因于下级的管理者,比把它归因于下级无法控制的环境的管理者,更容易产生惩罚行为。如果管理者确信员工没完成好任务是因为他缺少适当的培训,就可能给员工更好的指导或更多的培训;如果管理者确信是因为下级不努力而造成了极简单的错误,则他会非常愤怒。

对造成同样后果的行为，人们的反应会存在很大的差异，这可能是由于对情境知觉和归因造成的。对绩效的知觉差异引起的可能结果如表4-1所示。

表4-1 对绩效的知觉差异引起的可能结果

| 上司对知觉为高绩效下属的行为 | 上司对知觉为低绩效下属的行为 |
|---|---|
| · 讨论项目的目标时，给下属选择解决问题或达到目标的方法的自由 | · 当讨论任务和目标时给予直接的指导 |
| · 把错误或不正确的判断视为应给予学习机会 | · 对错误和不正确的判断密切关注，并迅速指出下属做错了什么 |
| · 开放地接受下属的建议，征求下属的意见 | · 不大注意下属的建议，很少征询下属的意见 |
| · 给下属有趣的和有挑战性的任务 | · 给下属委派常规工作 |
| · 当有不同意见时往往遵从下属的意见 | · 有不同的意见时通常强化自己的观点 |

## 一、归因过程

归因理论认为，人们有认识环境和特定事件的原因的动机，如果个体能够理解事件的原因，他们就会更好地影响或控制未来事件发生的方式。或者说，人们为了理解他人的行为及对环境产生更好的感觉而归因。

个人显然并未在所有环境中进行归因（尽管他们随时都可以做到这一点）。然而在特定的环境中人们能有意识地进行归因。例如，在下面情境中一般都有归因：

（1）问知觉者关于另类行为这样一个很显然的问题。（比如：张三为什么那样做？）

（2）一个意外事件发生后。（我从未见到过王强这样做过，我想知道随后会发生什么？）

（3）知觉者依赖于另一个人对结果的期望。（我想知道我的老板为什么这样评论我的报销单？）

（4）知觉者体验失败或失去控制的情感。（我不相信我的期中考试失败了！）

归因过程的基本模型如图4-2所示。人们推断他人行为的"原因"，且这些解释很大程度决定了他们对那些行为的反应。知觉行为原因有几个前提：① 知觉者对人和情境的信息量和对信息的组织方式；② 知觉者的信念；③ 知觉者的动机。

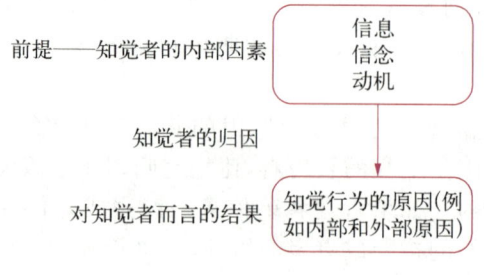

图4-2 归因过程的基本模型

前文所述的影响知觉的内部因素,同样也影响着归因过程。知觉者的信息和信念取决于过去经验并受到知觉者个性的影响。

## 二、行为的内因和外因

在信息、信念和动机的基础上,知觉者常将行为的原因区分为内因和外因,即人们做某事是因其真实期望还是因环境压力。区分行为的内因和外因有助于知觉者了解事件和理解随后的结果。归因过程的结果包括知觉者对他人行为的行为反应、对感觉和情感的影响(知觉者对事件、人和环境感觉如何)和对知觉者对未来事件或行为的期望的影响。

归因过程的核心问题是,知觉者怎样判断另一个的行为是由于内因(个性特质、动机或能力)还是外因(其他人的帮助、情境或运气)决定的。哈罗德·凯利(Harold Kelley)提出了一个解释人们判断他人行为的原因的模型,并已被广泛接受。这一解释认为进行归因时人们关注三个主要因素:

(1) 一致性。在不同的场合中面对同样情境时,不同个体表现出相同的行为方式的程度。

(2) 特殊性。在不同的情境中,同一个体表现出相同的行为方式的程度。

(3) 一贯性。在面对同样的情境时,同一个体表现出相同行为的程度。

由凯利的归因理论模型(图4-3)可知,在高一致性、高特殊性、高一贯性条件下,知觉者倾向于把其知觉到的行为归于外因;当特殊性和一惯性低时,知觉者倾向于将行为归于内因。当然高和低的一致性、特殊性和一惯性的其他组合也是可能的。然而某些组合不会给知觉者提供在内因和外因之间的明确选择。

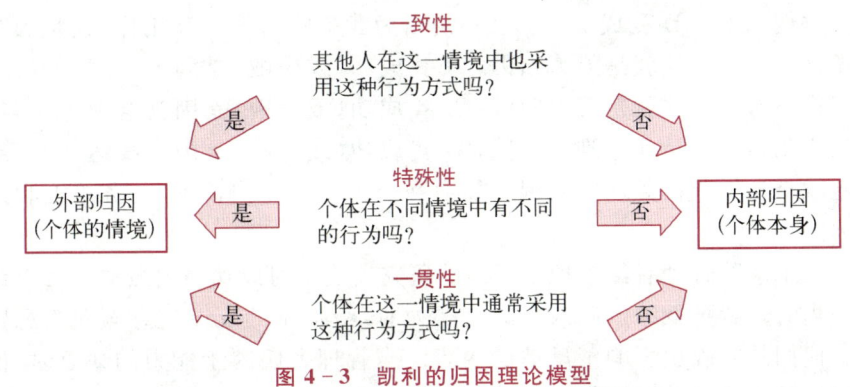

图4-3 凯利的归因理论模型

例如,一家公司有史以来第一次提升了一位女性高级经理,你如何看待她的升职呢?是运气好、有人帮忙,还是能力强、业绩出色?根据上面的模型,如果她是一个销售代表,销售业绩比她的男同事好(低一致性),一直在不同的销售领域销售公司的主要产品(高一贯性),而且在销售不同产品时业绩稳定(低特殊性),我们更倾向于将她的升职归因于她的能力;相反,如果她的男同事销售业绩和她一样高(高一致性),而她在相对次要产品的销售领域里业绩不稳定,人们就会将她的晋升归因为运气或者关系,尽管她在重要产品销售中有不错的销售业绩(高一贯性)。

### 三、归因偏差

关于行为的内外归因，观察者常产生很明显的归因偏差。社会心理学家将人们进行归因时的主要偏差分为两种类型：

(1) **基本归因偏差**。这种偏差通常表现为对环境的影响或行为外因的低估，以及对个体的影响或行为内因的高估。在组织中员工常把冲突、政治行为或抵制变革等，归因于卷入其中的个体本身没有认识到情境变动。例如，当销售代表的业绩不佳时，销售经理倾向于将其归因为下属的懒惰或者无能，而不是竞争对手拥有新产品。一个首席执行官可能把其副总裁的高水平行政行为归因于他们的个性，而没有认识到珍贵资源的竞争是引起政治行为的主要原因。

基本归因偏差不是影响对行为的内因和外因判断的唯一偏差。一项研究表明，高层员工的高绩效往往被归于内因，而低层员工的成功则很少被归于内因。同样，对低层员工的低绩效更易于归于内因，而对高层员工的失败则很少归于内因。

(2) **自我服务偏差**。在对于成功和失败的归因中，个体倾向于把自己的成功归因于内部因素，如能力或努力；而把失败归因于外部因素，如运气。在对他人的成功和失败进行归因时，则正好相反，即倾向于把他人的成功归因于外部因素，如运气；而把他人的失败归因于内部因素，如能力或努力。这种现象被称为自我服务偏差。

通常，人们把自己和他人的成功或失败归因于四个因素：能力、努力、任务难度和运气。举例来说：① 我成功(或失败)是因为我有能力做此项工作(或是因为我没有能力做这项工作)，这就是能力归因；② 我成功(或失败)是因为我工作努力(或是因为我工作不努力)，这就是努力归因；③ 我成功(或失败)是因为这项工作容易(或是因为它太难)，这就是任务难度归因；④ 我成功(或失败)是因为我运气好(或运气不好)，这就是运气或任务环境归因。能力和努力归因是内部的，任务难度和运气归因是外部的。

一项关于医院管理者给予护士反馈的研究表明了对成功与失败的归因对组织的重要性。当管理者把低绩效归因于缺乏努力时，给护士的反馈信息倾向于惩罚的或消极的。他们的归因也影响了反馈的内容。当管理者归因于能力的缺乏时，他们给护士的信息是指导护士把工作做得更好。当他们认为护士缺乏努力时，他们的反馈信息倾向于强化命令。因而管理者对失败的归因影响了他们的沟通行为，这正如前面图 4-2 所示的归因过程基本模型所表明的。

自我服务偏差可能引发其他一些问题。例如，它不利于个体准确地评价自己的行为和能力，而且给个体确定行为失败的原因带来很大的困难。个体失败后推诿责任的倾向，常常和不良行为及糟糕的人际关系相联系。一般而言，自我服务偏差发生于工作环境要求个体把自己和他人对比时，即管理者和员工常把自己视为比一般其他人更有道德、更有效率、有更好的表现等。

## 第四节 个体决策

### 一、决策过程

个人在参与组织日常工作中常需要制定最优决策以保证工作的顺利进展。最优决策的选择将反映企业的文化以及决策制定者的目标与价值偏好。根据理性决策模型,整个理性决策的过程可分为以下六个步骤:

(1) 发现问题。发现问题的存在是关键的第一步。比如当前薪资奖惩机制是否合理,员工的满意度评价如何。若管理层发现相关机制需要修改,则需要找寻相关信息并做出决策。

(2) 确定决策标准。在明确问题之后,接下来就要确定决策的标准,这对整个决策结果是十分重要的。决策者需要确定哪些与做出决策有关的因素。在这一步中,决策者把兴趣、价值观及类似的个人偏好也融入过程之中。识别这些标准非常重要,因为一个因素可能对某个决策者而言是相关的,但对另一个决策者而言就是无关的。还要记住的是,这一步中没有选定的任何因素都被看作是决策者认为的无关因素。

(3) 给决策标准分配权重。对上一步骤中识别的标准进行重要性的衡量并进行优先级排序,这是因为对同一个决策者而言,确定的标准并不都具有同等的重要性。

(4) 开发备选方案。决策者将所有可能的解决问题的备选方案一一罗列出来。

(5) 评估备选方案。对上一步骤中罗列的备选方案,使用制定的决策标准进行批判性的分析和评价,当利用步骤 2 和步骤 3 中确立的标准和权重对这些备选方案进行对比后,就可以清晰地看出每一个方案的优点和缺点。

(6) 选择最佳方案。整个理性决策模型的最后一步便是确定出最佳方案,对步骤 5 中评估后所有备选方案的总分进行排序,总分最高的即为最佳方案。

### 二、决策偏差

组织中的决策者都是理性的吗?实际上,面对复杂的问题,决策者倾向于把问题降到自身可以理解的水平,也就是说个体只能在有限理性的范围内活动。与此同时,虽然决策者试图做出有限理性决策,但现实生活中的决策过程还隐藏着许多偏见和错误。下面我们将介绍两种最常见的偏差。

#### (一) 锚定偏差

因为最初印象而影响后期的整体估计,并因此导致决策偏差的现象称为锚定偏差。人们容易忽视初始阶段收获的信息对于整体全面判断的直接影响。这一偏见效应在企业管理中心和组织行为决策中也普遍存在。员工的薪资满意度可能受到初始工资金额的影响。比如人事管理人员会将新员工的上一份薪资作为锚定金额,为吸引人才而适当提升少许薪资。又比如,新员工入职时的薪资为 5 000 元/月,因其工作表现优异,公司决定在年底发放奖励。若奖励的金额相较于初始薪资而言较为有限时(如 500 元/月),则可能在激励效果上不如预期那么有效。

### (二)框架效应偏差

框架效应是指对于相同内容不同表述方式会影响决策者对于不同方案的感知差异。框架效应偏差还可以解释为什么有技巧的任务发布可以让员工内驱动力大增,而抱怨减半。许多公司在发放奖金的时候都采取分开发放的方式,上半年一次,下半年一次,这种发绩效奖金的方式更能激励员工的积极动力。

## 本章小结

了解知觉对于组织行为是非常重要的。知觉是个体为了对自己所在的环境赋予意义而解释感觉印象的过程。对知觉的研究结果表明,人们的行为是以他们对现实的知觉为基础,而不是以现实本身为基础的。知觉过程的两个主要成分是知觉的选择和组织。人们通过知觉的选择来获得外部信息,知觉选择受到外部因素和知觉者自身特征的影响。知觉的组织是人们将环境刺激组织成为可识别模式的过程,即人们通过知觉加工,将进入的信息组成一个有意义的整体。社会知觉对组织行为是更为重要的方面,社会知觉的实质就是对人的知觉。而对人的知觉是一项比较困难的事情,由于人性本身的一些特征,常常会导致社会知觉上的一些误差,如知觉防御、刻板印象、晕轮效应、投射、期望效应以及首因和近因效应等。也许人们不能完全避免这些误差的出现,但通过学习和训练,至少可以理解并提高社会知觉的准确性。归因是对行为原因的知觉,基本归因误差和自我服务偏差是两种主要的归因偏差。个体的理性决策过程可以分为六个步骤,但现实决策中人们还会受到诸如锚定偏差和框架效应偏差等影响。

## 思 考 题

1. 什么是知觉?什么是社会知觉?
2. 影响知觉准确性的因素有哪些?
3. 常见的知觉误差有哪些?请举例说明。
4. 什么是归因?如何理解基本归因误差?
5. 什么是归因的自我服务倾向?
6. 什么是锚定偏差和框架效应偏差?

# 练 习 题

### 练习一：归因方式量表

归因可分为求成归因和避败归因两个独立的维度。求成归因是指个体在进行归因方式时倾向于把成功归因于自身的能力和努力，把失败归因于不努力和其他一些内部因素；避败归因是指个体在进行归因方式时倾向于把成功归因于机遇，把失败归因于自己缺乏能力。下面题项用于测量您的归因倾向，对于每一项，选择最能代表您真实想法的数字。

| 完全不符合 | 不确定 | 完全符合 |
| --- | --- | --- |
| 1 | 3 | 5 |

维度一：求成归因

1. 我认为要取得好成绩就必须要努力学习。
2. 在学习中后天的努力比先天的聪明更重要。
3. 当我的学习成绩不理想时，我常认为是自己不够勤奋而造成的。
4. 我能够取得好成绩是因为我的学习能力较强的缘故。
5. 我相信"世上无难事，只要肯攀登"，学习同样如此。
6. 我认为天资聪明的人不努力学习同样也不能取得好成绩。
7. 一个人的学习成绩不好是因为他不努力的缘故。

维度二：避败归因

8. 我认为要把学习搞好关键是要有高水平的教师授课。
9. 当我取得好成绩时，我会认为这是自己侥幸获得的，而不是凭实力获得的。
10. 在学习中先天的聪明比后天的努力更重要。
11. 我认为天资不聪明的人再怎么努力也不可能取得很好的成绩。
12. 当我考试没考好时，我常认为是因为自己运气不好、没把考试内容复习到而造成的。
13. 当我的学习成绩不理想时，我常认为是教师水平不行而造成的。
14. 我认为我的学习成绩不理想主要是由于学校学习环境不好而造成的。

说明：每个维度得分越高表示更倾向于该维度所测试的归因方式（求成/避败）

### 练习二：你如何看待女性决策者

提示：下面用于测验您对女性决策者的态度，对下述每一项，选择最能代表您对女性决策者的态度的数字。

| 完全不符合 | 不确定 | 完全符合 |
| --- | --- | --- |
| 1 | 3 | 5 |

1. 我们应该有更多的女性决策者。
2. 女经理和男经理做得一样好。
3. 女人在技术熟练上达不到男人的水平。
4. 女决策者应受到男同事一样的尊敬和信任。
5. 男人比女人更适合管理职位。
6. 女人太情绪化,很难在高层管理中成功。
7. 女人在监督男性下属工作时非常困难。
8. 我最好不要在女经理手下工作。
9. 决策者成功与否与其性别无关。
10. 许多女性决策者达到高位是由于表面的需要或者个人关系。

说明:得分越高代表您对女性决策者的态度越积极,第3、5、6、7、8题为反向计分。

## 案例分析

某互联网公司要招聘一名职位级别较高的运营经理,由于工作内容重要,公司非常重视,特意请了专业职业介绍所的几个高级职业指导师来共同主持面试。下面是甲、乙、丙、丁四位专家面试完最后一名候选人后的讨论。

专家甲翻了翻简历,不屑地说:"他学历不高,连硕士都没有读过,文化背景太弱了,而且没有专业管理训练,恐怕难以担当重任。"

专家乙:"嗯,你看面试的时候他那紧张的样子,眼神总是飘忽不定,和我们没有眼神交流,盯着地面,一定是一个没什么自信的人,这样的人以后怎么管理手下员工呢?"

专家丙:"这个候选人,虽然看起来踏实肯干,但是个子太矮了,总给我畏畏缩缩的感觉,做事不大气!"

专家丁:"是吗?这些我都没注意到。我当时只顾看他的简历去了,他有多年的管理经验,倒是十分难得。而且过去业绩也不错,可以考虑。"

甲不同意:"我怕他与其他管理人员没有共同语言,难以相处。"

丁问乙:"你觉得这个人怎么样?"

乙回答:"他呀,我对他的第一印象不好,我觉得他的心理素质不过关。"

"为什么呢?"丙不解地问。

"看他的长相呗,你看他来面试还穿得那么随便,一定是个不严谨的人!"

"你们都这样看啊。这样是不是对他太不公平?总要给他一次机会吧。"丁希望能够说服大家。

"但是他看起来不像能够承担重任的人,要知道一个好的领导者只有工作经验是不够的!"

由于大家意见分歧比较大,大家找到公司赵总经理,让他来做最后决策。赵总听了大家的意见之后说道:"这样吧,我们先考察考察,试用3个月再说。"

**思考题:**

1. 对于同一位候选者为什么不同的专家会产生不同的认知?
2. 对于该候选者的刻板印象是如何产生的?
3. 应该采取怎样的措施,避免这些认知偏差?

# 第5章 动机与激励

在"2018中国年度最佳雇主评选"中,作为中国最大的互联网安全厂商的奇虎360再度入围30强,并连续7年获得中国年度最佳雇主百强称号。奇虎360能获得此般成功与它对于员工的激励密不可分。奇虎360创始人兼CEO周鸿祎一直强调,公司寻找的不是一般员工,不是职业经理人,而是创业合伙人。股权结构显示:奇虎360员工是真正意义上的大股东,持股比例超过公司创始人的持股比例,这在国内外的互联网公司中也属首创。这样做的目的是让员工与公司共成长,实现公司和员工的双赢。奇虎360还制订了长期激励计划,让员工工资水平与公司经济效益水平相协调,使员工真正成为企业发展的受惠者。

除此之外,奇虎360拥有一支年轻团队,平均年龄仅有27岁,以"90后"员工为主。随着社会环境和物质丰富程度提高,他们对于工作的依赖程度,没有"70后""80后"那么强。针对"90后"员工,公司更多的要提供自由、宽松和创新的环境,打造扁平的组织,提倡快速的反应,并且保持足够关注。公司设有专职按摩师为员工提供免费按摩服务;还有宿舍、浴室和洗衣房;食堂为员工提供每日四餐的服务,可以满足来自大江南北的员工口味,员工工作即便再晚,提前20分钟电话预约,都有夜宵供应;公司还有专业医生和健康咨询师保障员工的健康,配合商业医疗保险,员工再无后顾之忧。

## 第一节 动机概述

### 一、需要与动机

从组织行为学的角度来看,需要的本质是一种心理状态,是个体在某种有用且重要或必不可少的事物匮乏、丧失或被剥夺时内心的一种主观感受。像一切思想上、意识上的因素一样,需要总是客观要求的反映,是有其物质性和生理性基础的。

需要与动机两者间虽密不可分,却并非一体,仍存在着微妙的界限。需要是内心体验到的某种重要事物的匮乏或不足;动机则是一种信念和期望,一种行动的意图和驱动力,它推动人们为满足一定的需要而采取某种行动,表现出某种行为。

需要是动机的源泉、基础和始发点,动机才是驱动人们去行动的直接动力和原因。对食物的需要会转化为觅食动机,对情谊的需要则会变为交友的动机。所以,需要只有跟某种具体目标相结合,才能转化为动机,并在适当的外部条件下显现为外在的可见行为。从这个意义上说,人是一种需要的动物,永远在不断出现的、未获满足的需要的推动下,去从事新的追求、活动、探索和创造。需要一经满足,便失去作为动机源泉的功能,动机活力既失,行为也就终止了。新行为的产生便需待新的需要的出现。因此我们认为,需要的不满足才是激励的根源。

一般来说,当人产生某种需要而未得到满足时,会产生一种不安和紧张的心理状态。在遇到能够满足需要的目标时,这种紧张的心理状态就转化为动机,推动人们去从事某种活动。当人达到目标时,紧张的心理状态就会消除,需要得到满足。这时,人又会产生新的需要。这是一个不断循环往复的过程,使人不断地向新的目标前进。这个过程也正是激励得以实现的基础。

## 二、需要的分类

和其他概念一样,需要可以沿不同的维度进行分类。这里我们重点介绍一种与组织行为学密切相关的一种分类方法,即按需要获得满足的来源进行分类。这种分类方法是我国著名学者余凯成教授首先提出并进行分析研究的。

按需要获得满足的来源分类,可将需要分为外在性需要和内在性需要两大类。

### (一) 外在性需要

这种需要所瞄准和指向的目标(或诱激物),是当事者自身所无法控制而由外界环境来支配的。换句话说,外在性需要是靠组织所掌握和分配的资源(或奖酬)来满足的。能满足外在性需要的资源(或奖酬),就是外在性的资源(或奖酬),由这类资源(或奖酬)所诱发的动机则是外在性动机,这样所调动起来的积极性,便是外在性激励。

值得强调的是,在外在性激励条件下,被激励者的注意力只在那些诱激他的外在性奖酬,这些奖酬操纵在组织的管理者手中,将根据对他工作绩效的考评发给他。对他来说,工作只是一种获取这些外在性奖酬的手段,只具有工具性;至于这些工作活动本身,他是不关心的、不在乎的、无兴趣的;即使他卖力地工作,目的也是获取那些奖酬。

这里提到的资源或奖酬是广义的,不能狭义地仅理解为工资、奖金等物质性的资源。从这一点出发,按资源的性质来区分,外在性需要(或资源、或激励)又可进一步分为:物质性的需要和社会感情性的需要。

#### 1. 物质性的需要

物质性的需要通常是指由工资、奖金、其他各种福利待遇等物质性的资源来满足的需要。

物质性的需要要物质性的资源来满足。这类资源的性质,在于它们是客观的,可以感知和测量的。此外,它们是消耗性的,分掉一些便少一些,因此成本较高。同时,由于组织掌握的这类资源通常都是总量有限的,它们的分配便常具竞争性,你分多了,他就会分得少。物质性资源还有一个特点,便是它们都是通用性的、泛指性的,钱谁都能用,房子谁都能住,不是只能供特定的人享用的。

物质性资源通常都在经济性交往中转移。某人在某个单位中出了力,做出了贡献,某单位便给他工资、奖金待遇,这就是经济性交往中转移的一个典型例子。

2. 社会感情性的需要

社会感情性的需要通常要用友谊、温暖、特殊的亲密关系、信任、认可、表扬、尊重、荣誉等社会感情性的资源来满足,这类需要与物质需要相比是较高层次的。

社会感情性的资源和物质性资源性质大不一样。它们的特点有以下几点:首先是抽象性,不易测量,只能靠人的主观感受与体验去领会和获得;其次,它们基本上无须成本,而且近乎是无限的;再次,它们具有互利、互增性,你对我信任和尊重,我便也会对你信任和尊重;最后,这类资源还具有特指性、专有性和排他性,即给予某特定对象的信任和尊重,只能他本人独自享用,别人拿不去,也无法转让他人,即使拿去了也不能用。

社会感情性资源通常在社交性、感情性交往,即非经济性交往中转移。由于这类资源具有丰富、互利、专有等特点,人们对它们的态度较为忍让,对待其分配的态度容易接受差别较小或等量的分配原则。当然在某些环境中或某些人身上,对这类资源可能更为敏感、更为计较。

### (二) 内在性需要

这种需要是不能靠外界组织所掌握和分配的资源直接满足的,它的激励源泉来自所从事的工作本身,依靠工作活动本身或工作任务完成时所提供的某些因素来满足。它们都是抽象的、不可见的,要通过当事者自身的主观体验来汲取或获得。这说明,和外在性需要相反,内在性需要与工作密切相关,其满足或激励存在于工作之中,此时工作本身便具有激励性而不再是工具性的了。可见,所谓"内在性",是指内在于工作之中,并非指内在于受激者自身之内,"内在"与"外在"都是相对于工作而言的。内在性需要的满足取决于受激者自身的体验、爱好与判断,内在性激励由受激者自己控制和支配。从这种意义上说,内在性激励才是真正的工作激励,它不像外在性激励那样由组织控制的诱激物所牵引,而是由工作中的内在力量所推动。外在性激励在外在诱激物消失时便会随之消退;内在性激励则不管环境如何变化,都能持续地、坚韧地发挥作用。加之它基本上不需另外增加成本,所以是很值得管理者重视、发掘和利用的有效激励手段。

内在性激励按其激励因素的性质,又可分为过程导向性激励和结果导向性激励两种。

1. 过程导向性激励

过程导向性激励是指通过工作活动本身引发的激励来满足当事者的内在需要。人有猎奇好动、探索的需要。工作活动本身所含的激励因素很多,首先就是它的趣味性:工作活动丰富多彩、变化多端、新颖引人、饶有趣味。其次是工作活动的挑战性,即任务较为艰巨但又是花一番努力可以完成的;工作对你的智力和技巧提出了较高的要求,使你感受到信任和责任,觉得英雄有用武之地。最后是工作活动所具有的培养性,它使你感到进步和成长、丰富与充实,体验到成熟感,增强了自信与自尊。此外,工作活动中提供的交往机会,也会增加工作的吸引力。

这种激励具有以下两个特点:

（1）这种激励不但与是否存在外在性诱激物无关，而且也与工作任务的成败与否无关。吸引人的只是工作活动本身，使人乐在其中，怡然自得，忘乎所以。常见有人弈棋艺不如人，屡战屡负，但仍乐此不疲，毫不气馁。这是因为他意不在胜负，欣赏的是逢险局时动脑筋摆脱被动的趣味，或观棋者助兴起哄、与对手口角逗趣时的那种气氛。

（2）活动本身是否有趣和吸引人，全在当事者本人的爱好、判断与价值观。某人对某一活动觉得兴致盎然，另一人可能觉得味如嚼蜡。这里不存在什么客观的、绝对的评价标准。

### 2. 结果导向性激励

结果导向性激励是指通过完成工作任务而引发的激励来满足当事者的内在需要，即工作任务完成时当事者所感到的自豪感与成就感，对社会、专业、人民、祖国的贡献感，自己的抱负与价值得到实现时的轻松感与自尊感，自己的潜在能力得到充分发挥与利用时的舒畅感和得意感。

这种激励具有以下两个特点：

（1）这种激励所依据的成就主要由当事者按自己标准做出判断，不像外在性激励，所做绩效必须由组织按它的标准做出评测，才论功行赏，给予它所掌握的外在性奖酬。他们不仅不在乎外在奖酬的丰歉，也不屑别人（包括组织）对其成就的褒贬，只要自己满意，便能体验到满足与激励。

（2）这种内在性激励，不仅在任务完成、取得成就时能够起作用，而且更可贵的是，即使在任务尚未完成或屡遭挫折时，高成就作为一个人向往与追求的目标，也能发挥强大吸引力，鼓舞他百折不挠地奋进。

## 三、马斯洛的需要层次论

### （一）五个层次

马斯洛把人类的多种需要划分为五个层次，分别是生理需要、安全需要、社交需要、尊重需要和自我实现需要。

需要层次理论的主要观点可以简要地归纳如下：

（1）五种需要像阶梯一样从低到高，按层次逐级递升。最基本的生理需要和安全需要得到满足后，高层次的需要才能依次出现和被满足。但这种次序不是完全固定的，也有种种例外情况。

（2）五种需要可以分为高低两级，其中生理上的需要、安全上的需要和社交上的需要都属于低一级的需要，这些需要通过外部条件就可以满足；而尊重的需要和自我实现的需要是高级需要，它们是通过内部因素才能满足的，而且一个人对尊重和自我实现的需要是无止境的。

（3）需要的发展遵循"满足/激活律"。一般来说，某一层次的需要相对满足了，就会向高一层次发展，追求更高一层次的需要就成为驱使行为的动力。相应地，获得基本满足的需要就不再是一股激励力量。

（4）需要的强弱受"剥夺/主宰律"的影响。即某一需要被剥夺得越多，就越缺乏、越不足，这个需要就越突出、越强烈。也就是说"物以稀为贵"，越缺少的东西就越想要，越匮乏就越重要。

（5）同一时期，一个人可能同时存在几种需要，但每一时期总有一种需要占支配地位，对行为起主导决定作用。这种占支配地位的需要叫做优势需要或主导需要。人在不同的年龄阶段和不同的条件下，总有某种优势需要占主导地位。马斯洛认为，若优势需要长期得不到满足，则会引起人的一系列无理行为或个性缺陷。只有满足人的优势需要，才能形成最大的激励。

（6）任何一种需要都不会因为更高层次需要的发展而消失。各层次的需要相互依赖和重叠，高层次的需要发展后，低层次的需要仍然存在，只是对行为的影响程度大大减小。

马斯洛和其他的行为科学家都认为，一个国家多数人的需要层次结构，是同这个国家的经济发展水平、科学技术水平、文化和民众受教育的程度直接相关的。在不发达国家，生理需要和安全需要占主导的人数比例较大，而高级需要占主导的人数比例较小；在发达国家，则刚好相反。在同一国家的不同时期，人们的需要层次会随着生产水平的变化而变化。

### （二）马斯洛需要层次论的实践意义

马斯洛的需要层次论对于管理实践具有重要的启发意义，在管理中的应用主要有以下几个方面：

（1）掌握员工的需要层次，满足员工不同层次的需要。管理者在实践中应该根据不同层次的需要，采取相应的组织措施，以引导和控制人的行为，使之与组织的或社会的需要相一致。

（2）了解员工的需要差异，满足不同员工的需要。员工不但有着不同层次的需要，而且其职业、年龄、个性、物质条件、社会地位等不同，需要层次的排列及需要特点也各有差异。一项关于我国企业员工的需要的调查结果表明：管理干部、科技人员和文化程度较高者，自我实现需要占首位，其次是金钱需要和尊重需要；工人、文化程度较低者，金钱需要占首位，其次是爱的需要和自我实现的需要。因此，管理者要注意掌握不同员工的不同需要，针对不同人的不同需要采取不同的激励方法和管理措施。

（3）把握员工的优势需要，实施最大限度的激励。在同一时期内，员工可能存在着多种需要，但必定有一个占主导地位的优势需要支配、推动人的行为。而且，随着时间、条件的改变，人的优势需要的内容也在变化。如上述那项调查的结果表明：未成家的青年人，爱的需要占第一位；成家后，金钱的需要上升为首位；45岁以后，爱和自我实现的需要成为最重要的。当员工的收入很高时，其第一位的需要也由金钱转变为自我实现和安全。因此，管理者不但要注意分析不同人的需要差异，还要掌握一定时间内、一定条件下人的优势需要及其变化。只有满足员工的优势需要，才能产生较大的激发力量。

## 第二节 动机的分类

人的动机是多种多样的，和其他概念一样，可以沿不同的维度进行分类。

#### （一）根据引起动机的原因分类

根据引起动机的原因，可将动机分为外在动机和内在动机。外在动机（extrinsic motivation）是指行为动机是由外在因素引起的，是追求行为之外的某种目标。例如，企业为了鼓励员工们努力工作，会考虑支付高额的报酬和升职的机会。内在动机（intrinsic motivation）是指行为动机出自行为者本人并且行为本身就能使行为者的需要得到满足。例如，员工努力工作是由于这项工作本身就充满乐趣，并且极具挑战，完成这项工作满足了自身猎奇、探索的需要。这种动机就是内在动机。外在动机是可以转化为内在动机的。例如，员工努力工作最初运用的是外在动机，高额的报酬、领导的嘉奖都可以促进员工努力工作，逐渐地，员工为了获得社会的承认和赞赏，能够继续努力工作并且把工作当看成一种乐趣。

#### （二）根据动机影响范围和持续作用时间分类

根据动机的影响范围和持续作用时间，可把动机区分为远景性动机和近景性动机。前者影响范围广，持续作用时间久；后者只对个别具体行动暂时起作用。例如，员工想要绩效评优、获得高额的报酬，从而努力地工作，这种动机是短暂具体地，属于近景性动机，但是如果他想要获得社会的认可，这个动机促使他长期地努力工作、提升自己的学识、积极地帮助其他员工，属于长远、概括的远景性动机。

#### （三）根据动机在行为中的地位与作用大小分类

根据动机在行为中的地位与作用大小，可将动机分为主导动机和辅助动机。在人的复杂活动中，通常不会只受单一动机的推动，而是受多种多样的整个动机系统的推动。这些形形色色的动机交织在一起，互相补充，处于一定的相互关系之中。它们对活动的驱动作用是不同的，其中有的起主导作用，这种动机称为主导动机（dominant motivation），另一些是次要的，称为辅助动机（subordinate motivation）。在组织中，员工努力工作的主导动机也是不断变化和发展的。例如，刚入职的员工努力工作，由于其刚踏入社会，主导动机可能是出于想要获得一份不错的薪资，而经历一段时间后，薪资的高低对其工作积极性的影响逐渐下降，使得其努力工作的主导动机变为想要获得晋升从而获得社会的认可。

## 第三节 影响动机的因素

动机是激发和维持个体的行动，并将使行动导向某一目标的心理倾向或内部驱力。它具有三方面功能：

① 激发功能，激发个体产生某种行为；
② 指向功能，使个体的行为指向一定目标；
③ 维持和调节功能，使个体的行为维持一定的时间，并调行为的强度和方向。

影响动机的因素有很多，根据是否为个体自身产生，可以将其分为内部因素和外部刺激。

### 一、内部因素

（1）情感。　情感是人对客观事实态度的体验，在实践活动中出现喜怒哀乐。

情感具有动力功能,它对个体行为活动能增加或减少效能。如马克思所言,情欲是人指向着自己的目标努力追求的性能。

(2) 认知。　效价和期望。目标或诱因能否激起个体的行为,取决于它对个体所具有的价值大小以及所获得的概率,前者称为效价,后者称为期望。个体行为动力为效价与期望的乘积。

自我效能感。在个体行为动机过程中,起主要作用的不是能力,而是个体对自己的能力是否胜任该任务的知觉。它会对行为造成以下具体影响:① 影响个体对活动的选择;② 影响个体对活动的坚持性;③ 影响个体对活动中所遇困难的态度;④ 影响个体在活动时的情绪状态;⑤ 影响个体在活动中新行为的习得和习得行为的表现。

## 二、外部刺激

(1) 目标意识。　目标是行为所需达到的目的,又是引起行为动机的外部条件刺激。主要表现在以下几个方面:① 目标的明确性:个体对目标的意识越清晰具体,对个体行为动力的引发越有利;② 目标的适当性:目标过低会降低成功价值,目标过高又会降低成功的概率;③ 目标的价值性:目标的实现对满足个体需要越有效,其价值就越高,越有利于增进个体的行为动力;④ 目标的自觉性:对行为结果原因的了解和相应的调整。

(2) 行为因素。　个体的行为是在其动机的驱动下发生的,而发生的行为所产生的结果,又会影响个体随后行为的动机。如,员工在工作过程中,取得优良的绩效,使其增强自我效能感,并产生积极的体验,从而加强努力工作的动机。

## 第四节　激励概述

### 一、激励的概念

按中文词义来说,激励就是激发、鼓励的意思,即激发人的工作动机,鼓励人的工作干劲。我们可以通俗地说,激励就是通过精神或物质的某些刺激,促使人有一股内在的工作动机和干劲,朝着所期望的目标前进的心理活动过程。

但是,更多的行为学者对激励的概念进行了更严谨、更学术性的描述。以下列出了四种观点:

(1) 激励是在特定的时间、地点对人行为的方向、强度与持续性的直接影响。

(2) 激励与人的行为产生、行为被赋予活力而激发、行为的延续和终止以及人处于被激励状态中的主观反应有关。

(3) 激励是一组自变量与因变量间的关系式。该关系式在只考虑激励因素与被激励者的关系条件下,可表示被激励者行为的方向、幅度与持续性。

(4) 激励是一个影响人面临多种选择时作出抉择的过程。

这些观点似乎各执一词、深奥费解,其实至少前三种观点都包含有三个相同的要素。这三个要素就是:

(1) 人的行为是由什么激发并赋予活力的;

(2) 是什么因素把人们已被激活的行为引导到一定方向上去的；

(3) 这些行为如何能保持与延续。

激发、导向与保持这三个要素是激励的主要组成部分。但上述四种观点中的第一和第三种还有一个共同的成分，即行为的强度（也就是幅度）——行为将以何种强度进行下去。

第四种观点虽有所不同（认为激励涉及一个抉择过程），但其实与另外三种观点也有一定相通之处。因为这里所说的抉择有三层含义：首先，抉择是在若干不同备选目标之间做出选择，这其实就是定方向。其次，决定了方向之后的下一层抉择，就是该花多大努力去实现所选定的目标，这就是强度。最后一层抉择，则是在选定方向上选定的强度应坚持多久，这就是定持续的时间。

这样，按此观点，激励代表了行为的方向、幅度与持续期这三种因素的关系。这种关系可以用下列函数来表达：

$$M = f(E \times A \times P)$$

式中：$E$、$A$、$P$ 分别代表对行为方向、幅度与持续期。

## 二、需要激励理论

需要激励理论（ERG 理论）是美国耶鲁大学组织行为学教授阿尔德弗提出的一种与马斯洛需要层次理论密切相关但又不完全相同的理论。他在大量实验研究的基础上，把马斯洛理论中的五个层次的需要简化为三个层次，即生存需要（existence）、关系需要（relatedness）和成长需要（growth），所谓 ERG，即是这三个英语单词的第一个字母的组合。

ERG 理论的特点表现在它的三个需要层次之间的内在联系上，这些内在联系构成了下面的三个规律：

(1) **愿望加强律**。各个层次需要得到的满足越少，则满足这种需要的渴望就越大。例如，地位低、境遇差、常受歧视的人，得到他人尊重的需要最强烈，因而对他人的态度较敏感。脸上没有微笑的人最需要微笑，讲的也是这个道理。这与马斯洛的剥夺/主宰律相同。

(2) **满足前进律**。较低层次的需要越是能够得到较多的满足，则该需要的重要性便会越衰减，对较高层次的需要就越渴望。例如，人们生存需要的满足程度越高，渴望满足关系需要和成长需要的强度就越大，这与马斯洛的满足/激活律相似。

(3) **受挫回归律**。当较高层次的需要一再遭到挫折，得不到满足时，人们就会退而求其次，追求较低层次需要的进一步满足。例如，某人想通过承担挑战性的工作来满足自身成长的需要，但由于领导不信任、不安排等外部原因不能如愿，那么他就会转而寻求更多的关系需要或生理需要的满足，以达到心理平衡。阿尔德弗的受挫回归律是对激励理论的发展和贡献。

综上所述，ERG 理论的特点可以归纳如下：

(1) ERG 理论并不强调需要层次的顺序，认为某种需要在一定时间内对行为起作用，而当这种需要得到满足后，可能去追求更高层次的需要，也可能没有这种上升趋势。

（2）ERG 理论认为，当较高级需要受到挫折时，可能会降而求其次。例如，可能会出现"关系需要的满足越少，对生存需要的要求就越多"和"成长需要的满足越少，对关系需要的要求就越多"这样两种情况。

（3）ERG 理论还认为，某种需要（特别是成长需要）在得到基本满足以后，其强烈程度不仅不会减弱，还可能会增强，这就与马斯洛的观点不一样。

**ERG 理论与马斯洛需求层次论的不同之处**在于：

（1）马斯洛需要层次论是以"满足-前进"的途径为基础，依照五个层次由低到高、循序渐进的，不存在越级，也不存在由高到低的下降；而 ERG 论在"满足-前进"的方式之中加入了"挫折-倒退"的因素，并认为，人的需要并不一定严格按由低到高的顺序发展，而是可以越级的，例如，某人关系需要受到挫折后，就会看重生存的需要；有的人在生存需要得到满足后，可直接上升到成长发展的需要。

（2）马斯洛需要层次论认为，在同一时间内，个体主要追求一种需要的满足。而 ERG 理论认为在任何时间内，个体可能同时追求一种以上的需要。这是因为受到挫折而退缩并不意味着需要消失，而更多的是在寻找满足较高层次需要的机会。

（3）马斯洛需要层次论认为人类的五种需要是生来就有的，是内在的、下意识的。而 ERG 理论则认为，人类的三种需要不完全是生来就有的，有的需要是通过后天学习产生的。

## 三、双因素激励理论

### （一）保健因素与激励因素

20 世纪 50 年代后期，赫茨伯格在美国匹兹堡地区的 11 个工商业机构中，采用"关键事件法"对 200 多名工程师和会计师做过一次大规模的调查和访谈。

赫茨伯格从调查中发现，造成员工不满意的因素往往是由外界的工作环境产生的，主要是公司政策、行政管理、工资报酬、工作条件以及与上下级的关系、地位、安全等方面的因素。这些因素即使改善了，也不能使员工变得非常满意，不能充分激发其积极性，只能消除员工的不满。赫茨伯格将这类因素称为"保健因素"（hygiene factors）。之所以称为保健因素，是因为这些因素的满足对员工产生的效果，类似于卫生保健对身体健康所起的作用。卫生保健不能直接提高健康水平，但有预防疾病的效果。保健因素虽然不能直接起到激励员工的作用，但改善保健因素可以防止或消除员工的不满情绪。

赫茨伯格又在调查中发现，使员工感到非常满意的因素主要是工作富有成就感、工作成绩能得到社会认可、工作本身具有挑战性、能发挥自己的聪明才智、工作所赋予的发展机会和责任等。这类因素的改善，或者说这类需要的满足，往往能激发员工的责任感、荣誉感和自信心，增进员工的满意感，有助于充分、有效、持久地调动他们努力工作、积极上进的积极性。所以赫茨伯格把这类因素称为"激励因素"（motivation factors），激励因素是与工作内容紧密联系在一起的因素。

### （二）双因素理论的实践意义

双因素理论实际上是说明了对员工的激励，可分为内在激励和外在激励。内在激励是从工作本身得到的某种满足,如对工作的爱好、兴趣、责任感、成就感等。这种满足能促使员工努力工作,积极进取。外在激励是指外部的奖酬或在工作以外获得的间接满足,如劳保、工资等。这种满足有一定的局限性,它只能产生少量的激励作用。因为,人除了物质需要以外,还有精神需要,而外在激励或保健因素只能满足人的生理需要,而不能满足人的精神需要,因而只能防止反激励,并不能持久有效地激励人的积极性。

赫茨伯格的双因素理论,由于调查对象类型单一,缺乏代表性;调查手段只是简单的问答,缺乏信度和可靠性,因而在西方管理界招致不少非议。但其在现代激励理论中仍占有重要的地位。特别是双因素理论所提示的内在激励的规律,为许多管理者更好地激发员工的工作动机提供了新的思路,具有重要的指导和应用价值。

需要指出的是,双因素理论对我们分析高层管理人员和生产力水平较发达国家或地区企业雇员的需要,具有十分重要的参考价值。然而,在一些发展中国家,由于生产力水平还不够发达,社会产品还不够富足,因此,对保健因素和激励因素的划分,就与西方发达国家有所不同。即使是同一具体因素,在不同时期也有可能划归为不同类。在西方国家被认为是保健因素的,在中国很可能是很重要的激励因素,如工资等。因此,对中国现阶段企业员工需要的分析,要从实际出发。

## 四、成就需要激励理论

### (一) 成就需要理论的概念

成就需要理论是哈佛大学的心理学家麦克利兰(D. C. McClelland)于20世纪50年代在一系列文章中提出的。麦克利兰把人的高层次需要归纳为权力、情谊和成就需要。他对这三种需要,特别是成就需要作了深入的研究。

麦克利兰认为,一个企业如果有很多高成就需要者,那么,企业就会发展很快;一个国家如果有很多这样的企业,整个国家的经济发展速度就会高于世界平均水平。他还通过系统分析,发现古希腊、中世纪的西班牙和1400年至1800年时期的英国以及当代的一些国家,不论是资本主义国家还是社会主义国家,发达国家还是发展中国家,都是如此。

麦克利兰指出,一般情况下只有约10%的人口有高成就需要。他认为,高成就需要可以通过教育培训获得。为此他开发出培训成就需要的一些方法,组织了很多训练班,每期训练7~10人。据报道,这种训练在美国、墨西哥和印度都试过,并取得了较好的效果。

在成就需要理论的研究中,存在着一个重要的因果关系问题,即究竟是由于一个组织配备了具有高成就需要的人员才使该组织成为一个有高成就的组织,还是由于把人员安置在具有高度竞争性的岗位,组织中才产生了高成就的行为。麦克利兰认为前者比后者更重要,但许多研究者认为后者更重要。我们也认为,高成就的需要不是生而俱有的,而是在人们的实践活动中培养起来的。因此,组织应为培养具有高成就需要的人创造有利的发展条件。

### (二) 成就需要理论的实践意义

成就需要理论对于我们把握管理人员的高层次需要具有积极的参考意义。但是,在不同国家、不同文化背景下,成就需要的特征和表现不尽相同,对此,麦克利兰未作充分论述。

由于历史和环境的原因,麦克利兰的研究有一定的局限性。例如,他对人的需要与动机的研究,就是完全从个人角度出发的:企业家们的成就动机是为了追求自己对成就感的享受与体验。这样,就不能看到崇高道德、价值观等对人的激励作用。同时,麦克利兰把一个国家经济发展的驱动力,归结为一批高成就者追求个人成就的需要与动机,完全抹杀了生产资料占有制等社会生产关系的决定作用。

不过,在麦克利兰的成就需要理论中也有许多可取之处。他强调了精神的作用、人才的作用、榜样的作用、价值观灌输的作用与教育培训的作用等,是值得我们借鉴的。他所研究出的具体的分析、诊断、测试、培训等诸方面的技术和方法,也是可以学习应用的。总之,麦克利兰的成就需要理论是一种颇具特色的理论。

### 五、期望激励理论

#### (一)期望激励理论的概念

期望激励理论最早是由托尔曼(E. Tolman)和勒温提出的。但是期望激励理论用于说明工作激励问题是从弗鲁姆(V. Vroom)开始的。1964年弗鲁姆在其《工作与激励》一书中提出了他的工作激励的期望理论。它是一种通过考察人们的努力行为与其所获得的最终奖酬之间的因果关系,来说明激励过程并以选择合适的行为达到最终奖酬目标的理论。这种理论认为,当人们有需要,又有达到目标的可能,其积极性才能高。

这种理论假设人人都是决策者,他们要在各种可供选择的行动方案中选择最有利的行为。但从另一角度来看,人的智力和认识备选方案的能力又是有限的,因此人只能在备选方案和自己认识能力的范围之内进行选择。工作激励的期望理论正是在这种假设的基础上提出的。

弗鲁姆的期望理论模型是围绕着效价(valence)、工具性(instrumentality)和期望(expectancy)这三个概念建立起来的,因此也被称为 VIE 理论。

把上述的三个因素加以简化就会得到一个公式:

$$F(激发力量) = \sum V(效价) \times E(期望)$$

这就是说,如果一个人认为某种目标或某种结果对他有重要的价值,而且他估计通过自己的努力有很大把握达到这个目标,他的积极性就会受到激发,使他努力去实现这个目标。如果尽管效价很高,但个人估计达到目标的可能性很低;或者尽管个人估计有很高的达标概率,但个人认为该目标对自己并无意义,在这两种情况下均不能激起他的工作积极性。

#### (二)期望理论的实践意义

弗鲁姆认为,根据期望模型,要有效地激发员工的工作动机,调动员工的积极性,需要正确处理好以下三种关系:

(1)努力与绩效的关系。人总希望通过努力达到预想的结果。如果他认为通过努力自己有能力达到目标,即个人主观上认为达到目标的期望概率很高,就会有信心、有决心,就会激发出强大的力量。如果他认为目标高不可攀、可望而不可即,或者是目标太低、唾手可得,就会鼓不起干劲,失去内部的动力。因此,管理者应该与下级一起设置切实可行的目标,激发下级的工作积极性;同时,管理者可以通过指导、培训等方法提高下级的工作能力,从而提高下级对努力达到绩效的期望。

(2) 绩效与奖励的关系。人总是期望在达到预期的绩效后能得到适当的合理的奖励。这里所说的奖励是一个广义的概念,它包括奖金、提升、表扬,也包括提高个人威信、得到同事信任、看到自己的工作成效等。如果只要求人们对组织作出贡献,而组织却没有行之有效的物质或精神奖励制度进行强化,时间一长,人们被激发的内部力量会逐渐消退。因此,管理者应该根据员工的工作绩效来制订相应的奖励制度,并且将奖励与组织所重视的行为明确地联系起来。

(3) 奖励与满足个人需要的关系。人总希望奖励能满足个人的需要,如生理需要、尊重需要、成长和发展的需要等。由于人与人之间在年龄、性别、资历、社会地位、经济条件等方面存在着差别,反映在需要上也有明显的个别差异,因此对同一种奖励,不同的人体验到的效价不同,它所具有的吸引力也不同。管理者在实践中要根据人的不同需要,采取内容丰富的奖励方式,才能最大限度地挖掘人的潜力,调动人的工作积极性,提高工作效率。

对于期望理论,有不同的评论。一般来说,对这一理论是肯定的,但在研究中对它的支持并不具有充分的说服力。对这一理论提出的主要批评是认为人在工作中不可能这样精打细算。因为这种理论主张,只有在个人清楚地意识到"个人努力→个人绩效→组织奖励→个人需要"这一系列关系的前提下,才能激发一个人的内部潜力。但在实际工作中,人们做每件事之前,往往无法清楚意识到这一系列关系,更何况组织给予个人的奖励,并非确切地按照个人的工作绩效和程度,而是按资历、学历、技能水平、工作难度等许多因素进行综合评价。因此期望理论在实际应用上受到一定的限制。但另一方面也应看到,期望理论在理论上仍有重要价值,尤其是这一理论为在它之后发展起来的一些综合型激励理论奠定了基础。

## 六、公平激励理论

### (一) 公平激励理论的概念

亚当斯提出,当人们通过比较来确定自己是否被公平对待时,并不是单纯对比自己的及参照者的收获或投入,而是以双方的收获与投入之比来比较的。也就是说,人的公平感不仅受其所得的绝对报酬的影响,更要受到相对报酬的影响。亚当斯指出,在经过比较当事者及参照者的收获与投入之比之后,若当事者感受到公平时,才会认为是公平合理的;在经过比较之后,若当事者产生不公平感时,则会对分配有意见,不满意。

我们且将结果与投入的比值($O/I$)称为"公平指数",则亚当斯方程表明:只有在当事者与参照者双方的公平指数完全相等时,才会具备公平感受。这样,当事者与参照者所获收益($O$)在绝对量上存在的差异,即使颇为悬殊,也不一定会造成不平感。而只要双方的公平指数不相等,哪怕差异并不太大,当事者也可能产生不平感。例如,一位工程师发现他比一位老同学工资少,虽只少 200 元,他也可能不快。

这里先对亚当斯理论中各变量的意义作进一步的解释:

(1) 变量 $O$ 代表"结果"(收益)。无论是当事者自己的还是参照者的比较的结果,无非是两类,即物质性的和社会感情性的结果。这些结果都是各种外在性的奖酬,如工资、奖金、住房、福利、表扬、荣誉、提升、进修等,全是由环境(组织、上级、他人等)控制和提供的。一种结果是不是可供比较或值得计较,往往并无客观的通用标准,完全由当事者主观决定。这结果可以是当事者视为值得计较的任何事物。按理人们在判断分配公平性时,理应把所有各类结果分别乘以不同权重,然后逐项相加求和,作为总的结果以供比较。但事实上人们很少这样,而是只找出他认为最关键、最显眼、最需关注的个别或少数几项结果,而这往往正是他认为吃了亏的那些项目。

(2) 变量 $I$ 代表"投入"(贡献)。不论是当事者还是参照者用作比较的投入,大体也可分为两类:一类是与他的工作或职位的特性有关的环境性因素,如责任大小、风险高低、劳动条件甘苦等;另一类则是个人性因素,如知识、能力、经验、学历、资历、当前的绩效、过去的功劳等。实际上当事者认为是他的优势与本钱、在比较中于他有利的任何因素,都有可能被列为一项投入。与结果一样,理应考虑到所有的投入项目,并分别乘以相应权重,再相加求和,分别得到双方的总投入,最后再按亚当斯方程作比较。但实际上当事者往往只着眼于个别或少数他认为超过对方(参照者)的项目。

亚当斯公平论的一个重要前提,是把所有的社会交往都视为一种广义的交换过程。在企业里,员工们以自己贡献的劳力和技能,交换到企业付给的奖酬。他们当然会把这些奖酬去和自己的贡献作比较,以直接判断此交换的公平性。但他们还常会找一个与自己的交换对象也发生交换关系的第三者,如同一企业的另一员工,去进行间接的比较。有时,他们也可以选择一个参照群体作比较。这些都属横向的人际性比较。人们在进行人际性比较时,往往会同时选择不止一名参照者。

人们有时也会选择自己作为参照者,但这指的是过去条件下的自己,如"我以前在那个公司时待遇如何";也可指在未来某一假想条件下的自己,如"我要是调到那个公司,待遇将会怎样怎样"等。这些属于纵向的历史性比较。

### (二)公平激励理论的实践意义

按照亚当斯的公平激励理论,人们的心里存在着一台"公平天平"或曰"公平秤"。当发现自己的公平指数小于参照者的公平指数时,心中的"公平天平"便向参照者方向倾斜,使心态失衡,出现一种紧张感。他会急于消除紧张感,恢复心态平衡。亚当斯方程可以帮助分析人们在心态失衡后试图恢复心态平衡时的大致行动方向,因此它具有动态观察的特点。这正是公平理论列入过程型激励理论的主要原因。

心态失衡有两种:一种是觉得自己吃了亏而产生的委屈感;另一种是感到自己占了便宜而产生的负疚感。前者更为敏感、普遍,因而更为重要。

既然分配公平感只是一种主观上的认识,人们便不一定要实际改变这些变量,在心里调整一下自己的认识,同样能恢复心理平衡。采用的策略可以是通过自我解释达到自我安慰(例如通过曲解自己的收支或别人的收入,主观上造成一种公平的假象,消除不公平感);也可以选择另一个参照者、另一种参照标准进行比较。

研究表明,不公平感的产生绝大多数都是由于经过比较认为自己的报酬过低而产生的。但在少数情况下,一个人如果经过比较认为自己的报酬过高,也会产生不公平感。

## 第五节 员工激励实践

人的积极性产生于其自身的需要,只有把具体的工作要求与员工的需要结合起来,才能产生有效的激励作用。同时,人的需要是多方面的,不同的人有不同的需要特点,即使是同一个人,在不同的时间里也会呈现出不同的需要特点。因此组织的激励工作没有唯一的最佳答案,而只有不同时间、不同阶段、不同企业和不同战略等条件下的最适合的解决方案。因此,员工激励实践可以说是一项艺术。

### 一、员工激励效果的影响因素

影响员工激励效果的因素有很多。从提高企业激励工作的效果出发,管理者需要掌握其中一些主要因素及其随时间、空间不同而带来的差异,从而根据这些差异和自身的具体情况选择合适的激励方法。

#### (一)企业外部环境

企业外部环境主要包括一国的经济发展水平、传统文化以及社会环境等。一个国家或地区的经济发展水平在很大程度上决定着当地人的需要强度结构,从而决定企业所采取的激励模式。任何国家或地区的员工激励模式无不受到本地区传统文化的巨大影响。因为传统文化直接决定着一个地区人们的价值观,从而也就决定着人们的精神需要。所以同样激励员工的方法,可能对美国员工很有效,但在中国,可能不但没有使员工产生动力,反而使之产生了不满或消极情绪。另外,社会环境也是影响员工激励模式的一个重要宏观因素。因为每一个企业都要随环境的变化而采取相应的措施,对企业的某些或全部环节施加影响,使整个企业适应这种变化。这样企业就有可能用与以往不同的激励方法,以改变部分或全部员工的努力方向。

#### (二)企业内部环境

企业内部环境主要指管理方式和领导方法。不同的经济发展过程和不同的传统文化造成了各国不同的管理方式,不同的管理方式下采用的激励模式也往往是有区别的。美国企业的管理往往比较强调制度明确,岗位职责明确,强调每一个人的具体责任与相应的权限,更偏重于"法治管理"。因此,美国企业对员工的激励比较偏重于为员工创造一个能发挥个人才能的空间,使其自我实现需要,并尽可能地得到满足,同时获得相应的物质报酬、赞誉或提升等。再如,日本企业则偏重于民主型领导,激励方法主要体现在让员工尽可能参与决策、参与管理。

#### (三)个体因素

个体因素是指一个企业内部员工之间的个体差异,而这种差异决定了不同员工需要强度结构的不同,进而使得企业采取多种激励模式。个体因素主要包括收入水平、受教育程度、年龄、性格和价值观。

### 二、员工行为强化理论

员工行为强化理论是把心理学中的学习理论应用于影响人们工作中的行为的过程。该理论的基础是斯金纳操作性条件反射。其基本观点是,人们的行为很大程度上取决于其认为所产生的结果。换句话说,那些能产生积极或令人满意结果的行为会重复出现;相反,那些会导致消极或令人不快的结果的行为会减少。大多数行为主义科学家都承认这个观点。它已经在有高度控制的学习实验中被一次次证明过了,在日常的学习经历中也可以直接观察到,有时被称为行为法则。

在组织中,管理者可以通过指导个体学习的方式塑造个体,这个过程则被称为行为塑造。行为塑造有四种方法:正强化、负强化、消退和惩罚。

### (一) 正强化

正强化就是在期望的行为发生后提供令人快乐的结果。也就是说,管理者按照达到组织目标的程度来奖励期望的员工行为。

强化与奖赏的概念经常会被混淆。奖赏是个人觉得想要的和令自己快乐的事件。对于个人而言,奖赏是不是强化物是主观的。比如,一位管理者曾当着同事们的面表扬某员工发现了团队报告的一个错误。然而,后来她却发现,这位员工因此受到团队别的成员的冷遇,而且再也不寻找错误了。

可见,奖赏要成为强化物,它就必须能增加所期望出现的行为的频次。如果一项奖赏本身没有带来所期望行为的重复出现,甚至如上面的例子那样起到了相反的作用,那么它就不是一种正的强化物。也就是说,正的强化物一定是奖赏,但并不是所有奖赏都是正的强化物,关键要看它是否能够导致所期望的行为重复出现。比如,作为奖赏的金钱,对于特定个体而言,只有能增加想要的行为的频次时,才能被看作是正强化物。如果行为的频次减少或保持不变,这时奖赏就不是强化物。组织中常用的奖赏如表 5-1 所示。

表 5-1 组织中常用的奖赏

| 实物奖赏 | 附加福利 | 地位象征 | 社会/人际奖赏 | 来自任务的奖赏 | 自我实施的奖赏 |
| --- | --- | --- | --- | --- | --- |
| 工资 | 公司汽车 | 靠墙角的办公室 | 赞扬 | 成就感 | 自我祝贺 |
| 加薪 | 健康保险计划 | 有窗户的办公室 | 发展性反馈 | 工作的丰富化 | 自我认知 |
| 股票期权 | 年金捐献 | 地毯 | 微笑、拍拍背 | 工作自主/自我管理 | 自我赞扬 |
| 利润分享 | 假期和病休 | 帘子 | 以及其他一些 | 执行重要的任务 | 通过扩展知识/技能 |
| 延期补偿 | 娱乐设施 | 油画 | 非言语的信号 | | 自我发展 |
| 红利计划 | 儿童抚养补助 | 手表 | 寻求建议 | | |
| 激励计划 | 俱乐部特权 | 戒指 | 邀请一起喝咖啡或共进午餐 | | |
| 报销花费 | 探亲假 | 私人休息室 | 墙上的匾额 | | |

需要注意的是:奖赏只有在个人自愿接受它们,并觉得它们是自己想要的或令人快乐的时候,才能成为强化物。

### (二) 负强化

在负强化中,当期望的行为发生时,先于员工行为的不快事件就被消除。负强化和正强化的共同之处在于,它们都是为了强化所期望的行为,不同的是后者使用奖赏作为强化物,伴随的是愉快的反应;而后者是用诸如监督、不满等作为强化物,这些强化物伴随的是不愉快的反应,但效果也是让期望的行为重复出现。比如,为了使得员工准时上、下班这种行为能够保持,组织可以对一直保持出满勤、干满点的员工进行表扬或奖励,也可以在公司门口安放打卡机、甚至通过公司高层每天上班时间站在大门口迎候的方式达到目的。两者的结果是相同的,但是所使用的强化方式却是完全不同的。前者就是一种正强化,而后者则是负强化。

负强化有时候和惩罚容易混淆,因为两者都是采用令人不快的事件去影响行为。然而,负强化是用来增加想要行为的频次,而惩罚是用来减少不想要行为的频次。当员工没有做应该做或需要做的事情时,管理者和团队成员常采用负强化。当员工做了组织规范不容许做的事情时,管理者和团队成员常采用惩罚方式。例如,打卡机上用来增加员工准时上、下班这种行为的;而对迟到次数超过某个限度的员工实施了罚款,则是为了减少其迟到行为的发生。

### (三) 消退

消退也称忽视,就是消除所有对某种行为的积极强化事件,以终止该行为或降低行为出现的可能性。强化是为了增加想要的行为的频次,消退则是为了减少不想要的行为的频次,并最终消除不想要的行为。管理者使用消退以减少有碍组织目标实现的员工行为。消退程序由三步组成:

(1) 列出需要减少或消除的行为;
(2) 列出保持行为的强化物;
(3) 终止使用强化物。

消退对于减少并最终消除扰乱正常工作秩序的行为而言,是一项有用的技术。例如,团队通过嘲笑某员工的扰乱行为可对该行为起到强化作用。当团队不再笑话(强化物)该行为时,扰乱行为就会减少并最终停止。再如,对于那些喜欢在领导面前说他人不是的人,领导者可以采用故意不予理会的态度,以使这类人因为自讨没趣而自动放弃这种不良行为。

消退可以有效地减少组织不想要的行为,但它不能自动地以期望的行为来代替不想要的行为。如果员工没有形成替代行为,经常出现这样一种情况:当消退一旦停止,不想要的行为又出现了。因此,在使用消退时,必须把它和其他的强化方法结合使用。

### (四) 惩罚

惩罚是跟随在一个已经出现的行为之后,以减少该行为频次的一个带有强制性、威胁性的不快乐事件。正强化是增加想要行为的频次,惩罚则是减少不想要的行为的频次。

与奖赏跟正强化的关系一样,一个事件必须能减少不想要的行为才能成为惩罚物。不能仅仅因为某事件被认为是令人不快乐的,就认为该事件一定是惩罚物。作为惩罚物,一个事件必须确确实实能减少或停止不想要的行为。

组织经常使用一些不同类型的不快乐事件来惩罚个体。没有完成任务的物质惩罚包括减少工资、停职、降级或者调到一个没有前途的工作中去等。对一个员工最终的惩罚就是解雇。

人际惩罚物也被广泛地使用。它们包括,管理者对员工不良行为的口头责备,以及非口头的惩罚物：如皱眉、抱怨和进攻性的肢体语言等。还有，某些任务本身就可能是令人不快乐的。正如刺耳的或肮脏的工作条件被视为惩罚物一样，重体力劳作后的疲劳也被认为是一种惩罚物。

前面介绍的有关正强化的原则也同样适用于惩罚。为了取得最大化效率，惩罚物必须直接和不想要的行为联系起来（随机惩罚的原则）；惩罚物应该立即呈现（即时惩罚的原则）；还有，一般而言，惩罚物越大，对不想要行为的作用也越大（惩罚的大小原则）。

关于惩罚的负面效应问题以及惩罚的效果问题，是讨论比较多的两个普遍性问题，接下来对这两个问题做一些分析和讨论。

对于惩罚问题，有很多反对的意见。其中一个关键论点就是，惩罚有可能会带来负效应，从长期来看，情况更是如此。即便惩罚可以让不想要的行为不再发生，但是潜在的负面结果可能比最初的不想要的行为更大。惩罚潜在的负面效应如图5-1所示。

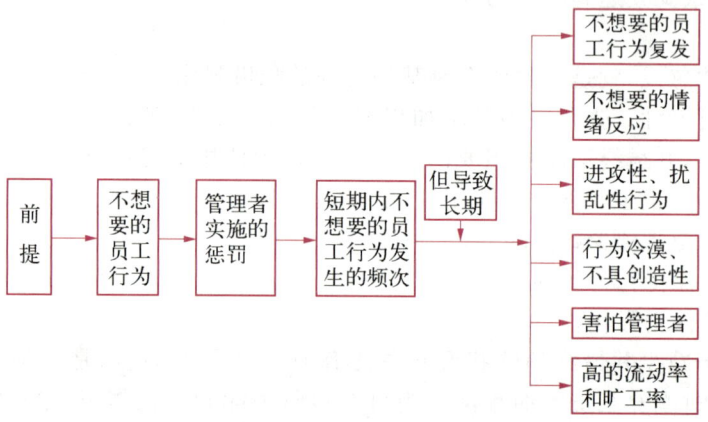

图 5-1 惩罚潜在的负面效应

惩罚可以导致一些不想要的情绪反应。因为多休息一会儿而遭到责备的员工可能对管理者和组织产生愤怒的反应。这些反应可以导致有损组织的行为发生。例如，怠工就是典型的以惩罚为中心的管理体系的结果。

惩罚通常只能在短期内压制不想要的行为，而不能消除它。这样，要长期压制不想要的行为就要求持续的甚至是要逐步加重的惩罚。另一个问题是，对不想要的行为的控制也要看管理者是否在场。当管理者不在周围时，员工的不想要行为可能就会复发。

另外，被惩罚的个体可以设法回避或逃避这种情境。从组织的观点来看，如果员工是在回避一项特别的、必要的任务时，这种反应可能就是不可接受的。高旷工率是一种回避反应，当经常使用惩罚时，它就可能发生。辞职是员工最后的一种逃避形式，依靠惩罚的组织有可能出现高的员工流动率。一定的流动率是需要的，但是过度的流动率是对组织有害的。高技能的员工更可能受到挫折而离开公司。

惩罚会压制员工的创造力和适应能力。基于对惩罚做出反应，员工将可能只做被告知的事情而不会主动多做。这样的态度显然是组织所不想要的。过分的惩罚会产生冷漠的员工，持续的惩罚也可能导致低自尊。低自尊反过来会影响员工的自信。而自信对于完成大多数工作而言是非常必要的。

惩罚也会产生对管理的条件性恐惧。也就是说,员工形成了一种对以惩罚为中心的管理者的普遍的恐惧。这样的管理者已经成为一种环境线索,它暗示员工不快乐事件发生的可能性。对恐惧的反应,如"躲避"或不愿意与管理者沟通,会极大地影响员工的绩效。

管理者之所以依赖惩罚,也许是因为惩罚在短期内会迅速奏效。从本质上来说,管理者使用惩罚也是被强化的,因为这种方法会使员工的行为发生迅速的改变。这也可能导致管理者忽视惩罚带来的长远的、可能逐步递增的负面效果。尽管一些惩罚可能不会产生负面效果,但是长期、持续地使用经常会给组织带来负面的后果。

关于使用惩罚的效果问题,从长期来看,积极强化比惩罚效果更好。然而,只要有效地使用,惩罚在管理中还是很有效的。在组织中,最普遍的惩罚形式就是口头责备。它会减少或消除某个不想要的员工行为。一条古老的经验就是:公开赞扬,私下惩罚。相对公开惩罚而言,私下惩罚建立了一种不同的随机强化。一般而言,私下惩罚更具教育性与启发性。公开惩罚可能会带来负效应,因为当着同辈群体的面,遭到惩罚的员工会觉得难堪。

口头责备永远不要针对整个行为,尤其不要针对所谓的坏态度。一个有效的惩罚应能准确地找出并详细描述在将来应该避免的不想要行为。它针对的应是目标行为,而不要损伤员工的自我形象。有效的惩罚特别针对不想要的行为,而不是这个人。因为行为比人容易改变。

惩罚是塑造人们不要做什么,而不是做什么。因此,管理者必须把有效的替代行为告诉给员工。当员工表现出想要的替代行为后,管理者应该对之给予积极强化。

最后,管理者在使用不快乐事件上要达成一种适当的平衡。不快乐事件的绝对数目并不重要,重要的是快乐事件与不快乐事件的比率。若管理者经常使用正强化,则偶尔一次使用恰当的惩罚可能相当有效。然而如果管理者从不使用正强化,完全依靠惩罚,那么长期的负效应可能会抵消任何短期的利益。在经营有效的组织中,积极的管理程序应该占主导地位。

## 三、强化程序与行为修正

强化程序决定了什么时候呈现强化物,强化总是有意或无意按照某程序来实施的。强化程序主要有两种类型:连续强化和间隔强化。

### (一)连续强化与间隔强化

连续强化是指在每次理想的行为发生时都给予强化,它是一种最简单的强化程序。比如,对于一个有迟到行为的员工,每次在他准时上班时,主管都对他的好行为进行表扬。在组织中,言语称赞和实物奖赏一般并不以连续程序出现。在一些直销组织中,销售人员每做一笔买卖都会得到提成,提成比率大概是销售额的25%～50%。尽管强化物(钱)并没有立即支付,但是人们会立即盘算自己的销售额,并迅速把销售额转化成组织应该付给他们的提成。

组织中对行为经常是采用间隔强化的方式。间隔强化是指在想要的行为发生一定次数之后(而不是每次)才给予强化物。研究结果表明,与连续强化相比,在间隔强化中,个体倾向于更加不愿意放弃原来的行为。

间隔强化可以分成间隔强化和比率强化两种。而这两种程序又分别可以细分为固定的(不变)和可变的(持续变化)程序。这样,就有了四种主要的间隔强化程序:固定间隔程序、可变间隔程序、固定比率程序以及可变比率程序。

1. 固定间隔程序

在固定间隔程序中,强化物必须在经过一段固定时间后才能提供。第一个想要的行为都在过了一段时间后才能被强化。

按照这种程序来实施奖赏的目的是形成一种规则的行为模式。在强化之前,行为经常发生并且富有活力。在紧跟强化后的一段时间,行为发生的次数变少了,也没那么富有活力了。因为个体相当迅速地了解到:下一个奖赏不会马上就来,而是要经过一段时间。用固定间隔程序来实施奖赏的一个普遍的例子,就是每周、每两周或每月付给员工薪水。也就是说,金钱强化总是在一段特定时间后定期进行。然而,这样的时间间隔往往太长,以致对于新近获得的与工作相关的行为没有很大的强化效果。

2. 可变间隔程序

可变间隔程序表示在两个强化物之间的时间量是变化的。比如,教师在课程开始的时候就告诉学生,这学期将有一系列的随堂测验,但不说明具体次数。这些测验的结果将占到总成绩的30%。这就是一种可变间隔程序。同样,总部对各个公司不加通知进行的随机视察也属于这一类。

3. 固定比率程序

在固定比率程序中,一个想要的行为必须发生一定次数后才能被强化。若以固定比率程序实施奖赏,则当强化停止时,倾向于产生高的反应率,其后还会出现稳定行为期。员工不久就会认为强化是基于反应数量的,于是为了获得奖赏就尽可能快地做出反应。计件工资制就是一个固定比率程序的例子。

4. 可变比率程序

在可变比率程序中,给予强化物之前必须有一定数量的行为发生,只不过行为的数量围绕着某些平均数上下变化。管理者经常使用可变比率程序来表扬和赞誉。比如,管理者在对员工想要的行为表示赞赏时,其强化频次通常就是变化的。赌场中以及国家彩票都是用这种强化程序来引导顾客去掷骰子、玩纸牌、喂老虎机以及买彩票。顾客有时会赢,但是并没有任何规律可循。

(二)不同间隔强化程序的比较

不同强化程序的比较如表5-2所示。结果显示,比率程序通常比间隔程序效果要好。而且,可变比率程序相对于固定比率程序更有效。

表5-2 不同强化程序的比较

| 程序类型 | 奖赏的形式和例子 | 对绩效的影响 | 对行为的影响 |
| --- | --- | --- | --- |
| 固定间隔 | 基于固定时间进行奖赏:每周或每月付薪水 | 导致平均水平的和不规则的绩效 | 行为迅速消除 |
| 固定比率 | 奖赏与特定数量的行为联系起来:计件工资制 | 迅速导致非常高而稳定的绩效 | 行为较快消除 |

续　表

| 程序类型 | 奖赏的形式和例子 | 对绩效的影响 | 对行为的影响 |
|---|---|---|---|
| 可变间隔 | 不定时间给予奖赏：没有事先声明的检查或评价以及每月随机给予奖赏 | 导致较高和稳定的绩效 | 行为慢慢消除 |
| 可变比率 | 行为出现若干数量才给予奖赏：销售奖金与卖出 X 数量金额联系起来，但 X 围绕平均数持续变化 | 导致非常高的绩效 | 行为消除非常慢 |

（三）组织中的行为修正

行为修正是指建立在操作性条件反射基础上的过程和原则。行为修正的过程如图 5-2 所示。

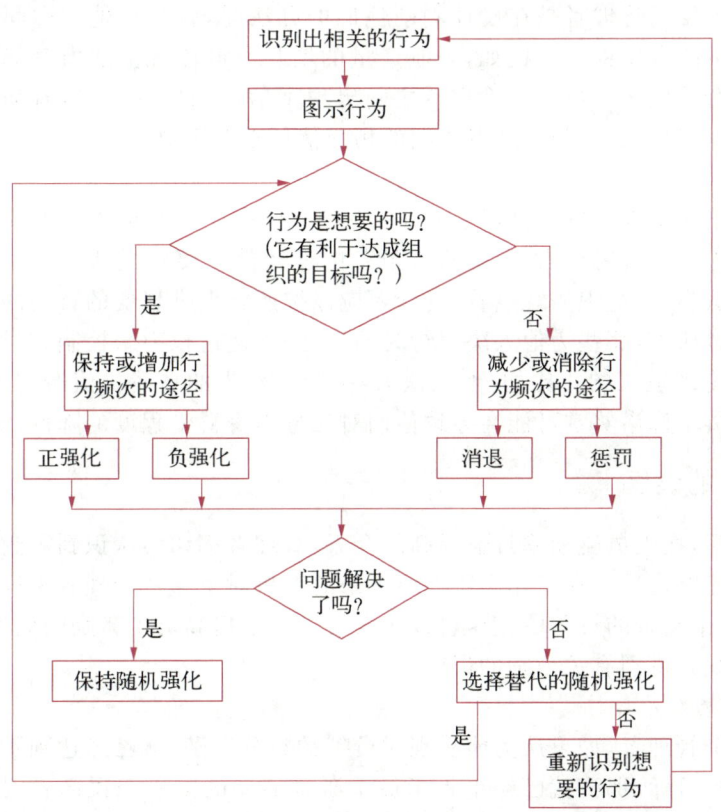

图 5-2　行为修正的过程

从管理的角度看，并非员工的所有行为都是可以简单划分为想要的或不想要的。事实上，很多行为是中性的：它们既不能增加也不会降低实现组织目标的可能性。因此，应用行为修正原则的第一步，也是最重要的一步就是识别出对员工整个绩效有显著影响的行为。接着，管理者就应该以它们为中心，设法增加想要的行为、减少不想要的行为。准确找出相关的行为由三个步骤组成：① 观察这些行为；② 测量这些行为；③ 描述这些行为发生的情境。

## 第5章 动机与激励

管理者经常需要训练才能准确地找出这些行为。没有经过训练的管理者经常将员工的态度、感情以及价值观与行为混淆在一起。

在进行行为修正时,需要注意以下三个问题:

### 1. 个体差异

行为修正过程不能忽视个体间的需求、价值观、能力以及欲望方面的差异。对某些人有强化作用的东西,对其他人未必有效。在具体实施过程中,有效的管理者可以注意从两个方面解决个体差异问题:一是尽量挑选那些对组织奖赏比较珍视的员工。因为选拔合适的员工能使员工的需要与组织提供的强化物最相匹配;二是管理者可以让员工参与到奖赏自己的决策中。这个方法让员工更有权利设计他们的工作环境,能够增强他们的参与程度。

### 2. 群体规范

如果员工发现管理者是在设计剥削他们的办法时,就会在他们中间产生规范来调整管理人员的合作程度。比如,限制产量的增长。群体规范的力量能够减少很多奖励制度的有效性。当员工和管理者之间出现不信任的情况时,所有强化都可能失去效果。所以,建立员工与管理者之间的相互信任至关重要。

### 3. 伦理意识

行为修正在伦理学领域已经引起了一些争论,批评主要集中在人的自由和尊严上。行为修正的支持者认为,有效管理员工的途径就是要建立塑造员工行为的控制系统。他们认为,从组织的观点看,管理者应该按照能促进想要的行为的途径来安排奖赏。反对者认为,那些为他人决定行为的好坏,并通过权力来控制和强加于他人的做法是违反伦理道德的。比如,他们认为,控制会对人的自我价值造成不良影响;向喜欢任务的员工许诺奖赏可能会导致他们对任务本身喜爱程度的降低。

## 四、激励中的误区

毫无疑问,在人员流动率日益提高的今天,管理者都切实认识到了激励员工的必要性,然而,能够让员工在工作岗位上留下来的动机对于那些管理者来说并不一定十分清楚,在这个复杂的过程中充斥着许多误解。为了提高员工激励的效率,管理者有必要仔细审视并辨别有关激励的误区:

### (一)激励就是目标

作为一个管理者,如果认为能实现对员工的充分激励,就已经达到了人力资源管理活动的终极目标,那么就已经走入了员工激励活动的第一个误区。因为拥有令人满意的员工还远远不够,一个员工可能受到强烈的激励,不过如果他并没有全身心地致力于实现公司的具体目标,那么这样的激励意义何在呢?所以员工激励的最根本的目标应该是促进公司目标的实现。这意味着作为管理者,应该关心对员工的激励,但是激励本身并不是目的,真正的目的是要完成企业的目标,而激励员工仅仅是使企业达到目标的方法之一。

### (二)金钱具有万能激励作用

金钱是一种有效的激励因素,这可能是许多人的共识。但正如赫茨伯格所指出的,金钱是一种保健因素,而不是激励因素。当然薪酬是重要的,但是一旦达到适当的薪酬水准,更多的钱就不能发挥更好的激励作用了。事实上,金钱在任何一项工作中,可能使职位显得更具有诱惑力,不过在工作的其他非货币激励因素,比如晋升机会、认同、参与以及良好的沟通都缺失的情况下,金钱并不足以使员工保持一个较高水平的工作表现。

#### (三) 以自身衡量员工

作为管理者,容易将激励自身的因素等同于激励员工的因素。事实上管理者不同于普通员工,普通员工有着不同的需要和驱动力。比如,作为管理者,可能会为有机会承担一个新项目或者委派给他的新挑战而受到激励,但是员工在面临同样的机会时可能会感到自己在被利用,相对而言,员工更容易因为感受到认同或对良好工作的反馈而受到激励。所以管理者应该努力找出员工的需要和愿望并予以满足。

#### (四) 激励因素放之四海而皆准

激励因素并非放之四海而皆准。一名员工可能很高兴你对他关怀备至,如记得他的生日,结果生产率提高了2倍;另一名员工可能在被授予"年度最佳员工奖"时,对此嗤之以鼻,也并未实现生产率的提高。所以作为管理者必须要认识到每个员工都是不一样的。在员工需求日益多元化的环境中,面对激励的挑战没有简便易行的解决方案。每位员工对不同的激励因素和奖励措施都会有独特的反应,管理层面临的挑战是,确定适合于每个员工的激励手段。

#### (五) 只要完成工作就行,激励无关紧要

经典的X理论管理方式可能奏效。员工可能被鞭策、被威逼或被恐吓着工作。不过这能持续多久呢?通常情况下,仅仅能持续到员工能够找到一份更好的工作的时候。而那些没有找到更好工作的员工可能根本不是你所需要的那种。

#### (六) 我能激励我的员工

主管和经理人无疑都会对每个员工的激励和最终的生产率起着重要的影响。不过这需要一个团队,甚至是整个组织提供激励发生的环境、机会和制度。作为一个管理者需要和组织里的其他主管以及经理人合作,以此来认识激励的重要性,执行适宜的活动、惯例和文化,从而增强对公司员工的激励作用。

#### (七) 一朝激励,永久受用

激励不是目的,而是一种精神状态,是能够流逝的。有些员工在某段时间里会受到激励,但是这种激励具有时效性,员工也可能会发牢骚,会不满意,甚至会离开组织。作为管理者,应该明确了解自身在激励员工过程中的决定性影响力,通过各种方式延长员工激励的时效。

### 五、激励的成本效益分析

组织在进行员工激励时,与进行其他生产经营活动一样,都需要考虑效益和成本问题。

#### (一) 员工激励的直接成本

直接成本是指直接发生于薪酬制度设计、运行过程中以及事后的制度修改的费用。类似于产品生产的材料成本和人工成本一样,用于人力资源管理的低值易耗品支出、人力资源部门人员的工资,这种成本是易变的。

(1) 工作分析相关费用。作为工作分析后的书面摘要，工作说明书是一个工作有关任务、职责与责任的记录，它描绘出某特定工作的任务、责任、工作情况与活动。工作说明书随着时代的发展，其内容与形式是不断变化的，因此它的成本也会发生变动。

(2) 绩效考评相关费用。绩效考评就是针对企业中的每个员工所承担的工作，应用各种科学的定性和定量方法，对员工行为的实际效果及其对企业的贡献、价值进行考核和评价。由此而带来的费用就是绩效考评费用，通常它会随着员工类型的不同而不同。

(3) 管理费用。管理主要是指人力资源部门在制度设计以及运行以及与之相关而发生管理的费用。包括人力资源部门员工的工资、津贴、福利、出差费用、培训费用以及相关管理、协调、沟通等费用。

(4) 其他费用。其他费用包括制度设计费用、各种办公费用、制度的实验运行费用、相关的后勤费用等。

### (二) 激励的间接成本

激励的间接成本是指与企业激励制度有关但又不直接产生的一系列费用，通常以机会成本的形式出现。比如人力资源部门员工的机会成本，在激励制度相关活动中，有关人员的利己行为而导致企业的损失费用，下级部门为获得更多额度的有限组织资源而向上级部门的游说等讨价还价的成本，制度的实验运行而引起的机会成本等。

### (三) 激励制度的运作效益分析

激励制度的运作效率是判断企业激励制度运行是否合理有效的重要指标，它的公式是：

$$激励制度运作的效率 = \frac{激励制度运作的直接成本}{激励制度运作的间接成本} \times 100\%$$

如果激励制度运作的效率大于1，则表明人力资源部门的运作是比较成功的；反之，则必须加强控制间接成本，提高运作效率。

## 本 章 小 结

现代企业越来越重视对员工的有效激励，每一位管理者都渴望成为激励员工的能手。本章重点介绍了激励的基本概念，剖析了内容型激励理论和过程型激励理论，并对这些理论进行了归纳和评价，最后指出了企业在员工激励实践中需要灵活运用多种方式，注意避免激励误区，从而提高激励工作的效果。

## 思 考 题

1. 归纳需要、动机和激励之间的关系。
2. 如何将马斯洛的需要层次理论应用于管理？
3. 为何要注重研究员工的公平感？
4. 激励过程中常见的误区有哪些？应如何避免这些误区以提高激励工作的效果？

## 练 习 题

### 练习一　测试：组织公平度

请你根据自己的实际感受和体会，对下面每一项对你所在的组织的描述进行评价和判断，并在每一项后面最能代表你的意见的选项上划"√"。

| 描述内容 | 同意程度 | | | | |
| --- | --- | --- | --- | --- | --- |
| | 非常不同意（1分） | 不同意（2分） | 一般（3分） | 同意（4分） | 非常同意（5分） |
| 1. 收到的报酬是公平的 | | | | | |
| 2. 晋升的机会是公平的 | | | | | |
| 3. 职业发展机会是公平的 | | | | | |
| 4. 工作安排是公平的 | | | | | |
| 5. 绩效评估是公平的 | | | | | |
| 6. 收到的福利待遇是公平的 | | | | | |
| 7. 决定薪酬的程序是公平的 | | | | | |
| 8. 晋升的决定方式是公平的 | | | | | |
| 9. 确定职业发展机会的程序是公平的 | | | | | |

(续表)

| 描述内容 | 同意程度 | | | | |
|---|---|---|---|---|---|
| | 非常不同意<br>(1分) | 不同意<br>(2分) | 一般<br>(3分) | 同意<br>(4分) | 非常同意<br>(5分) |
| 10. 制定工作安排的政策是公平的 | | | | | |
| 11. 绩效评估的程序是公平的 | | | | | |
| 12. 确定福利待遇的政策是公平的 | | | | | |
| 13. 得到的尊重是公平的 | | | | | |
| 14. 当主管和我说话时,他/她的沟通方式是公平的 | | | | | |
| 15. 做出决定时,我听到的解释是公平的 | | | | | |
| 16. 当我想了解一些事情,我所获得的信息是公平的 | | | | | |

说明：该量表包括分配公平(1—6题)、程序公平(7—12题)和互动公平(13—16题)三个分量表,可以逐个计算分量表所包含题目的平均分或总分,得分越高表明你所在组织的该维度越公平。

### 练习二　自我测试

说明：主管人员是下属工作动机的激励者,有效而适时的激励远比一味地责难或监督效果要好得多。假定你已经是一位主管,你是一位好的激励者吗？你善于激励下属吗？下面有一些问题,你可以自己回答,然后自己评定。根据你平时的做法与想法,符合你的情况就答"是",不符合你的情况就答"否",也可能处于模棱两可的情况,那就答"说不准"。

1. 我会告诉下属他的进步并尊重他们额外的工作、卓越的判断和创新的思想吗？
2. 对于下属的错误,我会提出建设性的批评吗？
3. 我会给下属发挥积极性的机会吗？
4. 我是否努力支持我的下属去赢得自信与尊严？
5. 我是否向下属明确表示出我对他们的信心？
6. 我是否重视诺言？
7. 我是否召开部门研讨会,使下属感觉到他们是组织的一部分？
8. 我是否向下属说明他们的工作在整个生产过程中的重要性？
9. 我是否向下属指出他们如何做可以克服或避免失败和缺点？
10. 我是否使下属确切地知道他所提出建议受到了重视？
11. 我是否鼓励下属努力进取？

12. 如果我的下属的抱怨或牢骚公平合理,我是否支持我的下属?
13. 对于企业里发生的问题,我是否迅速考虑并认识清楚,及时给下属提出建议?
14. 我的下属是否能彼此合作,使工作和活动协调一致?
15. 我的下属是否专心工作,并独创性地想方设法解决他们工作中的问题?
16. 我的下属是否会为改进生产(或改善经营)提出建议?
17. 当有临时紧急的额外工作时,我的下属是否心甘情愿地打起精神去做?

# 案 例 分 析

## 李强的困惑

李强已经在智宏软件开发公司工作了6年。在这期间,他技术能力强,工作勤恳负责,多次受到公司的表扬,领导很赏识他,并赋予他更多的工作和责任,几年中他从普通的程序员晋升到了资深的系统分析员。虽然他的工资不是很高,住房也不宽敞,但他对自己所在的公司还是比较满意的,并经常被工作中的创造性要求所激励。公司经理经常在外来的客人面前赞扬他:"李强是我们公司的技术骨干,是一个具有创新能力的人才……"去年7月份,公司有申报职称指标,李强有条件申报,但名额却给了一个学历比他低、工作业绩平平的老同志。他想问一下领导,谁知领导却先来找他:"李强,你年轻,机会有的是。"最近李强在和同事们的聊天中了解到他所在的部门新聘用了一位刚从大学毕业的程序分析员,但工资仅比他每月少50元。尽管李强平时是个不太计较的人,但对此还是感到迷惑不解,甚至很生气,他觉得这里可能有什么问题。在这之后的一天下午,李强找到了人力资源部宫主任,问他此事是不是真的。宫主任说:"李强,我们现在非常需要增加一名程序分析员,而程序分析员在人才市场上很紧俏,为使公司能吸引合格人才,我们不得不提供较高的起薪。为了公司的整体利益,请你理解。"李强问能否相应提高他的工资。宫主任回答:"你的工作表现很好,领导很赏识你,我相信到时会给你提薪的。"李强向宫主任说了声:"知道了!"便离开了他的办公室,开始为自己在公司的前途感到忧虑。

**思考题:**
1. 使用亚当斯的公平理论来解释李强的忧虑与困惑。
2. 如果你是经理,你会如何激励李强?具体会怎么做?

# 第6章 群体与团队

2019年国庆节期间上映的热播电影《中国机长》稳稳地抓住了观影者的眼球。川航3U8633这个代号,烙印在每个人的心里——青藏高原9 800米上空,零下40摄氏度,128条生命,这个命悬一线、绝地求生的故事,让所有观看电影的人为之惊心动魄;飞行员的力挽狂澜,乘务员的临危不乱,乘客的配合与信任,地面各部门的全力支援……每个人都做自己该做的事情,他们共同铸造了这个奇迹。有一个细节场景令人印象深刻:机长在飞机上和各位机组进行协作时,声音低沉,态度严肃,没有半句废话,但最后他放松表情,说了一句"合作愉快"。这四个字代表着一种团队精神,这种团队精神代表着一种专业的理解,这种理解充满了深度和温度。

个人总是要生活在群体中,个体处于群体中时,他们的行为与独处时并不完全相同;群体对于身处其中的个体及其行为会产生很大的影响。每一个群体都会有不同于其他群体的文化氛围、价值观念、行为准则等独特特征。而对于组织来说,其是由许多团队组成,研究组织中各种团队及其有效性,对理解和解释组织内行为以及组织效率是至关重要的。

## 第一节 群体相关概念

### 一、群体的概念与分类

#### (一) 群体的概念

关于群体的概念,有人粗略统计了一下,可能有几十个甚至上百个之多。下面列举其中具有代表性的几个,以帮助我们理解。

作为群体问题研究的创始人之一的勒温认为,成员间彼此相互依存是群体的本质特征。他认为,决定两个人是否属于同一群体的不是他们之间的相似性,而是他们的相互作用或相互依存的关系。给一个群体下的最好定义是"在相互依存基础上的动态整体"。

另一些研究群体的学者则认为,群体成员之间的相互作用才是群体的本质特征。所谓相互作用是指群体中一个人的行为会直接影响到另一个人的行为。甚至有人认为,成员之间的相互作用是群体存在的唯一标准。

迈尔顿(Merton)则强调,应该按照如下三个标准来确定群体的特征:① 群体成员之间有经常的相互作用;② 相互作用的个体视自己为群体中的一员;③ 局外人会把这些发生相互作用的人看成是属于同一群体。这一界定既指出了群体的客观特征,也指出了它的心理特征。

也有一些研究者认为,群体还有另外的特征,即群体中必须具有其成员共同遵守的行为规范,这些规范对群体成员的行为起着调节和约束作用。

还有一些研究者侧重于群体的社会功能,认为群体具有团结一致的集体知觉,并具有以统一方式采取行动以应付环境的能力和趋势。这一概念明确指出了,群体存在的主要功能在于使群体成员团结一致以应付环境的威胁。

关于群体的概念当然还有很多,但从上述各种概念中我们已经可以概括出有关群体的一些重要特征:① 群体成员相互作用、相互依存;② 群体成员认为自己是群体的一员;③ 其他人也认为他们是同一群体;④ 群体成员拥有共同的行为规范,在行动上互相制约;⑤ 群体存在应对外界环境挑战的共同目标。

在此基础上,我们将群体的概念总结为:为了实现某个特定的目标,两个或两个以上相互作用、相互依赖的个体的组合。

### (二) 群体的分类

关于群体的分类,依据不同的划分标准可以区分为不同的类型。

#### 1. 正式群体和非正式群体

正式群体是指由组织结构确定的、职务分配很明确的群体。在正式群体中,一个人的行为是由组织目标规定的,并且是指向组织目标的。相反,非正式群体是那些既没有正式结构,也不是由组织确定的联盟,它们是个体为了满足社会交往的需要在工作环境中自然形成的。例如,公司中三个不同部门的员工经常在一起共进午餐,他(她)们就形成了一个非正式群体。

#### 2. 命令型、任务型、利益型和友谊型群体

(1) 命令型群体由组织结构决定,并由直接向某个主管人员报告工作的下属组成。比如,公司营销部经理和他手下的8名营销人员就组成一个命令型群体。

(2) 任务型群体也是由组织结构决定的。它由为完成某项任务而在一起的个体组成。任务型群体并不局限于组织中的同一部门,它可能跨越直接的命令关系。比如,学校在讨论对某一违纪的处理意见时,常常需要教务处、学生处、保卫处以及学生所在系之间的协调与沟通。这些部门的人员就组成了一个任务型群体。需要指出的是,所有的命令型群体都是任务型群体,但并不是所有的任务型群体都属于命令型群体。

(3) 利益型群体是指为了某个共同关心的特定目标而走到一起的个体组合。比如,公司中有些员工为了修改休假日程,或为了帮助一个被解雇的伙伴,或为了增加某种福利,而结合在一起,就组成一个利益型群体。

(4) 友谊型群体是指基于成员某些共同特点而形成的群体。友谊型群体多半是在工作情境之外形成的,他们所赖以形成的共同特点可能是年龄相近、趣味相投、毕业于同一所大学、来自同一个地方、拥有相同的主张,等等。

从上述四类群体的概念中可以看出,命令型和任务型群体多见于正式组织,而利

益型和友谊型群体是非正式的联盟。值得注意的是，即使员工之间的相互作用是非正式的，它们对员工的行为和绩效的影响也可能是深远的。

## 二、群体规模及发展阶段

### （一）群体规模

群体规模与群体结构是影响群体行为和工作绩效的重要因素。从理论上讲，每一个群体都应该有一个最优的规模。比如规模过大可能形成小集团，可能会对规模过大的群体行为使相当大的积极或消极影响。群体结构可以被看作为实现群体目标的成员之间关系的框架或模式。

群体规模对群体行为的影响曾被广泛研究。主要有如下结果：

（1）小群体（一般在7人以下）比起大群体，往往凝聚力更强，更倾向于寻求一致性。原因在于小群体中的人们互相联系多，每个人的参与机会也较多，关系更加密切，因此，小群体成员更能体会到工作的完整性和感觉到组织归属感。事实上，也有研究指出完成任何任务的最优员工数目在5~7人，但是使用这种简化的归纳并不明智。对群体规模有效性的判断可能还要依据任务和工作内容等方面。

（2）群体规模变大，群体中所容纳的个体差异化会更高。比如大群体中的成员可能在能力、价值观、感知、技能等方面存在差异，这会带来团队更多的创造性和不同的视角分析和解决问题。然而，有研究者指出，随着群体规模的增大，成员的工作满意感会降低。这可能是因为在大群体中个人得不到多少关注，参与的机会也少。同时，因为大群体中个体的差异性较大，人数较多，意见，虽然吸收了不同的观点，但是要作出选择比较困难。

（3）群体规模所带来的收益存在一定的局限性。比如当多个人需要在体格十字路口推动一辆停运的卡车时，一个人、两个人、三个人的力量远远不够，在此时，当群体达到了一定的规模时，这种规模所带来的效益就可以得见，所以叠加性任务（additive tasks）在此时发挥了效应。但是当群体规模的增加超过了移动卡车所需要的力量时，每个人的贡献度就下降了。斯坦纳指出，当某些成员的作用方向不正确时，可能过导致群体中的过程损耗（process loss）。过程损耗就体现了为什么越来越多的人一起工作反而导致了低效率。

（4）群体规模大带来消极绩效还可能与社会惰化（social loafing）有关。社会惰化是指一个人在群体中工作不如单独一个人工作时更努力。产生社会惰化的原因，可能是群体成员认为他人没有尽到全部责任，便通过降低自己的努力水平求得公平；也可能是由于群体规模的扩大，个人投入与群体产出之间的关系变得越来越模糊了，即个人不对最终的成果承担责任，从而使个人出现了降低努力程度的倾向。

另外，有关群体规模的研究还有两个结论：① 成员为奇数的群体似乎比成员为偶数的群体更受欢迎；② 5人或7人的群体在执行任务时，比更大或更小一些的群体都更有效率。群体成员为奇数，在投票时能降低僵局发生的可能性。而且，由5人或7人组成的群体足以形成大多数，允许发表各种不同意见。同时，又可避免与大群体相关的一些弊端，如少数人控制，发展小团体，禁止某些人参与决策，拖延决策,等等。

### (二) 群体发展阶段

群体不是静止的,而是不断变化发展的。自20世纪40年代末以来,出现了不少有关群体发展方面的理论研究。本节将介绍群体发展五阶段模型和间断-平衡模型。

#### 1. 五阶段模型

布鲁斯·塔克曼提出群体的发展要经过五个阶段的标准程序,这五个阶段是:形成阶段、震荡阶段、规范化阶段、执行任务阶段、中止阶段。

第一阶段:形成(forming),其特点是,群体的目的、结构、领导都不确定。群体成员各自摸索群体可以接受的行为规范。当群体成员开始把自己看作是群体的一员时,这个阶段就结束了。

第二阶段:震荡(storming),是群体内部冲突阶段。群体成员接受了群体的存在,但对群体加给他们的约束仍然予以抵制。而且,对于谁可以控制这个群体,还存在争执。这个阶段结束时,群体的领导层次就相对明确了。

第三阶段:规范化(norming),在这个阶段中,群体内部成员之间开始形成亲密的关系,群体表现出一定的凝聚力。这时会产生强烈的群体身份感和友谊关系,当群体结构稳定下来,群体对于什么是正确的成员行为达成共识时,这个阶段就结束了。

第四阶段:执行任务(performing),在这个阶段中,群体结构已经开始充分地发挥作用,并已被群体成员完全接受。群体成员的注意力已经从试图相互认识和理解转移到完成手头的任务。

第五阶段:中止(adjourning),对于长期性的工作群体而言,执行任务阶段是最后一个发展阶段,而对暂时性的委员会、团队、任务小组等工作群体而言,因为这类群体要完成的任务是有限的,因此,还有一个中止阶段。在这个阶段中,群体开始准备解散,高绩效不再是压倒一切的首要任务,注意力放到了群体的收尾工作。这个阶段,群体成员的反应差异很大,有的很乐观,沉浸于群体的成就中;有的则很悲观,惋惜在共同的工作群体中建立起的友谊关系不能再像以前那样继续下去。

五阶段模型的许多解释者都带有这样的假设:随着群体从第一阶段发展到第四阶段,群体会变得越来越高效。虽然这种假设在一般意义上可能是成立的,但使群体有效的因素远比这个模型所涉及的因素来得复杂。比如,在某些条件下,高水平的冲突可能会导致较高的群体绩效。所以,我们也可能会发现这样的情况:群体在第二阶段的绩效超过了第三和第四阶段。同样,群体并不总是明确地从一个阶段发展到下一个阶段。事实上,有时几个阶段同时进行,比如震荡和执行任务就可能同时发生。群体甚至可能回归到前一个阶段。因此,虽然这是一个公认的比较完善的群体发展模型,但即使这个模型最强烈的支持者也并不认为所有的群体都严格地按照五阶段或者四阶段发展。

#### 2. 间断-平衡模型

值得特别指出的是,泽斯克对项目团队的研究发现团队不一定是大家凑到一起就能马上开展工作,相反,在团队存续期的前半部分,他们将大部分时间都花在应付各种意见和策略上;而当项目进展到一半时,团队会突然急于采取行动。由此,泽斯克将其称为间断-平衡模型。其中,① 群体成员的第一次会议决定群体的发展方向;② 第一阶段的群体活动依惯性进行;③ 在第一阶段结束时,群体发生一次转变,这个转变正好发生在群体生命周期的中间阶段;④ 这个转变会激起群体的重大变革;⑤ 在转变之后,群体的活动又会依惯性进行;⑥ 群体的最后一次会议的特点是,活动速度明显加快。

群体成员的第一次会议决定群体的发展方向。在第一次会议上,群体成员完成其项目所要求的行为模式和假设的基本框架得以形成。这种框架在群体存在的最初几秒钟之内就可能出现。

一旦这种框架确定,群体的方向就变成了白纸黑字,而且在群体生命的前半阶段不太可能重新修订。这一阶段是依惯性进行群体活动的阶段,也就是说,群体倾向于静止,或者被锁定在一种固定的活动上。即使获得对初始模式和假设形成挑战的新创意,群体也不可能在第一阶段实施这些创意。

在这些研究中,一个更有趣的发现是,每个群体都在其生命周期的同一时间点上发生转变——正好在群体的第一次会议和正式结束的中间阶段,尽管有些群体完成一个项目只用一个小时,而有些群体要用 6 个月。看起来,好像每个群体在其存在时间的中间阶段都要经历中年危机。这个危机点似乎起着警钟的作用,促使群体成员认识到:时间是有限的,必须迅速行动!

这个转变标志着第一阶段的结束,其特征是集中于迅速的变革,抛弃旧的模式,采纳新的观点,并为第二阶段的发展调整方向。

第二阶段是一个新的平衡阶段,或者说又是一个依惯性运行的阶段。在这个阶段中,群体开始实施在其转变时期创造出来的新计划。

群体的最后一次会议以迅速的活动来完成工作任务为特征。

### 三、群体结构

工作群体是有结构的,群体结构塑造着群体成员的行为,使得解释和预测群体内部大部分的个体行为以及群体绩效成为可能。其中,领导、角色、规范、群体构成等,都是群体结构的重要变量。这里主要讨论角色及构成问题,群体规范将在下一节中专门论述,与有关领导的问题则将在后续章节中集中探讨。

#### (一)角色

组织行为学中的角色是指人们对在某个社会单位中占有一个职位的人所期望的一系列行为模式。每个人都需要根据所处情境的不同扮演不同的角色。比如,公司里的一个部门经理在工作中当然需要扮演中层管理者的角色,但在他的上司面前、客户面前就应该有所不同;下班后,更是面临着丈夫、儿子、父亲、俱乐部成员等一系列的角色。角色概念对于理解和预测群体中的个人行为是非常重要的。

#### (二)角色知觉

角色知觉是指一个人对于自己在某种环境中应该做出怎样的行为反应的认识。这种认识是建立在行为者对他人希望的解释的基础上的。或者说,是基于"我是谁"而来的对"我应该如何做"的主观领悟。例如,一个好学生就有可能在理解和解释学校、老师及他人希望自己应该如何做的基础上,作出诸如尊敬教师、认真学习之类的行为反应。事实上,每一个学生,或者说,组织中的每一个人都会对自己应该怎样做有着各自的反应,也就是有各自的角色知觉。人们的这些认知来自周围环境的多种刺激:朋友、书本、电影、电视等。

### (三)角色期待

角色期待是指他人对处于某一特定情境的人应该如何行事的客观要求。处于某一群体中的人,其行为反应在很大程度上取决于其所处的背景。任何群体成员都会感受到来自他人的限制、要求、希冀,包括做什么、怎么做,在群体活动中容许和禁止的范围,与其他成员间的权利义务关系等。这种角色期待有些是明文规定的,有些则是约定俗成的。比如,在同样的文化背景下,当我们听说大学教授业余摆摊卖茶叶蛋时,会感到很惊讶,就是因为我们对于教授和小摊贩的角色期待差异太大了。球迷们对某些国内足球运动员深感失望,就是因为他们对职业球员的角色期待没有能够得到体现。

在工作场合,心理契约这个概念有助于我们更好地理解角色期待。心理契约本来是社会心理学中提出的概念,被组织行为学者借用来解释组织中的有关问题。它认为,组织或群体中的双方(领导与下属)之间存在一种不成文的约定,内容是彼此都对对方抱有一系列微妙而含蓄的期望,想要对方表现出自己盼望对方显现出来的某些行为。心理契约规定了双方的期待,事实上,也正是这种心理契约规定了每个角色的行为期待。

如果心理契约中蕴含的角色期待没有得到满足,会出现什么情况呢?如果是领导没有满足下属的角色期待,就会对下属的绩效带来消极影响;反之,如果下属没有满足领导的角色期待,结果可能是受到某种程度的处罚,甚至被解雇。

### (四)角色冲突

角色冲突涉及接受有关预期行为的相互矛盾信息。比如当个体面临多种角色期待时,如果其无法很好地完成所有的角色期待,就可能会产生角色间冲突(interrole conflict)。这时,如果个体服从一种角色要求,那么就很难服从另一种,这就产生了角色间冲突。例如,一个已婚的人,就经常面临家庭角色期待和事业角色期待的冲突。角色间冲突会增强个体内部的紧张感和挫折感,进而影响组织行为,这种影响可能是积极的,也可能是消极的,其结果要视个体对冲突的反应而定。此外,当角色期望违背了一个人的价值观时,也会带来角色冲突,被称为个人-角色冲突(person-role conflict),比如当经理鼓励销售人员向消费者传递商品质量错误的信息违背了销售人员个人的价值观和信念时,就带来了个人-角色冲突。

### (五)角色模糊

角色模糊中,个体缺乏明确的角色信息,或者因为这些信息的不一致导致了个体不清楚自己的角色定位,从而让个体产生"他们到底想让我干什么"这一问题的疑惑,这会导致个体不清楚自己应该朝着什么方向努力,可能会导致无用功或者带来组织效率的低下。此外,角色模糊还会导致个体降低对组织的归属感、认同感,降低工作参与度和工作满意度,并可能导致工作缺勤和离职行为。

## 第二节　群体相关理论

### 一、群体规范

所有群体都有自己的规范。所谓规范，就是群体成员共同接受的一些行为标准，或者说，是群体对其成员行为的共同期望，群体中的每个成员都应按这种共同的期望行事。它可以是成文的，也可以是约定俗成的。群体规范能够让群体成员知道自己在一定的环境条件下，应该做什么，不应该做什么。从个体的角度看，群体规范意味着，在某种情境下群体对一个人的行为方式的期望。群体规范被群体成员认可并接受之后，它们就成为以最少的外部控制影响群体成员行为的手段。不同的群体、社区，群体规范也不同，但不管怎样，所有的群体都有自己的规范。

#### （一）群体规范的类型

（1）第一类群体规范大多与群体绩效方面的活动有关。群体通常会明确地告诉其成员：他们应该多努力工作，应该怎样去完成自己的工作任务，应该达到什么样的产出水平，应该怎样与别人沟通等。这类规范对员工个人的绩效有着巨大的影响。他们能够在很大程度上调整仅仅根据员工的能力和动机水平所作出的绩效预测。

（2）第二类群体规范是群体成员形象方面的，包括如何着装，在何时应该忙碌，何时可以聊天，对群体或组织应该表现出忠诚感等。有些组织有正式的着装规定，有些虽然没有这种明文规定，但往往也有一些心照不宣的标准。同样，在大多数组织中，尤其对专业技术人员和高层管理人员来说，公开寻找另一份工作是不合适的。

（3）第三类群体规范为非正式的社交约定。这类规范来自非正式群体，主要用来约束非正式群体内部成员的相互作用。比如，群体成员应该与谁一起吃午饭，与谁一起郊游等，常会受到这些规范的制约。

#### （二）群体规范的形成

一般来说，群体规范是在群体成员掌握使群体有效运作所必需的行为过程中逐渐形成的。群体中的一些关键事件可能会缩短这一过程，并能迅速强化新规范。大多数群体规范是通过以下四种方式中的一种或几种形成的。

（1）群体中的领导者或某个有影响力的人物所做的明确规定。例如，群体领导可能当众宣布，上班时间不准打私人电话，离开岗位超过30分钟需请假。

（2）群体历史上的关键事件。这些事件往往是群体中某种重要规范形成的原因。比如，群体中一些有关预防工伤事故的规范，有的就是因为群体历史上曾经发生过工伤事故所致。

（3）私人友谊。群体内部出现的第一个行为模式，通常会为群体成员的期望定下基调。例如，学生中的友谊群体第一次上课时就会坐在一起，如果以后有人坐了"他们的"位子，他们就会感到恼火。

（4）过去经历中的保留行为。来自其他群体的成员在加入一个新群体时，会自觉或不自觉地带来原群体中的某些行为期望。这也可以解释，为什么工作群体喜欢吸收那些原来背景和经验与自己比较相近的成员。

当然,群体并不是为每一个可能发生的情境制定规范,而是主要制定一些很重要的规范。例如,那些能够增加群体成功机会的规范,能够增加群体成员行为可预测性的规范,还有那些有助于防止人际关系摩擦、提高群体成员满意感、鼓励成员积极表现群体价值观和群体身份的规范,都有可能受到群体的重视并逐步形成为群体规范。

## 二、群体凝聚力

群体凝聚力是指群体成员之间相互吸引并愿意留在群体中的程度。它包括群体成员与整个群体的吸引力,以及群体成员之间的吸引力。当这种吸引力达到一定强度,而且群体成员资格具有一定的价值时,我们就说这是个具有高凝聚力的群体。

群体凝聚力的概念类似于我们日常所说的群体团结性的概念。但严格地说,这两个概念是有区别的。凝聚力主要是指群体内部的团结,而且可能出现排斥其他群体的倾向;而我们提倡的团结往往既包括群体内部的团结,也包括与其他群体的相互支持、相互协调。

### (一)影响群体凝聚力的因素

影响群体凝聚力的因素主要包括以下几个方面:

(1) **群体成员在一起的时间**。人们在一起的时间长短,会影响相互之间的凝聚力的强弱。如果人们在一起的时间比较多,他们就会更加友好,自然而然地会相互交谈、作出反应、打招呼,并进行其他交往活动,从而发现共同的兴趣,增强相互之间的吸引力。群体成员之间的物理距离也会影响凝聚力。通常,距离较近的成员之间关系更加密切,共用一个办公室的人更容易形成凝聚力较高的群体。

(2) **加入群体的难度**。加入一个群体越困难,这个群体的凝聚力就越强,要进入一所一流的大学,就要经过激烈的竞争,这种竞争常常会导致大学内部成员凝聚力的增强。因为这些成员具有一些共同的竞争经历,正是这些共同经历增强了他们之间的凝聚力。

(3) **群体规模**。如果群体凝聚力随着群体成员在一起的时间的增多而增强,那么群体规模越大,群体凝聚力就应越小,因为群体规模越大,群体成员之间相互作用就越难。研究证实,随着规模的增大,群体成员之间的互动变得更困难,群体内部产生小团体的可能性也相应增大,群体保持共同目标的能力减弱,整体凝聚力降低。

(4) **外部威胁**。一些研究表明,外部威胁会增强群体成员之间的价值观念,从而提高群体的凝聚力。例如,群体间的竞争往往会使群体遭受损失,这就会使各群体增强凝聚力,以对付这种竞争。当然,外部威胁对群体凝聚力的增强并不是无条件的。如果群体成员认为他们的群体无力应付外部威胁,群体作为安全之源的重要性就会下降,群体凝聚力就很难提高。

(5) **以前的成功经验**。如果群体历史上一贯有成功的表现,它就容易建立起群体合作精神来吸引和凝聚群体成员。一般说来,成功的企业与不成功的企业相比,更容易吸引和招聘到新员工。

另外,领导方式、群体成员性别构成等因素也会影响群体凝聚力。比如,民主型领导方式更有助于凝聚力提高;与男性相比,女性较多的群体凝聚力常常高于男性为主的群体。

#### （二）凝聚力对群体绩效的影响

通常，人们认为有效的工作群体凝聚力高，那么，群体凝聚力高真的有助于提高群体绩效吗？研究表明，一般情况下高凝聚力的群体确实比低凝聚力的群体更有效，但群体凝聚力与群体效率的关系比较复杂，还有其他种种因素在起作用。

群体凝聚力与群体效率是相互影响的，群体成员之间的友好关系有助于降低紧张情绪，提供一个顺利实现群体目标的良好环境。而群体目标的顺利实现，反过来又会强化成员间的友好关系，提高凝聚力。也就是说，成功的绩效导致成员间吸引力的提高。

更重要的是，凝聚力与群体生产率的关系取决于群体的绩效规范，群体的凝聚力越强，群体成员就越容易追随其目标。如果群体的绩效规范比较高（比如，高产出、高质量、积极与群外员工合作），那么凝聚力高的群体就比凝聚力低的群体生产率高。但如果一个群体的凝聚力很高，绩效规范却很低，则群体生产率通常比较低。如果群体凝聚力低，但绩效规范高，则群体生产率水平中等，不过比不上凝聚力和绩效规范都高的群体。如果凝聚力和绩效规范都低，则群体生产率肯定低于一般水平。群体凝聚力、绩效规范与生产率的关系如图6-1所示。

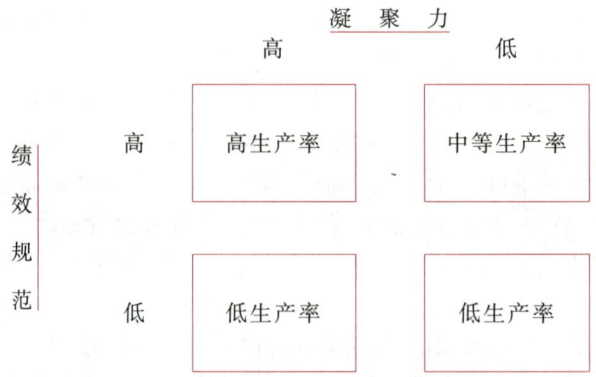

图6-1 群体凝聚力、绩效规范与生产率的关系

需要注意的是，高凝聚力可能带来的一些问题。研究发现，过高的凝聚力可能会导致过度分界，即将自身与他人之间建立一道围墙或者分界线，从而不利于整体的绩效发展。比如竞争性的产品开发团队如果内部凝聚力过强就会导致过度分界，缺乏沟通和帮助，可能导致绩效降低。同时，过高的凝聚力可能带来群体思维，即群体会寻求全体意见一致，而不是客观评价不同的行为方式。

## 第三节 团队相关概念

### 一、团队与群体的比较

"团队"一词出现的频率已经越来越高了。经常会听到别人说"我们需要团队""我们要建设一支高效率的团队"。然而，究竟什么是团队？团队与群体有没有不同，有什么不同？在探讨高效团队的创建与管理之前，有必要对这些问题加以说明。

（一）团队与群体

群体的概念是为了实现某个特定目标，两个或两个以上相互作用、相互依赖的个体的组合。在工作群体中，成员通过相互作用来共享信息，作出决策，帮助每个成员更好地承担起自己的责任。工作团队则是一种为了实现某一目标而由相互协作的个体组成的正式群体。可以说，所有的工作团队都是群体，但只有正式群体才有可能成为工作团队。

工作群体中的成员不一定要参与需要共同努力的集体工作，他们也不一定有机会这样做。因此，工作群体的绩效，仅仅是每个群体成员个人贡献的总和。在工作群体中，不存在一种积极的协同作用，能够使群体的总体绩效水平大于个人绩效之和。工作团队则不同，它通过其成员的共同努力能够产生积极协同作用，其团队成员努力的结果使团队的绩效水平远大于个体成员绩效的总和。工作群体与工作团队的对比如图6-2所示。

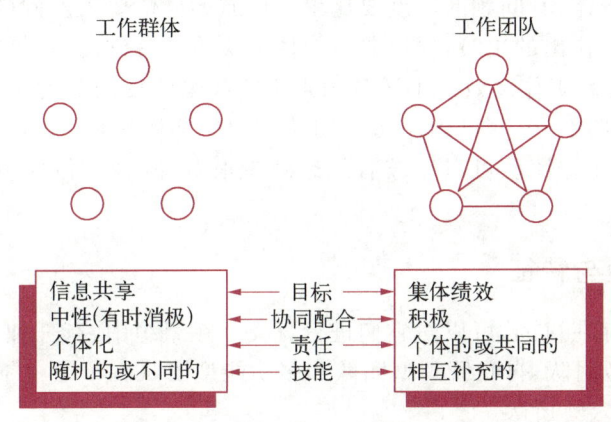

图6-2 工作群体与工作团队的对比

这些界定有助于我们理解为什么现在许多组织围绕工作团队重新组织工作过程。组建团队的目的，是通过工作团队的积极协同作用，提高组织绩效。团队的广泛采用为组织创造了一种潜力，能够使组织在不增加投入的情况下，提高产出水平。仅仅把工作群体换种称呼，改称工作团队，不能自动地提高组织绩效，因为高效的工作团队与常规的工作群体是根本不同的。只有在群体的相互依赖程度比较高，每个人的工作都和其他成员的工作密切相关，而且其他人工作没有成果，同时他也不会有什么成果时，这种群体才称得上是团队。换句话说，只有当相互依赖程度要求成员协同工作，个体的活动和行为必须同其他人密切配合，群体的需要压倒一切的时候，群体才会成为工作团队。另外，只有共性很强的群体才算是团队，才能按照团队来运行和管理。决定共性强弱的主要指标有组织的价值观、工作性质、成员的动机与个性。所有这些都将有利于我们区分群体与团队，也有利于管理者组建真正意义上的团队。

（二）采用团队形式的原因

为什么在今天会出现工作团队这样一种组织形式，而且采用这种形式的组织正在大量增加？有关这方面的研究认为主要有以下几种原因：

（1）**有利于创造团结精神**。团队的成员相互之间的帮助和支持,以团队方式开展工作,促进了成员之间的合作并提高了员工的士气。我们可以看到,团队规范不仅鼓励其成员追求卓越的工作表现,还创造了一种增加工作满意度的良好氛围。

（2）**有利于管理层进行战略思考**。采用团队形式,尤其是自我管理工作团队形式,使管理者可以有更多的时间去做战略规划。当工作以个体为基础设计时,管理者往往需花去大量时间监督他们的下属和解决下属出现的问题,这种情况下,他们成了"救火队长",而很少有时间进行战略思考。运用工作团队,则能让管理者把精力主要集中在诸如长期发展计划等重大的问题上来。

（3）**有利于提高决策速度**。把一些决策权下放给团队,能使组织在作出决策方面具有更大的灵活性。团队成员对与工作相关的问题常常要比管理者知道得多,并且离这些问题也更近。因此,相比以个体为基础的工作设计来说,采用团队形式,决策常常更迅速。

（4）**有利于提高决策质量**。"三个臭皮匠顶一个诸葛亮"。由不同背景、不同经历的个人组成的群体,看问题的广度要比单一性质的群体要大。同样,由风格各异的个体组成的团队所作出的决策,要比单个个体的决策更有创意,决策的质量也更高。

（5）**有利于提高工作绩效**。上述各因素组合起来能使团队的工作绩效明显高于单个个体的工作绩效。一些已运用工作团队的组织实践表明,比起传统的以个体为中心的工作设计,工作团队可以比较有效地减少浪费、减轻官僚作风、积极改进工作并提高工作效率。

## 二、团队的类型与特征

根据团队的存在目的,可以对它们进行分类。在组织中,有三种类型的团队比较常见：解决问题型团队、自我管理型团队和多功能型团队。

### （一）解决问题型团队

大约二十年前,团队刚刚盛行,大多数团队的形式很相似,一般由来自同一个部门的5～12个人员组成,他们每周用几个小时的时间来碰碰头,讨论诸如如何提高产品质量、生产效率和改善工作环境等问题。我们把这种团队称为解决问题型团队。

在解决问题型团队里,成员就如何改进工作程序和工作方法互相交换看法或提供建议。但是,这些团队几乎没有权力根据这些建议单方面采取行动。

20世纪80年代,应用最广的一种解决问题型团队是质量圈。这种工作团队由职责范围部分重叠的员工及主管人员组成,人数一般在8～10人。他们定期相聚,来讨论他们面临的质量问题,调查问题的原因,提出解决问题的建议,并采取有效的行动。

### （二）自我管理型团队

解决问题型团队的做法行之有效,但在调动员工参与决策过程的积极性方面,尚显不足。这种欠缺导致企业努力建立新型团队,这种新型团队是真正独立自主的团队,它们不仅注意问题的解决,而且执行解决问题的方案,并对工作结果承担全部责任。

自我管理型团队通常由10～15人组成,他们承担着以前自己的上司所承担的一些责任。一般来说，他们的责任范围包括控制工作节奏、决定工作任务的分配、安排工间休息。彻底的自我管理型团队甚至可以挑选自己的成员，并让成员相互进行绩效评估。这样，主管人员的重要性就下降了，甚至可以被取消。例如，通用电气公司机车发动机厂大约有 100 个这样的团队，它们负责进行工厂的大多数决策：有权安排检修工作；决定工作日程；常规性地控制设备采购，如果一个团队不打报告就花掉 200 万美元，工厂经理也不会大惊小怪。

目前，在美国，包括施乐、通用汽车、百事可乐、惠普等著名大公司在内，大约 1/5 的公司采用了自我管理型团队形式。自我管理型团队在许多著名公司里起到了明显节约成本、提高生产率和员工满意度的作用。

### （三）多功能型团队

多功能型团队是指为完成某项特定任务而由来自同一层级、不同部门的员工组成的团队。

许多组织采用这种跨越横向部门界线的形式已有多年。例如，在 20 世纪 60 年代，IBM 公司为了开发卓有成效的 360 系统，组织了一个大型的任务攻坚队，攻坚队成员来自公司的多个部门。任务攻坚队其实就是一个临时性的多功能团队。同样，由来自多个部门的员工组成的委员会是多功能团队的另一个例子。

多功能团队的兴盛是在 20 世纪 80 年代末。当时，所有主要的汽车制造公司，包括丰田、尼桑、本田、宝马、通用汽车、福特、克莱斯勒，都采用了多功能团队来完成复杂的项目。

有的大公司为项目开发组建的团队甚至超越了组织边界。例如，摩托罗拉公司的铱星项目团队扩展到了包括通用电气、俄罗斯克兰尼切夫等十几家大公司的专家。

总之，多功能团队是一种有效的方式，它能使组织内（甚至组织之间）不同领域员工之间交换信息，激发出新的观点，解决面临的问题，协调复杂的项目。当然，多功能团队的管理不是管理野餐会，在其形成的早期阶段往往要消耗大量的时间，因为团队成员需要学会处理复杂多样的工作任务。在成员之间，尤其是那些背景不同、经历和观点不同的成员之间，建立起信任并能真正地合作也需要一定时间。

## 三、团队角色

高绩效团队要求组织者能够给员工适当地分配不同的角色。例如，成功的球队需要具有多种技能的球员，并能在了解球员技能和爱好的基础上，把他们配置到最合适的位置上。

一系列研究已经证明，在团队中人们喜欢扮演九种团队角色，如表 6-1 所示。现在我们就来简要描述这九种角色位置，并考察他们对于塑造高绩效团队的意义。

表 6-1　九种团队角色

| 序号 | 团队类型 | 角色作用 |
| --- | --- | --- |
| 1 | 创造者-革新者 | 产生创新思想 |
| 2 | 探索者-倡导者 | 倡导和拥护所产生的新思想 |

续表

| 序号 | 团队类型 | 角色作用 |
|---|---|---|
| 3 | 评价者-开发者 | 分析决策方案 |
| 4 | 推动者-组织者 | 提供结构 |
| 5 | 总结者-生产者 | 提供指导并坚持到底 |
| 6 | 控制者-核查者 | 检查具体细节 |
| 7 | 支持者-维护者 | 处理外部冲突和矛盾 |
| 8 | 汇报者-建议者 | 寻求全面的信息 |
| 9 | 联络者 | 合作与综合 |

（1）创造者-革新者：一般来说，这种人富有想象力，善于提出新观点或新概念，他们独立性较强，喜欢自己安排工作时间，按照自己的方式、节奏进行工作。

（2）探索者-倡导者：他们乐意接受、支持新观念。在创造者-革新者提出新创意之后，他们擅长利用这些新创意，并找到资源支持新创意。他们的主要弱点是：他们不一定总是有耐心和控制才能来使别人追随新创意。

（3）评价者-开发者：他们有很高的分析技能。在决策前，如果让他们去评估、分析几种不同方案的优劣，是再合适不过了。

（4）推动者-组织者：他们喜欢制定操作程序，以使新创意成为现实。他们会设定目标、制订计划、组织人力、建立起种种制度，以保证按时完成任务。

（5）总结者-生产者：与推动者-组织者相似，他们也关心活动成果。但他们的着眼点主要在于：坚持必须按时完成任务，保证所有的承诺都能兑现。他们引以为荣的事情是：自己生产的产品合乎标准。

（6）控制者-核查者：这种人最关心的事情是规章制度的建立和贯彻执行。他们善于核查细节，并保证避免出现任何差错。他们希望核查所有事实和数据。

（7）支持者-维护者：这种人对做事的方式有强烈的信念。他们在支持团队内部成员的同时会积极地保护团队不受外来者的侵害。他们对团队而言非常重要，因为他们能够增强团队的稳定性。

（8）汇报者-建议者：他们是很好的听众，而且不愿把自己的观点强加于人。他们愿意在作出决策之前得到更多的信息。因此，他们在鼓励团队作决策之前充分搜集信息，而不是匆忙决策，起着非常重要的作用。

（9）联络者：最后一种角色与其他角色有重叠，上述8种角色中的任何一种都可以扮演这种角色。联络者倾向于了解所有人的看法，他们是协调者，是调查研究者。他们不喜欢走极端，而是尽力在所有团队成员之间建立起合作关系。他们认识到，其他团队成员可以为提高团队绩效作出各种不同的贡献，尽管可能存在差异，他们会努力把人和活动整合在一起。

我们已经知道如果强迫人们去承担以上各种角色，大多数人能够承担得起任何一种角色，但人们非常愿意承担的通常只有两三种。管理人员有必要了解个体能够给团队带来贡献的个人优势,根据这一原则来选择团队成员,并使工作任务分配与团队成员偏好的风格相一致。通过把个人的偏好与团队的角色要求适当匹配,团队成员就可能和睦共处。开发这种框架的研究者认为,团队不成功的原因在于对不同才能的人搭配不当,导致在某些领域投入过多,而在另一些领域投入不够。

## 第四节 团队建设与发展

### 一、创建高效团队

团队虽然是一种行之有效的群体运作方式,但其形式本身并不会也不可能自动地保证高效率的运作,团队组建的成功并不等于高的群体绩效,也不必然带来生产效率的提高。一个高效的团队需要具备多方面的特征,并要得到内外部的支持。否则,它也可能会让管理者失望。

近来一些研究揭示了与高效团队有关的主要特征,如图 6-3 所示。

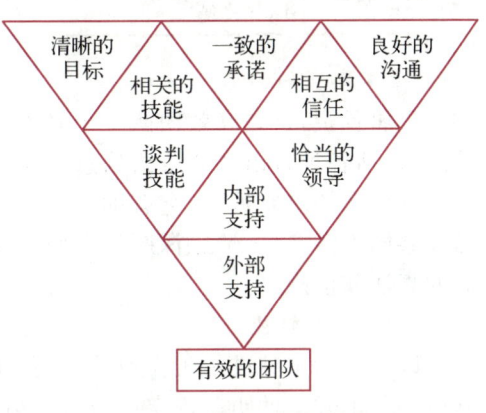

图 6-3 高效团队的特征

#### (一) 清晰的目标

高效的团队对所要达到的目标有清楚的了解,并坚信这一目标包含着重大的意义和价值。而且,这种目标的重要性还激励着团队成员把个人目标升华到群体目标中去。在有效的团队中,成员愿意为团队目标作出承诺,清楚地知道希望他们做什么工作,以及他们怎样共同工作最后完成任务。

#### (二) 相关的技能

高效的团队是由一群有能力的成员组成的。他们具备实现理想目标所必需的技术和能力,而且相互之间有能够良好合作的个性品质,从而出色地完成任务。后者尤其重要,但却常常被人们忽视。有精湛技术能力的人并不一定就有处理群体内关系的高超技巧,高效团队的成员则往往兼而有之。

#### (三) 一致的承诺

高效的团队成员对团队表现出高度的忠诚和承诺,为了能使群体获得成功,他们愿意去做任何事情。我们把这种忠诚和奉献称为一致的承诺。

对成功团队的研究发现,团队成员对他们的群体具有认同感,他们把自己属于该群体的身份看作是自我的一个重要方面。因此,承诺一致的特征表现为对群体目标的奉献精神,愿意为实现这一目标而调动和发挥自己的最大潜能。

#### (四) 相互的信任

成员间相互信任是有效团队的显著特征。组织文化和管理层的行为对形成相互信任的群体氛围很有影响。如果组织崇尚开放、诚实、协作的办事原则,它就比较容易形成信任的环境。表6-2列出了六条建议,能够帮助管理者建立和维持信任的行为。

表6-2 帮助管理者构建信任的六条建议

| 1. 沟通 | 向团队成员和其他下属解释有关决策和政策,使他们知晓;能够及时提供反馈;坦率地承认自己的缺点和不足 |
|---|---|
| 2. 支持下属 | 对团队成员和蔼可亲,平易近人,鼓励和支持他们的意见与建议 |
| 3. 尊重下属 | 真正授权给团队成员,认真倾听他们的想法 |
| 4. 公正无偏 | 恪守信用,在绩效评估时能做到客观、公正,应予以表扬的尽量表扬 |
| 5. 易于预测 | 处理日常事务应有一贯性,明确承诺并能及时兑现 |
| 6. 展示能力 | 通过展示自己的工作技术、办事能力和良好的职业意识,培养下属对自己的钦佩与尊敬 |

### (五)良好的沟通

毋庸置疑,这是高效团队一个必不可少的特点。群体成员通过畅通的渠道交流信息,包括各种言语和非言语信息。此外,管理层与团队成员之间健康的信息反馈也是良好沟通的重要特征,它有助于管理者指导团队成员的行动,消除误解。就像一对已经共同生活多年、情感深厚的夫妇那样,高效团队中的成员能迅速而准确地了解彼此的想法和情感。

### (六)谈判技能

以个体为基础进行工作设计时,员工的角色由工作说明、工作纪律、工作程序及其他一些正式文件明确规定。但对于高效的团队来说,其成员角色具有灵活多变性,总在不断地进行调整。这就需要成员具备充分的谈判技能。由于团队中的问题和关系时常变换,成员必须要面对和能应付这种情况。

### (七)恰当的领导

有效的领导者能够让团队跟随自己共同度过最艰难的时期,因为他能为团队指明前途所在。他们向成员阐明变革的可能性,鼓舞团队成员的自信心,帮助他们更充分地了解自己的潜力。

需要说明的是,高效团队的领导者往往担任教练和后盾的角色,他们对团队提供指导和支持,但并不试图去控制它。这不仅适用于自我管理团队,当授权给小组成员时,它也适用于任务小组、交叉职能型的团队。对于那些习惯于传统方式的管理者来说,这种从上司到后盾的角色变换,即从发号施令到为团队服务,实在是一种困难的转变。

### (八)内部支持和外部支持

要成为高效团队的最后一个必需条件就是它的支持环境。从内部条件来看,团队应拥有一个合理的基础结构。这包括:适当的培训,一套易于理解的用以评估员工总体绩效的测量系统,以及一个起支持作用的人力资源系统。恰当的基础结构应能支持并强化成员行为以取得高绩效水平。从外部条件来看,管理层应给团队提供完成工作所必需的各种资源。

## 二、如何创建工作团队

### （一）工作团队的规模

最好的工作团队规模一般比较小。研究认为，如果团队成员多于12人，他们就很难顺利开展工作。他们在相互交流时会遇到许多障碍，也很难在讨论问题时达成一致。一般来说，如果团队成员很多，就难以形成凝聚力、忠诚感和相互信赖感，而这些却是高绩效团队所不可缺少的。所以，管理人员要塑造富有成效的团队，就应该把团队成员人数控制在12人之内。如果一个自然工作单位本身较大，而你又希望达到团队的效果，那么可以考虑把工作群体分化成几个小的工作团队。当然，这个规模标准并不是绝对的。

### （二）成员的能力

要想有效地运作，一个团队需要三种不同技能类型的人：第一，需要具有技术专长的成员；第二，需要具有解决问题和决策技能的成员；第三，需要若干具有善于聆听、反馈、解决冲突及协调人际关系技能的成员。

如果一个团队不具备以上三类成员，就不可能充分发挥其绩效潜能。对具备不同技能的人进行合理搭配是极其重要的。一种类型的人过多，另两种类型的人自然就少，团队绩效就会降低。但在团队形成之初，并不需要以上三方面的成员全部具备。在必要时，一个或多个成员去学习团队所缺乏的某种技能，从而使团队充分发挥其潜能的事情并不少见。

### （三）确定成员角色

上文已经对团队中不同的角色进行了说明。我们已经知道人们的人格特质各有不同，如果员工的工作性质与其人格特点相匹配，其绩效水平就容易提高。就工作团队内的位置分配而言，也是如此。团队有不同的需求，挑选团队成员时，应该以员工的人格特点和个人偏好为基础。高绩效团队要求组织者能够给员工适当地分配不同的角色，把他们配置到最合适的位置上，实现他们的最大价值。

### （四）建立共同愿景

共同愿景是组织中人们所共同持有的意象或景象，它创造出众人是一体的感觉，并遍布到组织的全面活动，使各种不同的活动融会起来。当人们真正共有愿景时，这个共同的愿望会紧紧将他们结合起来。个人愿景的力量源自一个人对愿景的深度关切，而共同愿景的力量是源自共同的关切。人们寻求建立共同愿景的理由之一，就是他们内心渴望能够归属于一项重要的任务、事业或使命。有效的团队需要具有一个大家共同追求的、有意义的愿景，它能够为团队成员指引方向、提供推动力，让团队成员愿意为它贡献力量。

### （五）确立具体目标

成功的团队会把他们的共同目的转变成为具体的、可以衡量的、现实可行的绩效目标。目标会使个体提高绩效水平，目标也能使群体充满能力。具体的目标可以促进明确的沟通，还有助于团队把自己的精力放在达成有效的结果上。

### （六）选择领导与团队结构

目标决定了团队最终要达成的结果。但高绩效团队还需要选择适当的领导和结构来提供方向和焦点。例如,确定一种大家认同的方式,就能保证团队在达到目标的手段方面团结一致。

在团队中,对于谁做什么和保证所有的成员承担相同的工作负荷问题,团队成员必须取得一致意见。另外,团队需要决定的问题还有:如何安排工作日程、需要开发什么技能、如何解决冲突、如何作出和修改决策等。决定成员具体的工作任务内容,并使工作任务适应团队成员个人的技能水平,所有这些,都需要团队的领导和团队结构发挥作用。有时,这些事情可以由管理人员直接来做,也可以由团队成员通过扮演探索者-倡导者、推动者-组织者、总结者-生产者、支持者-维护者、联络者等角色自己来做。

### (七)消除社会惰化

在团队中容易发生社会惰化的情况,要实现高效,需要避免这种情况的发生。团队需要明确每个成员在集体层次和个人层次的责任,来消除这种倾向。同时,成功的团队能够使其成员各自和共同为团队的目的、目标和行动方式承担责任。团队成员很清楚,哪些是个人的责任,哪些是大家共同的责任。

### (八)建立适当的绩效评估与奖酬体系

怎样才能使团队成员在集体和个人两个层次上都具有责任心呢?传统的以个人导向为基础的评估与奖酬体系必须有所变革,才能充分地衡量团队绩效。

个人绩效评估、固定的计时工资、个人激励等与高绩效团队的目标要求是不一致的。因此,除了根据个体的贡献进行评估和奖励之外,管理人员还应该考虑以群体为基础进行绩效评估、利润分享、小群体激励及其他方面的变革,来强化团队的奋进精神和承诺。

### (九)培养相互信任

高绩效团队的一个特点是,团队成员之间相互高度信任。也就是说,团队成员彼此相信各自的正直、个性特点、工作能力。但是,从日常的人际关系中我们体会到,信任是脆弱的,它需要很长时间才能建立起来,却又很容易被破坏,破坏之后要恢复又很困难。因此,要维持一种信任关系就需要管理人员处处留意。

研究发现,正直程度和能力水平是判断一个人是否值得信赖的两个最关键的特征。一般人把正直看得很重,因为如果对别人的道德品质和基本的诚实缺乏把握,信任的基础就可能失去了;能力水平也被看得很重,原因大概是,团队成员为了顺利地完成各自的任务,需要与同伴进行相互作用。另外,管理人员和团队领导对于团队的信任气氛具有重大影响。因此,管理人员和团队领导之间首先要建立起信任关系,然后才是团队成员之间的相互信任关系。

## 三、虚拟团队建设

随着全球化、信息化的发展,以及随着工作灵活性的变化,团队成员之间不再需要进行面对面的沟通和交流,成员可以通过远程沟通的方式推动合作和任务完成,比如团队成员可以通过电子邮件、微信、QQ、电话/视频会议等即时通讯方式进行沟通。由远距离的成员组成、完成以知识为基础的任务的团队,可以称为虚拟团队(virtual teams)。虚拟团队在全球、在协作性行为以及日常行为中都变得越来越突出。

阿姆斯壮和科尔对虚拟团队的深入研究中提到对虚拟团队需要有以下三点的把握：

（1）虚拟团队成员的距离具有多重含义。距离不仅仅是地理空间距离，也包括组织距离（不同的组织文化背景），时间距离（不同的时区），以及在国家文化上的差异；

（2）这类距离对分散工作群体绩效的影响，与距离的客观指标不能存在直接的比例关系。事实上，阿姆斯壮和科尔认为，一种度量团队成员距离的新方法反映了群体凝聚力和认同感的程度，能够更好地度量团队成员的心理距离，从而可以更好地预测团队绩效；

（3）距离对工作群体的影响存在差异，这至少部分来源于两个干扰变量，即虚拟团队内部的活动整合和虚拟团队与更大母公司之间的活动整合。

对虚拟团队而言，选择适合任务和信息交流的媒体是关键。例如，对于制订战略这样复杂的任务，有效虚拟团队采用的方法是技术同步，它允许在同一时间内不存在延迟性的进行沟通。在低复杂性的任务下，则可以采取延迟沟通的方式，比如采取电子邮件、群体日程表、网页和布告栏等方式。

虚拟团队的灵活性、信息和技术驱动性可以使其非常有效，但是需要注意的是虚拟团队可能带来的问题，比如成员缺少面对面的沟通，对团队的凝聚力会带来一定的影响；同时，采用电子邮件等沟通方式，可能会存在对对方语意上的理解偏差，带来冲突。因此，在使用虚拟团队时需要非常仔细和谨慎。但毫无疑问，虚拟团队将在组织中得到更多的使用。

## 本 章 小 结

群体规模对群体绩效的影响取决于群体任务的类型，大型群体有利于吸收不同意见，而小型群体更有利于完成生产性任务。另外，有关群体规模研究中的社会惰化问题应该引起关注。

角色知觉和员工绩效评估之间存在着积极的关系。研究发现，员工的角色知觉与上级主管的角色替代越是趋向一致，员工的绩效评估成绩就越高。

群体规范通过设立标准来控制群体成员的行为。

群体凝聚力对群体生产率有重要影响。这方面的研究有一个很值得重视的结果，就是凝聚力与生产效率并不存在简单的相关关系，或者说，高群体凝聚力未必比低群体凝聚力更有效率。

需要强调的是，任何一个工作群体都是比它更大的群体或组织的一部分，组织战略、组织结构、组织文化、奖酬系统等因素都会对群体动作产生积极或消极的影响。因此,管理者在考察群体的时候,决不应该撇开其所处的外部环境,显然,一个群体如果正处于成长型组织之中,外部资源比较丰富,高层管理者对它的支持也比较多,就容易产生高效率。同样,一个群体的成员如果具备完成群体任务所需要的各项技能和有利于合作共事的个性特征,这个群体也会产生高效率。所以,对群体的考察应该关注外部环境和内部结构两方面的因素。

团队不同于群体,团队常常有共同的目标,成员之间有更高的任务依赖性和合作性。

高绩效团队有一些共同特点:它们一般都比较小;其成员一般有三种不同类型的技能:技术的、解决问题的和决策的、人际关系的;它们能够使人与角色和谐一致;这些团队献身于一个共同的目的,建立具体的目标,保证领导和结构能够提供导向和工作重点;它们通过建立起完善的评估系统和奖酬体系,使团队成员在个人与团队层次上都保持高度负责的精神;最后,高绩效团队成员相互之间具有高度信任。

## 思 考 题

1. 比较各种类型群体的异同。
2. 分析影响群体绩效的各种群体特征。
3. 群体凝聚力与绩效的关系是什么?
4. 比较团队和群体的异同。
5. 举例说明9种团队角色。
6. 你认为群体成员多元化对群体绩效的影响如何?
7. 你如何组建自己的一支团队?

## 练 习 题

**练习一　团队经历练习**

1. 将参加者分成4~5人的小组。

2. 小组中成员轮流讲述自己曾经参加过的某个有效的团队,与大家分享成功的体验。

3. 接下来小组成员再回想一次失败的团队体验,并在小组中交流。

4. 现在,共同分析下列问题:

(1) 小组成员在描述他们成功和失败的体验时有什么共同的特点?

(2) 这些共同的体验对于有效团队的建设和管理有什么积极意义?

### 练习二　团队角色问卷

说明:对下列问题的回答,可能在不同程度上描绘了您的行为。每题有八句话,请将总分十分分配给每题的八个句子。分配的原则是:最体现您行为的句子分最高,以此类推。最极端的情况也可能是十分全部分配给其中的某一句话。

1. 我认为我能为团队做出的贡献是(　　　　)。

A. 我能很快地发现并把握住新的机遇

B. 我能与各种类型的人一起合作共事

C. 我生来就爱出主意

D. 我的能力在于,一旦发现某些对实现集体目标很有价值的人,我就及时把他们推荐出来

E. 我能把事情办成,这主要靠我个人的实力

F. 如果最终能导致有益的结果,我愿面对暂时的冷遇

G. 我通常能意识到什么是现实的,什么是可能的

H. 在选择行动方案时,我能不带倾向性,也不带偏见地提出一个合理的替代方案

2. 在团队中,我可能有的弱点是(　　　　)。

A. 如果会议没有得到很好的组织、控制和主持,我会感到不痛快

B. 我容易对那些有高见而又没有适当地发表出来的人表现得过于宽容

C. 只要集体在讨论新的观点,我总是说的太多

D. 我的追求客观的心态,使我很难与同事们打成一片

E. 在一定要把事情办成的情况下,我有时使人感到特别强硬以至专断

F. 可能由于我过分重视集体的气氛,我发现自己很难与众不同

G. 我易于陷入突发的想象之中,而忘了正在进行的事情

H. 我的同事认为我过分注意细节,总有不必要的担心,怕把事情搞糟

3. 当我与其他人共同进行一项工作时(　　　　)。

A. 我有在不施加任何压力的情况下,去影响其他人的能力

B. 我随时注意防止粗心和工作中的疏忽

C. 我愿意施加压力以换取行动,确保会议不是在浪费时间或离题太远

D. 在提出独到见解方面,我是数一数二的

E. 对于与大家共同利益有关的积极建议我总是乐于支持的

F. 我热衷寻求最新的思想和新的发展
G. 我相信我的判断能力有助于做出正确的决策
H. 我能使人放心的是,对那些最基本的工作,我都能组织得井井有条

4. 我在工作团队中的特征是(　　　)。

A. 我有兴趣更多地了解我的同事
B. 我经常向别人的见解进行挑战或坚持自己的意见
C. 在辩论中,我通常能找到论据去推翻那些不甚有理的主张
D. 我认为,只要计划必须开始执行,我有推动工作运转的才能
E. 我有意避免使自己太突出或出人意料
F. 对承担的任何工作,我都能做到尽善尽美
G. 我乐于与工作团队以外的人进行联系
H. 尽管我对所有的观点都感兴趣,但这并不影响我在必要的时候下决心

5. 在工作中,我得到满足,因为(　　　)。

A. 我喜欢分析情况,权衡所有可能的选择
B. 我对寻找解决问题的可行方案感兴趣
C. 我感到,我在促进良好的工作关系
D. 我能对决策有强烈的影响
E. 我能适应那些有新意的人
F. 我能使人们在某项必要的行动上达成一致意见
G. 我感到我的身上有一种能使我全身心地投入到工作中去的气质
H. 我很高兴能找到一块可以发挥我想象力的天地

6. 如果突然给我一件困难的工作,而且时间有限,人员不熟(　　　)。

A. 在有新方案之前,我宁愿先躲进角落,拟定出一个解脱困境的方案
B. 我比较愿意与那些表现出积极态度的人一道工作
C. 我会设想通过用人所长的方法来减轻工作负担
D. 我天生的紧迫感,将有助于我们不会落在计划后面
E. 我认为我能保持头脑冷静,富有条理地思考问题
F. 尽管困难重重,我也能保证目标始终如一
G. 如果集体工作没有进展,我会采取积极措施去加以推动
H. 我愿意展开广泛的讨论意在激发新思想,推动工作

7. 对于那些在团队工作中或与周围人共事时所遇到的问题是(　　　)。

A. 我很容易对那些阻碍前进的人表现出不耐烦
B. 别人可能批评我太重分析而缺少直觉
C. 我有做好工作的愿望,能确保工作的持续进展
D. 我常常容易产生厌烦感,需要一两个有激情的人使我振作起来
E. 如果目标不明确,让我起步是很困难的

F. 对于我遇到的复杂问题,我有时不善于加以解释和澄清
G. 对于那些我不能做的事,我有意识地求助于他人
H. 当我与真正的对立面发生冲突时,我没有把握使对方理解我的观点

# 案 例 分 析

### 如何让新员工融入"狼群"

当 CEO 将他们的公司描绘为"像个大家庭一样"时,不可否认,这一出发点是好的。他们在试图与雇员建立理想的关系模式,让雇员对公司怀有归属感,从而建立长期的雇佣关系。但是,用"家庭"这一字眼,往往会产生许多误解。

在真正的家庭中,父母永远不会对孩子"炒鱿鱼"。你不会因为孩子的表现糟糕而宣布断绝关系。想象一下吧,你对孩子说:"对不起孩子,你妈妈和我认为你并不适合待在我们的家里。你在过去 6 个月中的表现一天不如一天,你对玩具的迷恋也不能增加你的个人价值。我们决定让你离开,但是请你不要误解,这只关乎家庭,和你个人无关。"难以想象,对吧?这就是 CEO 一面宣称自己的公司是一个大家庭,一面又着手于解雇员工的真实写照。尽管法律上有关于自由雇佣的说法,但是这些公司的员工还是有充分的理由证明自己受到了伤害和背叛。

网飞公司 CEO 雷德·黑廷斯(Reed Hastings)在讲公司文化时,曾提出这样一个观点:我们是一个团队,不是一个家庭。他还让手下的经理们思考一个问题:如果下属要跳槽到竞争对手的同类职位,你会全力挽留哪些人?而对于其余不需要挽留的人,则可以发给他们足够的遣散费让他们回家了,我们要找到真正的明星雇员。

同家庭相比,一个专业的体育团队往往会有一个特定的目标(如赢比赛、拿冠军等),所有的队员都会为达成同一个目标而努力。随着时间的推移,这中间会有队员离开,也会有新队员加入,团队的组成始终在动态变化。从这个意义来讲,一家企业会更像是一支体育团队,而不是一个家庭。

自 21 世纪初以来,在国家橄榄球联盟中,新英格兰爱国者队赢得了三次"超级碗"年度冠军赛。在同样的时间段,圣安东尼马刺队获得了三次 NBA 冠军。而波士顿红袜队同样连续赢得了三次世界大赛。这些队伍的每一次胜利,都会让队员们有一种长期的身份认可,并建立起与团队本身的紧密联系,尽管团队本身一直都在变化。

# 第6章 群体与团队

国家橄榄球联盟的花名册上前前后后出现过53名队员,而新英格兰爱国者团队中,从赢得第一场冠军赛到现在依然坚守的,只有汤姆·布拉迪一人。在队员变换如此频繁的情况下,上述团队之所以能够取得持续胜利,是因为他们能够根据实际情况,把团队目标、暂时性雇佣关系和长久合作关系进行有效平衡。

因此,尽管一支团队不能保证所有成员长期雇佣,但只要这只团队的运作始终遵循共同付出、相互信任、一起获利的原则,雇佣者和被雇佣者之间的关系就能实现最大的价值。如果成员之间彼此信任,并将团队利益置于个人荣光之上,那么团队往往就能够取得胜利。

另外,帮助团队赢得胜利也是队员取得个人成功的最佳途径。冠军队的成员往往会成为明星选手,一方面是因为他们出色的技术,一方面是因为他们有能力帮助团队建立起制胜的文化。比如,马刺队向许多NBA队伍都输送了经验丰富的队员和出色的教练,在其他29支NBA队伍中,有5支都使用马刺的前教练助理作为他们的主教练。此外,纽约洋基队总是喜欢签下前红袜队员作为自由球员,这一习惯也成为棒球界作家常用的写作笑料。

好的团队总会设法跟前队员保持良好的关系,哪怕他们已经离开团队,甚至已经退休很久。例如,一位马刺队的前队员现在从事电视播音工作,尽管他已经离开马刺队10年有余,但是他仍然常常跟马刺队的队员和教练一起吃饭。想想看,当其他队员看到这一场景时,会不会更想为这个团队效劳?

当然,体育赛队并不是公司的完美映像。譬如在公司层面上,你和你的竞争对手就不能签署有组织的人才选拔,也不能相互轮换大批队员。但是,体育团队与公司拥有同一个努力方向,那就是:将个性迥异的队员们聚集在一起,即使在人员变动频繁的状况下,依然达成团队的共同目标。

**思考题:**
1. 新英格兰爱国者队经久不衰的原因是什么?
2. 你从案例中学到了什么?在今后的团队建设中你会怎么做?

# 第7章 沟通与谈判

　　飞利浦照明公司某区负责人力资源的一名美国籍副总裁与一位被认为具有发展潜力的中国员工交谈。他很想听听这位员工对自己今后五年的职业发展规划以及期望达到的位置。中国员工并没有正面回答问题，而是开始谈论起公司未来的发展方向、公司的晋升体系，以及目前他本人在组织中的位置等，说了半天也没有正面回答副总裁的问题。副总裁有些疑惑不解，没等他说完就已经不耐烦了。同样的事情之前已经发生了好几次。

　　谈话结束后，副总裁忍不住向人力资源总监抱怨道："我不过是想知道这位员工对于自己未来五年发展的打算，想要在飞利浦做到什么样的职位而已，可为什么就不能得到明确的回答呢？""这位老外总裁怎么这样咄咄逼人？"谈话中受到压力的员工也向人力资源总监诉苦。人力资源总监明白双方之间不同的沟通方式引起了隔阂，虽然他极力向双方解释，但要完全消除已经产生的问题并不容易。

　　这个案例就是典型的高低语境差异造成的矛盾问题。副总裁是美国籍，美国群体非常喜欢直截了当，喜欢在最短的时间内表达所有的意思，交流讲究效率，比较依赖自己的语言去表达自己的态度，他们在具体的交际活动中与外界的客观事物或者其他人构成的语言环境是低语境；而中国员工就是典型的高语境表达的代表，这一类人群在交流过程中比较委婉含蓄，语言并不是他们完全的依赖因素。在这段对话中，副总裁不但不能理解中国员工的表达，而且认为他在答非所问、浪费时间，本来是一次非常愉快的交流，结果员工谦虚委婉的表达却让对话双方都不愉快。如果双方都明确彼此交际环境中表现出的高低语境，就会用一定的策略来解决问题，一次可能的晋升交流自然就成功了。

　　事实上，组织中的所有管理行为在形式上几乎都可以归结为沟通行为。如果没有沟通，群体就无法存在，因为群体成员之间要相互传递意义。当然，沟通不仅仅是意义的传递，它还必须被理解。沟通应该包括两个方面：意义的传递与理解。完美的沟通（如果有的话），是想法或思想传递到接受者之后，接受者所感知到的心理图像与发送者发出的完全一样。理论上如此，但这在现实中是不大可能存在的。在沟通中，某一类特定的沟通方式就是谈判。在谈判中，双方就某些没有达成的意见进行深入的讨论以期得到某种共识。如何克服谈判中双方利益的不同实现谈判的达成也是重要的议题。

# 第一节 沟通的相关概念

在沟通中,某一类特定的沟通方式就是谈判。在谈判中,双方就某些没有达成的意见进行深入的讨论以期得到某种共识。如何克服谈判中双方利益的不同实现谈判的达成也是重要的议题。

## 一、沟通的功能

在一个群体或组织中,沟通有这样一些主要功能:控制、指导、激励、决策、反馈和评价、信息交流和情绪表达。

沟通的目的如果是协调和统一员工的活动,它就具有了控制的功能。这种控制功能一般通过正式的沟通渠道进行。但有时,非正式沟通也控制着行为。比如,当工作群体中的某个人工作十分勤奋,并使其他成员相形见绌时,其他人会通过非正式沟通的方式控制该成员的行为。

沟通通过明确告诉员工做什么、如何来做、没有达到标准时应如何改进等途径起到指导员工的作用。管理者运用沟通可以实现具体目标的设置、实现目标过程中的持续反馈以及对员工理想行为的强化等,这些过程都有激励功能。

对很多员工来说,工作群体是主要的社交场所,员工通过群体内的沟通来表达自己的挫折感和满足感。因此,沟通提供了一种释放情感的情绪表达机制,并具有满足员工的社交需要的功能。

沟通的最后一个功能与决策角色有关,它为个体和群体提供决策所需要的信息,使决策者能够确定并评估各种备选方案。

这四种功能无轻重之分。要使群体运转良好,就需要在一定程度上控制员工,指导和激励员工,提供情绪表达的手段,并作出决策。你可以认为在群体或组织中几乎每一次沟通都能实现这四种功能之中的一种或几种。

## 二、沟通的分类

### (一)按沟通方向划分

按沟通的方向划分,可以分为垂直沟通和水平沟通两种。

#### 1. 垂直沟通

垂直沟通分为以下两种:

(1)自上而下的沟通。在群体或组织中,从一个层级向另一个更低层级进行的沟通就是自上而下的沟通。管理者与下属之间的沟通,很多都是自上而下的。例如,群体的领导给下属制订工作目标、安排工作、告知操作规程、解释有关规定、指出需注意的问题、提供工作绩效的反馈等,这些都是自上而下的沟通。当然,这种沟通并不一定是口头的或面对面的方式。比如,公司领导给员工签发生日贺卡,向员工家属致感谢信等,也属于自上而下的沟通。

（2）自下而上的沟通。这种沟通方式是群体或组织中从较低层级流向较高层级的沟通。员工利用这种方式向上级提供信息反馈，汇报工作情况，告知存在的问题。自下而上的沟通可以帮助管理者了解员工对工作、同事和组织的看法，还可以通过这种沟通了解到哪些工作需要改进。在组织中，下级向上级递交工作报告、公司内部意见箱、总经理信箱、员工态度调查、申诉程序、员工代表座谈会等，这些都属于组织中自下而上的沟通方式。

### 2. 水平沟通

水平沟通也可以分为两种：一种是与群体内的同事进行的沟通；另一种是与其他群体（或部门）内同等层级的人进行的沟通。水平沟通主要用于信息交流、协商某些问题的解决和社会需求等目的。

如果群体或组织中的垂直沟通十分有效，为什么需要水平沟通呢？原因在于水平沟通常常在分享信息、协调矛盾和促进合作方面是十分必要的。当一个组织规模较大时，部门之间的分割最容易发生，这时，水平沟通就显得越来越重要。在某些情况下，这种水平沟通简化了垂直方向的交流，加快了工作速度。如果所有沟通都严格遵循正式的层级结构，则会阻碍信息的有效性和精确性，而水平沟通可以较好地避免这种情况的发生。但是，水平沟通也有可能带来对正式的命令系统产生破坏、影响统一指挥之类的负面影响。水平沟通的关键取决于组织的领导者如何使用和控制这种沟通形式。

### （二）按沟通媒介划分

按使用的媒介划分，沟通可以分为书面沟通、口头沟通和非言语沟通三种。

### 1. 书面沟通

在书面沟通中，较为常用的是备忘录、公文、报告、书信、便条和通告等。这种沟通的好处是，具有清晰性和准确性，不容易在传递过程中被歪曲，可以永久保留，接收者可以根据自己的时间和速度详细阅读以求理解。其缺点是，难以及时了解受讯者的译码是否正确。

### 2. 口头沟通

口头沟通也包含多种形式，有正式、非正式的面谈，正式、非正式的会议，以及电话等。这种沟通最大的优点是，发讯者能立即得到反馈，能了解所传达的信息是否被正确理解。这是一种双向沟通，它使得参加沟通的双方既是发讯者又是受讯者。口头沟通最大的缺点是，没有书面沟通准备得充分，也没有信息交流的记录。

### 3. 非语言沟通

为了传递一个信息而进行的沟通并不一定非要使用语言。一瞥、一笑、一皱眉、一种凝视、一个挑逗性的身体动作，它们都传递着信息，这就是非语言沟通。一些研究表明，人们的沟通至少有 2/3 是通过非语言的方式进行的。属于非语言沟通的有声调、音量、手势、体态、脸色、沉默、动作等。

例如，研究者认为每一个身体动作都是有意义的。通过身体语言，我们可以表达"我太高兴了""我不赞成""我很失望""让我一个人待会儿"等。我们扬起眉毛表示不相信，揉揉鼻子表示有疑问，双手抱肩以隔离或保护自己，摊开双手表示没办法，眨眨眼睛表示亲密，敲击手指表示不耐烦，拍拍脑门表示忘了做某事等。

再如,课堂上教师反问学生:"你这是什么意思?"语调不同,学生的反应也不同,温和的语调与刺耳的、重音放在后面的语调产生的意义完全不同。一副咆哮的面孔所表达的信息显然与微笑不同。面部表情加上语调可以展现多种人格特征,如自信、好胜、畏惧、害羞等。

对于信息接收者来说,留意沟通中的非言语信息是十分重要的,尤其要注意发送者发出的言语意义和非言语信息之间的矛盾之处。比如,无论一个人怎么说,如果他不停地看表,就意味着他希望结束交谈。如果我们通过言语表达一种信任的情感,而非言语中却传递出了矛盾的信息,无疑会使人产生误解。而很多情况下,人们更倾向于相信自己所接受到的非言语信息。

### (三)按沟通渠道划分

按信息传递的渠道划分,沟通可分为正式沟通与非正式沟通两种。

#### 1. 正式沟通

正式沟通是通过组织明文规定的渠道进行信息的传递和交流。例如,组织规定的汇报制度、定期或不定期的会议制度、上级的指示按组织系统逐级向下传达或下级的情况逐级向上级反映等,都属于正式的沟通。

通过实验,行为学家发现在正式的沟通渠道中存在五种典型的沟通网络,即轮式、Y式、链式、圆周式和全通道式。这些沟通网络对群体活动效率有不同的影响,如图7-1所示。

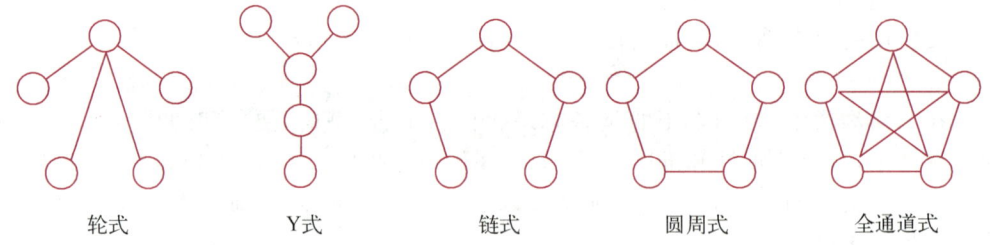

轮式　　　Y式　　　链式　　　圆周式　　　全通道式

**图 7-1　五种典型沟通网络**

其中轮式把领导者作为所有群体成员沟通的核心;Y式与轮式很相似,唯一的区别还有更高一级的领导者;链式严格遵循正式的命令系统;圆周式与链式非常相似,唯一的区别是首尾两人有联系;全通道式允许所有的群体成员相互之间进行积极的沟通。

每种沟通网络都有优缺点,其有效性取决于你所关注的因变量是什么。比如,轮式结构促进了领导者的出现;如果注重的是成员的满意度,显然全通道式结构最佳;如果信息的精确性最重要,则链式结构应为首选。但没有一种网络在所有情况下都是最好。

#### 2. 非正式沟通

在群体内部和群体之间,正式沟通并不是唯一的沟通渠道,非正式沟通也是一种很常见的方式,特别是在小道消息的传播方面。非正式沟通可以自由地向任何方向运动,并跳过权力等级。在促进任务完成的同时,非正式沟通能带来群体成员社会需要的满足。

有关研究发现,小道消息是组织内信息传播的重要方式,也是导致流言滋生的重要原因。它有这样三个特点:① 不受管理层控制;② 大多数人认为它比管理层通过正式渠道解决问题更可信;③ 它在很大程度上有利于人们的自身利益。

对于任何群体或组织的沟通网络来说,小道消息都是其中的重要组成部分,值得注意。有的小道消息本身就是对正式沟通不足的一种弥补,有的则正是组织真实情况的反映,还有的往往是群体成员愿望和不满的自然流露。它表明一些员工认为很重要的事情,管理者未能予以详尽说明或足够重视。如果管理者对小道消息保持清醒的认识和敏感,就会有助于组织内信息的传递,改善组织的活动。

当然,管理者更应该对小道消息的负面影响加以重视,将其范围和影响限定在一定的区域内,并使其消极影响减到最低。通过提高决策透明度、鼓励员工参与、客观解释计划和政策可能带来的正负效应等方式,均有助于减少小道消息的消极影响。

## 第二节 沟通的相关理论

### 一、沟通过程模型

我们可以把沟通简要地看作一个信息传递的过程或流程。信息事实上是经过信息源编码的物理产品。当我们说的时候,说出的话是信息;当我们写的时候,写出的内容是信息;做手势的时候,胳膊的动作、面部的表情是信息。信息受到三个因素的影响:用于传递意义的编码或信号群,信息本身的内容,以及我们对编码和内容的选择与安排。

一个信息的传递一般包含这样四个要素,即信息的发送者、信息的内容、传递的媒介和信息的接受者。如果在这个过程中存在偏差或障碍,就会出现沟通问题。本节中,我们将借助沟通模型来理解这一过程。

沟通发生之前,必须存在一个意图,我们称之为"要被传递的信息"。它在信息源(发送者)与接受者之间传送。信息首先被编码(转化为信号形式),然后通过媒介物(通道)传送至接受者,由接受者将收到的信号转译回来(解码)。这样信息的意义就从一个人那里传给了另一个人。

沟通过程(communication process)模型如图 7-2 所示。这一模型包括七个部分:① 信息;② 沟通信息源;③ 编码;④ 通道;⑤ 解码;⑥ 接受者;⑦ 反馈。

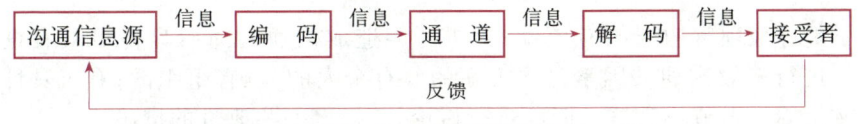

图 7-2 沟通过程模型

从模型中可以看出,一个完整的沟通过程,一般由以下几个阶段构成:

(1) 创造有价值的信息。信息发送者有某种想法准备传送出去,这种信息应是其认真思考的产物,是相对完整的信息。如果信息源发出的是毫无价值的信息,那么整个沟通过程将丧失意义。

(2) **对信息进行编码。** 信息发送者将要发送的信息通过适当的方式生成信息，以利于表达出来。例如，通过语言、动作、行为等。这里的"编码"就是指用某种特定方式表达信息。被编码的信息受到个体的技能、态度、知识及其所处的社会文化环境的影响。良好的听、说、读、写及逻辑推理能力对于成功的沟通显然是重要的；对一个问题预先持有的态度、拥有的相关知识背景，同样会影响到沟通的效果；作为社会、文化的一部分，个体所持的信仰和价值观也会影响沟通。

(3) **选择信息传送渠道。** 信息传送渠道由信息发送者选择。发送者需要确定何种渠道是正式的，何种渠道是非正式的。正式渠道由组织结构决定，它传递那些与工作相关的活动信息，并遵循组织中的权力网络；另一种信息形式，如个人或社会的信息，在组织中通过非正式渠道传送。

(4) **信息接收者理解或阐释信息。** 接受者是信息指向的客体。但在信息被接收之前，接受者必须先将通道中加载的信息翻译成他理解的形式，有人将这一过程称为对信息的解码（decoding）。解码的过程同编码一样，也受到解码者的技能、态度、知识及其所处的社会文化环境的影响。实际上人们在交流信息时，接受者在脑子里都有一个理解的过程，只是有时时间很短而不为人们所注意。当然，接受者能否准确理解某种信息，还受到发送者的编码水平的影响。人们在沟通过程中经常会遇到这种情况：一个人讲了半天，听的人也不知道他究竟想说什么。

(5) **信息接收者做出反应。** 接受者对所接受的信息加以理解和判断后，会有不同的行为反应。例如，同意或不同意，执行或不执行。这些反应对于发送者来说，就是信息反馈；对接受者来说则是在发送又一个信息。于是，新的一轮信息沟通又开始了。

值得注意的是，沟通过程中的大部分因素都有着造成信息失真的潜在可能性，并因而使完美精确的沟通目标受到冲击。这就容易造成被接受者解码的信息很少与发送者的原本意图完全一致。

如果编码不认真，发送者发出的信息就会出现失真。还有信息因素本身，也可能导致失真，如信号的选择不当以及信息内容的混淆都是经常出错的地方。如果通道选择不利或噪声过高，也会使沟通失真。另外，个人的偏见、知识水平、知觉技能、注意广度、解码的认真程度等因素都在一定程度上使接受者对信息的解释与发送者的想法有所差距。

## 二、克服沟通中的障碍

为了更好地理解沟通的有效性，分析可能造成沟通的障碍显得更具有重要性。妨碍人们进行有效沟通的因素是多方面的。有个人的，也有组织的；有工具性的，也有社会文化的。本节将就这一问题进行讨论，并提出一些改进的措施。

### (一) 过滤

过滤是指发送者有意操纵信息，以使信息显得对接受者更为有利。比如，一名管理者告诉上级的信息都是上级想听到的东西，这名管理者就是在过滤信息。这种现象在组织中是经常发生的。当信息向上传递给高层经营人员时，下属常常压缩或整合这些信息以使上级不会因此而负担过重。在进行整合时，个人的兴趣和自己对重要内容的认识也加入进去,并因而导致了过滤。通用电气公司的前任总裁曾说过,由于通用电气公司每个层级都对信息进行过滤,高层管理者不可能获得客观信息,而低层的管理者们以这种方式提供信息,他们就能获得自己想要的答案。

过滤的主要决定因素是组织结构中的层级数目。组织纵向上的层级越多,过滤的机会就越多。

### (二)选择性知觉

在沟通过程中,接受者会根据自己的需要、动机、经验、背景及其他个人特点有选择地去看或去听信息。解码的时候,接受者还会把自己的兴趣和期望带进信息之中。实际上,人们经常是在有选择地接收信息,其主要原因是每个人的生理、心理、生活经历、知识背景以及所处环境等因素都会影响人们的知觉过程。另外,人们为了避免矛盾、冲突,在信息接收过程中常常会有意无意地排斥掉一部分信息。比如,心理学家认为:① 人们一般不太重视与原来看法、期望和价值观不一致的信息;② 人们一般更重视从一个不太可靠的来源得到的、比原来期望要好的坏信息;③ 如果从某个来源得到的信息与过去的期望相比一样坏,这个信息来源就不大可能受到重视;④ 如果这个信息比原来期望的还要坏,其来源更加不会受到重视。选择性知觉的理论表明,我们看到的并不是事实,而是把我们所感知到的事物进行解释之后得到的结果称之为事实。

### (三)情绪

在接收信息时,接受者的感觉也会影响到他对信息的解释。不同的情绪感受会使个体对同一信息的解释截然不同。极端的情绪体验,如狂喜或悲痛,都可能阻碍有效的沟通。这种状态常常使我们无法进行客观而理性的思维活动,代之以情绪性的判断。

### (四)语言

信息沟通大多数是借助语言进行的。但是,在有些情况下,语言却会成为沟通的障碍。因为,任何一个文字或一句话,都可能有多种含义,而每个人在进行语言表达时,都根据具体情况赋予了他所使用的语词以特定的含义。实际上,人们在运用语言进行沟通时,都是从众多含义中选取一种自认为正确的含义,同样的词汇对于不同的人来说含义是不一样的。这就存在误解或曲解的可能性。不同的背景、语词的多义性、语言的完整性,都能产生不同的结果。例如,当新领导发表就职演说:"我们应该以新的姿态去迎接新挑战"时,听者从不同的背景出发就会有不同的理解。有人可能理解为领导的决心,有人可能理解为套话、空话,有人可能视之为组织调整的信号,有人或会认为是对原有状况的批评。当然,也可能这句话本身的确包含了这些意思。

再者,语词的多义性自然会造成理解的歧义,这在各种语言中都是普遍的现象。例如,日语中有一个发音为"mokusatsu"的词可以解释为"不理睬"或者"不加评论"。第二次世界大战美、英、法、苏在波茨坦宣言中提出了对日作战的最后通牒,日本政府在回答时使用了这个词,其本意是"不加评论"。但西方通讯社把它翻译成"不理睬"。这一态度对后来美国决定用原子弹轰炸日本广岛和长崎有很大影响。

还有,有时人们对语言产生误解,是因为没有从语言的上下联系中进行理解,而是单独挑出一句话或几个字,即所谓"断章取义"。任何一个相对完整的语言信息,其完整的意义都有赖于同其他语句的关系。一些语句单独抽出来是一个意思,放在上下文联系中看又是另外一个意思。很多理解的歧义就是因此而产生的。

### (五)地位冲突

在一个组织,人们在地位上的差异也有可能成为妨碍沟通的因素。大量研究表明,人们之间自发的沟通往往发生在同地位的人之间。例如,员工和员工之间,一般管理人员之间等。因为同地位的人进行沟通,人们往往没有压抑感,不会担心因说错了什么而受到损害。而与地位有差异的人之间进行沟通,则可能存在压抑感。另外发现,人们经常根据一个人地位的高低来判断沟通的信息的准确性,并倾向于相信地位高的人提供的信息是准确的,即不重视信息本身的性质,而是看重信息提供者或接受者。再者,有的人会表现出愿意同地位较高的人进行沟通,而对地位较低的人的意见不重视,甚至否定。在一次试验中,试验者要求105名经理记录他们在一周内进行的每一个沟通情景,并且要求他们说出对每一次沟通的态度。结果表明,这些经理们在同高地位的人进行沟通时,认为这些沟通是有价值的、令人满意的、令人感兴趣的和精确的。而对那些地位比他们低的人的沟通,则表示出相反的态度。如果下级觉察到这种态度,自然会对沟通带来不利的影响。

### (六)沟通焦虑

有效沟通的另一个主要障碍是,一些人(占总人数的5%~20%)总有某种程度的沟通焦虑(communication apprehension)或紧张。尽管很多人都害怕在人群面前讲话,但沟通焦虑所产生的问题比这严重得多,它会影响到整整一类沟通技术。这种人在口头沟通或书面沟通或两者兼而有之的沟通中感到过分紧张和焦虑。比如,口头沟通的焦虑者可能会发现自己很难与其他人面对面交谈,或当他们需要使用电话时极为焦虑。为此,他们会依赖于备忘录或信件传递信息,即使打电话这种方式更快更合适。

研究表明,口头沟通的焦虑者回避那些要求他们进行口头沟通的情境。有证据表明,口头沟通的高焦虑者为了把沟通需要降低到最低限度而扭曲了工作中的沟通要求。

### (七)跨文化沟通

陈晓萍教授等提到中国是高语境沟通国家,而西方更多是低语境沟通背景。中国的高语境沟通体现在一句话所表达的含义常常超出了字面意思,即中国人更喜欢将一些信息隐含起来,不直接表达;而西方人则比较喜欢直接的沟通方式。比如中国领导在说下属的绩效表现时,更可能采取委婉的说法,可能说"还有值得提升的空间",而西方领导相对来说更喜欢直接说"你做的不够好"。上海交通大学郑兴山教授等人合作研究了中国文化背景下的默契,提到中国人在沟通时,可能更多希望别人能够意会到其中的含义,而不用自己过多的去解释,这也是中国情境下特殊的沟通方式。中国情境下这些特殊的沟通方式与中国文化背景相关。其中,关系、人情、面子以及权力距离都是重要的影响因素。

关系以及围绕关系的各种沟通行为在中国是司空见惯的。凡在中国谈生意、做项目的外国人也无不感受到关系的重要性。所谓的关系主义,即中国人对自己有紧密关系的个人或小型集体(如家人、亲人与朋友之间)有着强烈的忠诚度与义务感。这种忠诚度和义务感,既超越个人利益,也超越了对大集体与社会利益的忠诚度与义务感。相知相识和合作默契的关系是有效沟通的基础。西方研究发现有效沟通的基础是相似导致吸引,即两人的性格、兴趣、爱好、性别、年龄和种族等的相似。然而,中国人的关系基础则是亲戚、同乡、同学、战友、同事等基于社会机构(例如家族、学校、工作单位)的既往关系。这种小型集体主义可以追溯到儒家的家庭主义以及中国小农经济生活与生产方式。

在沟通中,有关系基础的人会注重人情。人情通常是指人与人之间的感情交往,在中国社会学中也有礼物流动和人际关系亲密的含义。"礼尚往来"往往不仅是物与物的交换,感情的表达,也展现对沟通对方的威望和权力的表达。它是人与人如何相处的规范,同时也含有对别人给予回报的预期。最近的研究也发现随着人情礼品数目扩大,会产生负效应,例如会产生负面情绪或触犯大集体与社会利益。

另外,在中国文化中,还讲究面子。面子在心理学上可以定义为在他人心目中的地位,在社会学中也可以理解为一个人在社会关系网中的地位。中国文化中重要的沟通行为包括:给面子(脸上贴金)、保护面子(不丢脸、不伤害颜面)等。例如,如果与下属沟通显得软弱,就会被认为丢脸。

不同的关系基础,需要有灵活的人情交往和面子考虑,这使得关系实践变得复杂。但是作为社会资源,关系会给实践者带来实际利益。例如,与上级关系好,下属则绩效更好、工作更积极主动。对于一个公司来说,与政府或其他企业决策者之间有好的个人关系,也能帮助带来竞争优势,扩大企业的市场份额和获得更高的投资回报率等。

中国是一个高权力距离文化的国家,即人们接受不同社会等级存在权力差距。儒家提倡的三个重要社会关系:君臣、父子和夫妻都具有等级差别,即臣子服从君王、孩子服从父亲以及妻子服从丈夫。严格的等级和社会规范影响人们的日常沟通,这是很多西方人无法理解的。例如,西方人在沟通中以平等为主,以名称呼;但东方人往往加上头衔。同样在群体决策中,也往往由"一把手"决策者拍板。

了解了上述沟通中可能存在的问题,对于提升沟通的有效性有一定的帮助,比如在沟通中要多考虑对方的情况,要进行双向的沟通,积极进行反馈,要考虑例外情况。总体来说,沟通应该是不间断的,在变革或面临危机的时候尤其如此。但员工有信息需求却不能从正常渠道获得时,他们就会转而通过非正常渠道去寻找,有害于正常组织沟通的小道消息就可能滋生。如果管理层始终致力于保持信息沟通的持续性,组织中的员工就会体谅偶然出现的失误或缺陷。由此看来,组织中良好沟通氛围的形成,在很大程度上有赖于沟通的持续性。

## 第三节　谈判及相关理论

谈判几乎渗透到组织和群体中每一个人的相互作用之中。随着传统的科层制组织结构逐步被打破,在以团队为基础的组织中,群体中的成员们越来越发现自己与共同工作的同事之间没有直接的权力关系,他们之间甚至也没有一个共同的上司进行领导,此时谈判技能就变得十分关键了。

## 一、谈判的类型

所谓谈判,即双方或多方交换产品或服务并试图对交换比率达成一致的过程。谈判的类型主要有两种:分配谈判(distributive bargaining)与综合谈判(integrative bargaining)。

### (一)分配谈判

分配谈判最明显的特征是,双方在资源给定条件下进行。也就是说,一方所获得的任何收益恰恰是另一方所付出的代价,反之亦然。它的本质是对于一份固定利益各方所应分得的份额进行协商。在消费者市场上,买卖双方所进行的交易谈判就属于典型的分配谈判,在谈判中,买方每压低一分钱就会减少卖方一分钱的利益,因此谈判双方都表现出较强的攻击性,并把对方视为必须击败的对手。在组织内部的资源分配中,我们也经常可以看到这种谈判类型。

谈判区的标示如图7-3所示。A、B代表组织中的谈判两方,每一方均有自己希望实现的目标点,也有自己的抵制点。抵制点表明最低可接受的水平,如果在此点以内人们会中止谈判而不会接受不利于自己的和解。每个人目标点与抵制点之间的区域为愿望范围。如果在他们的愿望范围中有一定的重叠,就会存在一个解决范围使双方的愿望均能实现。

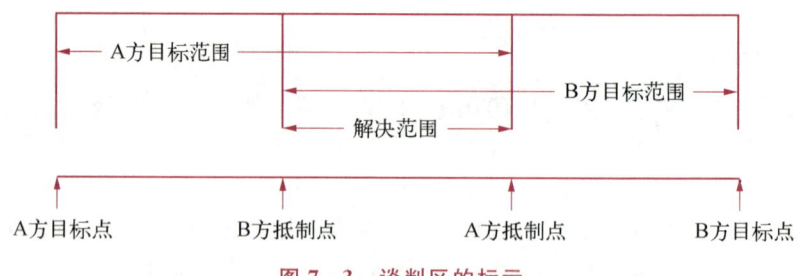

图7-3 谈判区的标示

进行分配谈判时,你的策略主要是努力使对手同意你的具体目标点或尽可能接近它。比如,明确告知对手达到他的目标点毫无可能性,而在接近你的目标点上达成和解则是明智的;申辩你的目标是公正的,而对手的则不是;努力刺激对手感情用事使他觉得应对你慷慨,从而使达成的协议接近于你的目标点。

### (二)综合谈判

与分配谈判相比,综合谈判则是基于这样的假设解决问题的,即至少有一种解决方案能得到双赢的结果。比如,一名服装生产厂的销售代表与一位小型服装零售商谈好了一宗15 000元的订货交易,销售代表按照程序打电话给厂里的信用贷款部门。但他被告知,这名零售商过去曾有拖延付款的记录,因此厂里不同意其赊购要求。第二天,销售代表与厂里的信贷经理一起讨论这个问题。销售代表不想失去这笔买卖,信贷经理也是一样,但他也不愿意被收不回来的欠款所困扰。双方开诚布公地考察了他们有可能的所有选择。经过细致严谨的讨论,最后认可的解决办法满足了双方的需要：信贷经理同意这笔买卖,但服装商需要提供银行担保,如果 60 天内不付款可以保证得到赔偿。谈判的最终结果使各方都有了获得利益的可能性,这就是综合谈判的特征。

在组织内的行为中,当其他方面情况相同时,综合谈判比分配谈判更为可取。因为前者建构的是长期的关系并推进了将来的共同合作。它将谈判双方团结在一起,并使每个人在离开谈判桌时都感到自己获得了胜利。相反,分配谈判则使一方成为失败者,它使得那些需要不断发展共同合作的人隔离得更远。

但是,综合谈判要取得成功必须具备一些条件。这些条件包括：信息的公开和双方的坦诚；一方对另一方需求的敏感性；信任他人的能力；双方维持灵活性的愿望。遗憾的是,在组织中这些条件常常是达不到的,因此,组织中综合谈判并不多见,为获胜而不惜任何代价的情况倒是不足为奇的。

## 二、谈判的过程

谈判的过程如图 7-4 所示,它表明谈判由五个阶段组成：① 准备和计划；② 确定基本规则；③ 阐述和辩论；④ 讨价还价和解决问题；⑤ 结束与实施。

图 7-4 谈判的过程

### (一) 准备和计划

谈判开始前,需要做一些必要的准备工作。首先要弄清楚冲突的性质是什么,导致这场谈判的发展过程是怎样的,谁参与谈判,他们是怎样理解冲突的等。

接下来需要考虑的问题是,你想从谈判中得到什么,你的目标是什么？要注意确保自己的目标不被其他问题所掩盖,它是你谈论的中心。把你的目标写下来,并规定一个许可的范围(从最希望达到的目标到可接受的最低限度)。

还要评估对方对你的谈判目标有什么想法,他们可能会提出什么要求,他们坚守自己立场的程度如何,对他们来说有哪些无形的或隐含的重要利益,他们希望达成什么样的协议等。如果能预计到对手的立场与观点,你就能设法用事实和数字支持你的观点并反击对方的观点。

作为谈判策略的一部分,还应确定你自己与对方达成谈判协议的最佳方案。这个方案决定了在谈判协议中你可接受的最低价值水平。只要所得到的任何提议高于该方案,谈判就不会陷于僵局。反过来说,如果你的提议不能让对方感到比他的最佳方案更有吸引力,你获得谈判成功的可能性就很小了。如果在进入谈判时对对方的最佳方案有比较清楚的了解,即使你不能满足他们的要求,也可能使对方作某些改变。

### (二) 确定基本规则

制订出计划并设计出战略后,就可以和对方一起就谈判本身确定其基本规则和程序。例如：谁将进行谈判，谈判在哪里进行，谈判限制在多长时间里（如果有时间限制的话），谈判要受到哪些方面的约束，如果谈判陷入僵局应遵循什么具体程序等。在这一阶段中，双方将交流他们的最初提议和要求。

### （三）阐述和辩论

相互交换了最初观点后，双方都会就自己的提议进行解释、阐明、澄清、论证和辩论。这一阶段不一定非是对抗性的，它可以是双方对下面这些问题交换信息的机会：为什么这些问题很重要？怎样才能使双方达到最终的要求？此时，相互间都会给对方提供所有支持自己观点的材料。

### （四）讨价还价和解决问题

谈判过程实际上是一个为了达成协议而相互让步的过程，谈判双方毫无疑问都需要作出让步。一些重要的观念在这一过程中会影响你的谈判技能，甚至影响到谈判的成败。下面这些建议在此过程中是值得采纳的：

（1）**以积极主动的态度开始谈判**。研究表明让步有利于得到回报并最终达成协议。因此，以积极主动的态度开始谈判，也许只是一个小小的让步，但它会得到对方同样让步的酬答。

（2）**针对问题而不是个人**。着眼于谈判问题本身，而不针对对手的个人特点。当谈判进行得十分棘手时，应避免出现攻击对手的倾向。你不同意的是对手的看法或观点，而不是不喜欢他这个人。应做到把事与人区分开来，不要使差异人格化。

（3）**不要太在意最初的报价**。把最初的报价仅仅看作是谈判的出发点。每个人都有自己最初的观点，它们可能是很极端、很理想化的，仅仅如此。

（4）**重视双赢解决方式**。没有经验的谈判者常假定他们自己的获益必定来自对方的牺牲。我们已经看到，在综合谈判中情况并不一定如此。经常可以找到双赢的解决办法。但是，零总和的观念则意味着失去了双方都要获益的谈判机会。因此，如果条件许可，最好寻求综合的解决办法。按照对手的兴趣建构选择，并寻求能够使你和对手均成功的解决办法。

（5）**建构开放和信任的气氛**。有经验的谈判者是个好听众，他们更多地询问问题，更直接地关注对方的提议，更少防卫性，并避免使用能够激怒对手的词汇。换句话说，有经验的谈判者善于建构必要的开放、信任气氛，以找到综合解决方案。

### （五）结束与实施

合同的签订代表着谈判告一段落，但并不意味着谈判活动的完结，谈判的真正的目的不是签订合同，而履行合同。因此，协议签订后的阶段也是谈判过程的重要组成部分。该阶段的主要任务是对谈判进行总结和资料管理，确保合同的履行与维护双方的关系。

## 三、有效谈判

### （一）避开障碍

我们每个人都有过未达到预期结果的谈判经历。之所以会出现这种情况，是因为我们常常倾向于盲目草率地对待机遇，从而阻碍了我们从谈判中获得最大效益。下面列出的五种偏见会使我们失去判断力：

### 1. 非理性地增加投入

人们倾向于按照过去所选择的活动程序继续工作，而不是采用理性分析的方式。这种不当的坚持浪费了大量时间、精力和金钱。过去已投资的时间和金钱如同"石沉大海"，它们不可能再重新获得，并且在对未来的活动进行选择时也不应将它们考虑在内。

### 2. 虚构的固定效益观念

谈判双方常常以为他们的效益必定来自另一方的代价。而在综合谈判中我们看到情况并不一定如此，经常可以找到双赢的解决办法。但是，零总和的观念则意味着丧失了双方均可能获益的谈判机会。

### 3. 固定与调整

人们常有一种倾向，即把他们的判断停留在无关信息上，如最初的报价。事实上，很多因素影响着人们进入谈判时最初所持的看法。这些因素常常是无意义的。有效的谈判者不会受到固定看法的限制，而使自己的信息量及评估环境的思考深度降低，在谈判中也不会因对手较高的报价给予过多的重视。

### 4. 过于依赖喜欢或熟悉的信息

谈判者常常过于依赖手头的信息，却忽视了对相关的资料的收集。人们遇到过的事实或事件常常很容易记住，在他们的记忆中这些是更易于得到的。另外，越生动的事件也越容易记住或想象到。对于那些由于其熟悉性或生动性而记住的信息，常常可能被认为是值得信赖的东西，即使它们并不是这样。因此，有效的谈判者要学会区分哪些是他们喜欢或熟悉的信息，哪些是可靠、相关的信息。

### 5. 过于自信

前面的许多偏见可以总合在一起而使一个人对自己的判断与选择过分自信。当人们拥有某种信念和期望时，倾向于忽视与之相矛盾的其他信息，其结果导致了谈判者过于自信。这反过来又减少了折中的可能性。缓和这种倾向有两个办法：一是认真细致地考虑合格顾问的建议；二是从中立者那里了解自己的客观位置。

## （二）提升谈判

为了有效地提升沟通质量和谈判效率，常常需要花费大量的时间为一次谈判做准备。一般可以从以下三个方面进行准备。

### 1. 了解对方个性特征

如果你知道一些有关谈判对手个性特征方面的信息，是否能预测到他的谈判策略呢？一般人倾向于回答"是"。比如，你可能假定高冒险倾向的人在谈判中会表现得更有攻击性，并很少作出让步。但是，研究证据并不支持这种直觉。对个性与谈判之间关系的研究发现，个性特征对谈判过程与谈判结果都没有直接的和显著的影响。它表明，在每一次谈判中，你应该加以更多关注的是事件本身和情境因素，而不是对手的个性特征。

### 2. 了解文化差异

民族文化不同，谈判风格差异很大。跨文化研究发现，法国人比较喜欢冲突。他们常常通过思考和反驳他人观点而获得认可、提高声誉。因此，法国人倾向于花费很长时间进行谈判，而且他们并不过分注意对手是否喜欢自己。与日本人一样，中国人的谈判是为了发展相互关系和对共同工作作出承诺,而不是把每一个松散方面联系在一起。美国人在谈判中相对缺乏耐心并希望受人喜欢。

谈判的文化背景显著地影响到:谈判的准备数量与方式,谈判是注重任务还是注重人际关系,谈判策略的使用,甚至是在哪里进行谈判。比如,研究发现,北美人依赖并热衷于以事实和逻辑说服别人,他们根据客观事实反驳对方的提议。他们很少在谈判的初始阶段为了建立关系而作出让步,并常常对对手作出的让步给予回报。他们认为谈判的最后期限十分重要。阿拉伯人则试图通过感染对方的情绪来说服别人,他们以主观的感觉来反驳对手的提议。他们可以在谈判过程中的任何时刻作出让步,并肯定会对对手的让步给予回报,但他们不在意谈判的最后期限。俄国人则极少作出让步,任何对手作出的让步都被认为是软弱的表示,并且不会得到回报。他们还比较忽视谈判的最后期限。

中国人在谈判过程中主要受到两方面的文化影响。一方面是全局观念。道家强调所有事物是相互联系的。在谈判过程中,中国人更倾向于整体考虑、注重全局;而西方人更侧重有序和分析型思维。因此,中国人谈判更倾向于先将普遍原则进行商议,达成一致后再探讨细节。另一方面的文化影响是高情境文化。在高情境文化中谈判,非语言信息和行为,例如社会背景和关键信息,比谈判合同文件更重要。比起西方人,中国人更重视信任关系和长期合作,而对具体文件细节不如西方人重视。总体而言,这两方面的文化因素,都使得中国人在谈判时,更倾向于情感导向,即按照长期关系来判断,而西方人更倾向于逻辑导向。

#### 3. 寻求第三方帮助解决差异

有时,谈判中的个体或群体代表陷入僵局,而且无法通过直接谈判解决他们的差异。在这种情况下,他们会转向第三方帮助他们找到一种解决办法。谈判的第三方主要担当四种基本角色:调停人、仲裁人、和解人和谈判顾问。

(1) 调停人是中立的第三方。调停人使用劝说、讲道理、建议其他解决方案等方法来促进达成谈判协议。比如,民事纠纷中常见的调解方法。调停人的作用总体是比较显著的,但也受到一些因素的影响:冲突双方必须愿意通过谈判寻求解决;冲突强度不能太高,一般来说中等程度的冲突使用调停方式最有效;调停人必须被认为是中立的,且不具有强制性。

(2) 仲裁人是运用权威来达成协议的第三方。仲裁人可以是自愿的,也可以是强制的。谈判双方设定的规则不同,仲裁人的权力也不相同。比如,仲裁人可能从谈判双方最近一次的报价中选择一个方案,也可能毫无约束地提出协议目标,或者根据自己的意愿自由选择或作出评判。相比调停来说,仲裁最大的优点在于它常常使问题得到了解决。但如果一方感到彻底失败,且不愿意接受仲裁者的决策,那么冲突有可能再次爆发。

(3) 和解人是受到谈判双方信任的第三方,在谈判双方之间提供非正式的沟通渠道。和解与调停之间在很多地方是相互重叠的,所不同的是,和解人更多扮演的是一种沟通渠道,当然,他们也会进行调查、解释并劝说双方达成协议。

(4) 谈判顾问是技术纯熟且公正无偏的第三方。他试图通过沟通与分析,并借助自己在冲突管理方面的知识来促进问题的解决。与前面各角色相比,谈判顾问的作用不是解决问题,而是增进冲突双方的相互关系,并使他们最终能自己解决问题。谈判顾问不提供具体的解决方案,他帮助各方学会理解对方,并能与对方共同合作。因此这种办法注重长期效果,它在冲突双方之间形成崭新的积极的认知态度。

## 本 章 小 结

  沟通是信息的传递和接收过程,各种层次的绩效——个体的、群体的和组织的绩效都需要沟通。而且沟通与员工的工作满意度也有关系:信息的不确定性越低,员工满意度越高;而信息失真、模棱两可、前后不一致的情况都增加了信息的不确定性,因而对员工满意度会有不利影响。

  在沟通中信息失真的程度越低,则员工从管理层那里获得的有关目标、反馈和其他信息就越接近于原意。反过来,这就要求管理者必须努力减少信息的模糊性,明确群体的任务。研究表明,大量使用垂直、水平和非正式沟通通道可以促进信息的流动,降低不确定性,提高群体的工作绩效和工作满意度。同时,要确保言语沟通与非言语沟通的一致性。

  谈判是一种一直存在于群体和组织中的活动。关于谈判的区分是很有价值的。分配谈判能够解决争端,但它常常使谈判的一方或多方有失败感,从而降低了满意度,它看重的是短期效果,而且是对抗性的;综合谈判倾向于寻求满足谈判各方的方案,并致力于构建彼此间持久的合作关系。

## 思 考 题

1. 举例说明沟通的功能。
2. 描述沟通过程并指出其关键因素。
3. 举例说明五种沟通模式。
4. 影响有效沟通的因素主要有哪些?
5. 说明你在谈判中将会遵循哪些步骤。
6. 说明在谈判中可能遇到哪些问题。你将如何解决?

## 练　习　题

### 练习一　倾听能力自我测试

请回想你在与他人交往沟通时的表现,然后用"是"或"否"真实回答下列15个题目。

1. 我常常试图同时听几个人的交谈。
2. 我喜欢别人只给我提供事实,让我自己作出解释。
3. 我有时假装自己在认真听别人说话。
4. 我认为自己是非言语沟通方面的好手。
5. 我常常在别人说话之前就知道他要说什么。
6. 如果我不喜欢和某人交谈,我常常用注意力不集中的方式结束谈话。
7. 我常常用点头、皱眉等方式让说话人了解我对他所说内容的感觉。
8. 常常别人刚说完,我就紧接着谈自己的看法。
9. 别人说话的同时,我也在评价他讲的内容。
10. 别人说话的同时,我常常在思考接下来我要说的内容。
11. 说话人的谈话风格常常影响到我对内容的倾听。
12. 为了弄清对方所说的观点,我常常采取提问的方法,而不进行猜测。
13. 为了理解对方的观点,我总会狠下功夫。
14. 我常常听自己希望听到的内容,而不是别人表达的内容。
15. 当我和别人意见不一致时,大多数人认为我理解了他们的观点和想法。

说明:答案是根据倾听理论得出来的,第4、12、13、15题为"是",其余为"否"。你将自己答错的题目个数加起来乘以7,再用105减去这个乘积就是最后得分。如果你的得分在91～105之间,说明你有良好的倾听习惯;得分在77～90之间,说明你还有很大的进步空间;如果你的得分还不到76,那么你应该在倾听的技巧方面下更大的功夫。

### 练习二　沟通定位量表

情境理论认为个体基于对关系的重视产生沟通定位。在高情境中,个体依赖共识来传递信息。交往的主要目的是维持和谐和群体内成员的面子,关系和沟通密不可分,因为个体必须判断其他人是在群体内还是群体外,群体内的关系准则是什么,每一个人在沟通前的角色是什么。在低情境中,人们期望个体有效传递消息。这种情境下更重视信息的交换而不是关系的维持。

请您根据自己的实际感受和体会,用下面20项描述对自己进行评价和判断,并选择最符合的数字。评价和判断的标准如下:

1分＝非常不同意;2分＝不同意;3分＝不确定;4分＝同意;5分＝非常同意。

1. 我通过自己的情感来指导人们。
2. 我用自己的感受来决定我应该如何沟通。
3. 即使别人没有直接说出来,我也明白了别人的意思。
4. 我能够识别他人的微妙和间接信息。
5. 即使我没有收到其他人的明确答复,我也可以理解他们的意图。
6. 我用沉默来避免在交流时打扰他人。
7. 与他人交流时,我会避免表达清晰的感受。
8. 我用沉默来暗示我的观点。
9. 我可以说出某人何时有话要告诉我,但对讨论感到不安。
10. 我非常善于了解其他人的感受。
11. 我可以从别人的举动中看出他或她是否喜欢我。
12. 当我遇到争论时,我避免对抗。
13. 当我不同意某人时,我会避免直接冲突。
14. 我通常会避免争论。
15. 我尽量避免与另一个人的分歧。
16. 为了避免受到伤害,我尝试保持与他人的分歧。
17. 我尽量避免不愉快的交流。
18. 我列举案例以表明我的立场。
19. 我通常坚定地坚持我的立场。
20. 我坚持我的愿望。

说明:把1～20题的得分进行加总,并把得分记录在这里:_____。你的得分越高说明你越是高情境的群体;得分越低说明你越是低情境的群体。

## 案 例 分 析

1982年9月24日上午9点,时任中央军委主席的邓小平在人民大会堂会见撒切尔夫人。

撒切尔夫人与邓小平一见面后说:"我作为现任首相访华,看到您很高兴。"

邓小平答:"是呀,英国的首相我认识好几个,但我认识的现在都下台了。欢迎您来呀!"

几分钟后,记者被请离场,会谈闭门进行。在友好的气氛中,会谈转入正式话题。就撒切尔夫人而言,在香港问题上始终抱定"有关香港的三个条约仍然有效"的主张,并在来华前就早有声明,大造舆论。因此正式会谈一开始她就提出了这一问题。

面对英国首相的挑战,邓小平寸步不让。他首先指出,这次谈判,除了要解决香港回归中国问题之外,还要磋商解决另外两个主要问题,一个是1997年后采取什么方式来管理香港,继续保持它的繁荣;另一个是中英两国政府要妥善商谈如何使香港从现在到1997年的15年中不出现大波动。简单地讲,实际上这三大问题,就是1997问题、1997后问题和1997前问题。这些才是中英关于香港前途问题谈判的完整议题。

说到香港的主权归属,邓小平毫不含糊地指出:"中国在这个问题上没有回旋余地。坦率地讲,主权不是一个可以讨论的问题。现在时机已经成熟,应该明确肯定,1997年中国将收回香港。就是说,中国要收回的不仅是新界,而且包括香港岛、九龙。"中国和英国就是在这个前提下进行谈判,商讨解决香港问题的方式和方法。在此,邓小平重申了新中国成立以来始终不承认19世纪三个不平等条约的一贯立场。

邓小平说,在不迟于一两年的时间内,中国就要正式宣布收回香港的决策。"中国宣布这个决策,从大的方面来讲,对英国也是有利的,因为这意味着届时英国将彻底地结束殖民统治时代,在世界舆论面前会得到好评。"

针对撒切尔夫人关于香港的繁荣离不开英国管理的观点,邓小平说:"保持香港的繁荣,我们希望取得英国的合作,但这不是说,香港继续保持繁荣必须在英国的管辖之下才能实现。香港继续保持繁荣根本上取决于中国收回香港后,在中国的管辖之下,实行适合于香港的政策。这些政策的主要特点,就是基本上保持这个地区政治、经济制度现状。"

中国宣布1997年收回香港,香港会不会发生波动?邓小平认为,小波动不可避免,"如果中英两国抱着合作的态度来解决这个问题,就能避免大的波动。"他还告诉英国首相,中国政府在做出这个决策时,各种可能都估计到了,"还考虑了我们不愿意考虑的一个问题,就是如果在15年的过渡时期内香港发生严重的波动,怎么办?那时,中国政府将被迫不得不对收回的时间和方式另作考虑。如果说宣布要收回香港就会像夫人说的'带来灾难性的影响',那我们要勇敢地面对这个灾难,做出决策。"

激烈交锋过后,两位领导人商量起会谈公报问题。邓小平建议这次与英国首相的会谈能达成一个协议,"即双方同意通过外交途径开始进行香港问题的磋商。

# 案例分析

前提是1997年中国收回香港,在这个基础上磋商解决今后15年怎样过渡好以及15年以后香港怎么办的问题。"

但是,撒切尔夫人坚决不同意邓小平建议,特别是拒绝以1997年中国收回香港为前提。经过一阵争执,双方同意发表一个不做任何实质性承诺的会谈公报。

在1997年后香港主权问题上的抵抗没有奏效,撒切尔夫人退而求其次,准备在1997年后的行政管理问题上与邓小平再作一番较量。

在连任首相赢得巨大胜利的鼓舞下,撒切尔夫人在中英关于香港问题正式会谈开始后,向中方发起了新一轮进攻。她不再谈"三个条约"有效,不再提"续约"之类的要求,转而采取新的策略:用主权换治权。即英国同意在1997年把香港还给中国政府。但是,中国政府恢复对香港行使主权之后,英国可以受中国之托继续管理香港。1997年后香港的模式将是:香港回归,英人治港,而非港人治港。

邓小平说:"英国政府想用主权来换治权是行不通的。在香港问题上,我希望撒切尔首相和她的政府采取明智的态度。中国1997年收回香港的政策不会受任何干扰、不会有任何改变,否则我们就交不了账。我不解决这个问题,我就是李鸿章。谁不解决这个问题,都是李鸿章。"他说,他希望今后会谈时不要再纠缠主权换治权问题,要扎扎实实地商量香港以后怎么办,过渡时期怎么办。这对彼此最有益处。如果英方不改变态度,中国就不得不在1984年9月单方面地宣布解决香港问题的方针政策。

英国在谈判会场内外使出各种招数均告失败,中国政府毫不妥协。迫于形势,英国政府在第四轮会谈后,开始考虑采取措施稳定香港经济,并准备在谈判中实行退让。

**思考题:**

1. 邓小平与撒切尔夫人的沟通方式有何特点?
2. 在邓小平与撒切尔夫人的沟通谈判过程中,邓小平遇到了哪些沟通上的障碍?他是如何解决的?
3. 你从该案例中得到什么关于沟通方面的启示?

# 第 8 章　群体决策与冲突管理

某金属加工车间主任史涛，不久前在基层管理短训班学习，听到了不少专家、学者所做的关于现代化管理理论与方法的报告，很受启发。

给他印象最深的，是一位孟教授关于群体决策的讲演。孟教授说，根据大量国内外研究结果及实践表明，只要给广大员工以机会，他们就会想出高明的主意，领导也会乐于采纳。

回到车间后，史主任决定要在实践中试一试他所学来的某些原理。于是他把本车间的几名员工全都召集来，对他们说，因为他们工段新近添置了高效率的、自动化程度相当高的新设备，几年前制订的生产定额看来已过时，显然已不适应新情况。现在想让他们自己来讨论一下，决定他们的定额该是多少才最合理。布置完了讨论，史主任就回车间办公室去了。他觉得自己不该去参加讨论，领导在场，大家不易畅所欲言，而且显然对大家不够信任。但他坚信，群众准会定出连他本人都不敢提出的先进标准来。

一个小时之后，史主任又回到车间。工人们说，他们都觉得原来的定额不够合理，定得过高；现在既然授权他们自己来设置定额，经集体讨论决定，新定额应比原来的降低 10%。

该怎么办呢？接受大家的决定，又实在太低，肯定要赔钱，对厂里怎么交代得过去？拒绝吧，又失信于民，下回谁还听你的？史主任陷入了两难境地……

在此案例中，决策者是员工，管理者并没有参与决策，决策时缺乏冲突的力量，群体成员认识高度一致；在决策过程中不能从企业的角度考虑问题；参与决策者责任分散，群体决策结果比个体决策更具有冒险性。

在当今世界，越来越多的重要问题正在采用群体决策的方式，个人决策所占的比重在减少。这一方面可能源于信息量的急剧增大，组织所处环境的变动性加剧；另一方面则可能得益于现代社会个体参与意识的不断增强。但是当在群体中进行决策时，不可避免地会遇到不同观点和不同想法的个体，冲突也会因此产生。更好地进行冲突管理有助于提升群体的决策水平。

## 第一节 群体决策

在组织中,群体决策的应用范围日益广大,但这并不意味着群体决策一定比个体单独决策优越。在许多情况下,群体决策是无法取代个体决策的。群体决策与个体决策各有其特点和优势,也各有不足,它们在不同的管理情境下可以发挥各自不同的作用。

### 一、群体决策的优点

群体决策和个体决策各有优势,但都不是可以适用于所有环境的。与个体决策相比,群体决策有下面一些主要优点:

(1) 决策质量高。群体决策可以通过综合多个个体的资源,汇集更多的信息和更为广泛的知识、经验与创造性,增加观点的多样性,可以对问题进行更精确的诊断并提出更丰富的备选方案,从而给决策带来更多的异质性。这样可以使决策时考虑得更全面,减少了产生漏洞的可能性,因此决策质量较高。由于一个人的信息、知识、经验、创造性一般比不上群体,有时容易片面,除非决策者有极其丰富的经验和敏锐的直觉,一般情况下个体决策的质量比不上群体决策。

(2) 决策一贯性强。个体目标取向是动态的,处在不断的改变之中,个体决策常是一种下意识的自然的思维活动,不一定会依照科学的决策程序进行。因此,个体决策可能变化无常,甚至前后矛盾。群体中虽然每个个体的目标取向也是动态的,但多元目标综合起来就会稳定得多,而且,群体决策一般采用比较合理的决策程序,相对理性,所以决策的一贯性也较强。

(3) 决策可接受性高。许多决策因为不为人们接受而夭折。但是,如果那些会受到决策影响的个体和将来要执行决策的人能够参与决策过程,他们就会获得较多的信息与信任,增强对决策的认同感和责任感,也就更愿意接受决策,并会自觉鼓励他人也接受决策,这样,决策就能获得更多的支持,执行决策的员工的满意度也会增强。而如果采用个体决策的方式,就需要耗费许多时间和精力向组织成员解释决策,实施时也可能因为利益关系等原因而遇到阻力。

(4) 增加决策合法性。群体决策过程与人们的民主理想是一致的,因此群体决策被认为比个体决策更合乎法律要求。如果个体决策者在进行决策之前没有征求其他人的意见,决策者可能会被认为是独断专行的,这自然也会影响决策的实施。

### 二、群体决策的缺点

当然,群体决策的缺点也是明显的,由于参与决策的群体成员倾向于把保持群体和谐一致作为目的,所以往往不能理智地分析各种备选方案,而表现出群体空想症。其主要表现在以下几个方面:

(1) **责任不清**。群体决策常常会造成责任分散,在决策过程中个体喜欢分析情况、提出方案,但倾向于规避决策责任。有时会出现滥用表决权,将责任推给别人,决策结果无人承担的局面,特别是当决策失误或决策失败时。

(2) **决策成本高**。组织一个群体需要时间。群体产生以后,群体成员之间的相互作用往往是低效率的,这样,群体决策所用的时间与个体决策所用的时间相比,往往要多得多,从而限制了管理者在必要时做出快速反应的能力。而且,群体决策所需的费用一般比个体决策要多。

(3) **从众压力大**。前面我们已经指出,群体中存在社会压力。群体成员希望被群体接受和重视的愿望可能会导致不同意见被压制,在决策时使群体成员都追求观点的统一。特别是在由不同层级的人员组成的群体中,下级往往不能真正参与决策,甚至会表现出为迎合上级意图而不提出自己真正意见的倾向。

(4) **少数人控制**。群体决策可能会被一两个人所控制,如果这种控制是由低水平的成员所致,群体的运行效率就会受到不利影响。

### 三、群体决策与个体决策的对比

群体决策与个体决策究竟孰优孰劣,实际上取决于衡量决策效果的标准,两者并不存在绝对的优劣之分。就决策的准确性,或者说可靠性而言,群体决策更有优势。研究表明,群体决策比个体决策科学性更强。但就速度而言,个体决策优势较大。如果对决策的创新性要求比较高,那么群体决策比个体决策更有效。如果最终方案的可接受性很重要,那么群体决策也比个体决策更适合。

但是任何决策都不能不考虑效率问题。就这一点来说,群体决策一般不如个体决策,只有很少的例外情况,即当进行一种决策需要了解多方面的信息,而这种信息的收集需要决策者花费大量的时间时,采用个体决策的形式可能会变得不如群体决策效率高。因为群体可以包括来自多个领域的成员,他们了解多方面的信息,可以在短时间内就汇集起来,这样,采用群体决策的方式,比起个体决策来,寻求信息所花费的时间成本就可以大大减少。但是,群体决策在效率方面的优势,毕竟只是例外情况。因此,在决定是否采用群体决策时,应仔细权衡一下群体决策在决策效果上的优势能否超过它在效率上的损失。如果在效果上的优势不能替代其在效率上的损失,那么采用群体决策方式就会变得毫无意义,比如,将那些并不值得花费很大代价的次要问题也采用群体决策的方式。

群体为决策制订过程中的许多步骤提供了出色的工具,它使所收集的信息在深度和广度上有很大的优势。如果群体成员来自不同背景,他们就能想出更多办法,做出更深刻的分析。当最后决策做出时,会得到更多人的支持,有更多的人来执行这个决策。但是,群体决策这些优势可能被消耗的时间所抵消,比如,群体决策浪费时间,容易引发内部冲突和导致从众压力,压制不同观点。群体决策的利与弊如表8-1所示。当你在个体决策还是群体决策之间进行选择时,这个表可以帮助你评价在特定情境下不同方法的优势和劣势。

表8-1 群体决策的利与弊

| 利 | 弊 |
| --- | --- |
| 信息来源广 | 浪费时间 |
| 信息具有多样性 | 群体从众压力大 |

续 表

| 利 | 弊 |
|---|---|
| 决策结果易被接受 | 少数人控制局面 |
| 决策过程更为合法 | 责任不清 |

## 第二节 群体决策的基础

### 一、群体决策理论基础

#### (一) 从众

有过会议经历的人经常会发现这样一种现象：当会议召集人提出了一个方案后，要求参会的人提出问题时，场上往往会发生沉默。当召集人催问"有没有不同意见"时，也没有人发声。这时，如果需要表决，召集人可能会说"那我们举手表决吧"，在场的绝大多数人可能会举手，这个方案就此通过了。实际上，这种情况不仅在正式会议上，在课堂里或者非正式群体中也是经常出现的。有的人其实有自己的想法，但最终往往会放弃表达出来。这种现象一般都发生在群体成员追求群体意见一致性的情况下，群体中寻求一致性的规范使群体无力采取行动来客观地评估待选方案，不落俗套、少数人的和不受欢迎的观点难以充分地表达出来。

研究显示，群体能够给予其成员巨大压力，使他们改变自己的态度和行为，与群体标准保持一致。社会心理学中把个体的这种因群体压力而产生的行为改变叫做从众。群体对于成员的从众压力，及其对于成员个人判断和态度的影响，在美国心理学家阿希（Solomon Asch）的一个经典实验中得到了证明。阿希把7~9个被试者编成一组，让他们坐在教室里看两张卡片（图8-1），一张卡片上画着一条直线，另一张卡片上画着三条直线。让大家比较三条直线的卡片上哪条直线与另一张卡片上的直线长短相等，在正常情况下被试者都能判断出 $X=B$。错误的概率小于 $1\%$。但阿希对实验预先作了布置，在9人的实验组中对前面8个人依次要求他们故意大声喊出一致的错误判断。例如，$X=C$。然后让事先并不知情的第9个被试者最后作判断。

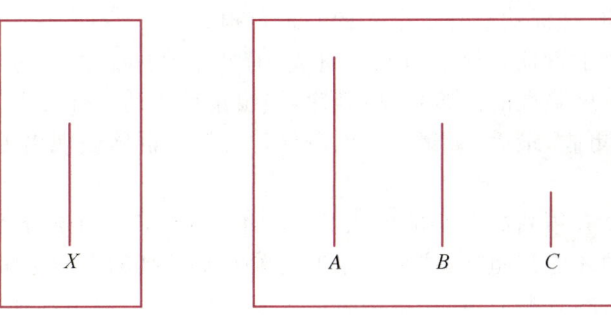

图 8-1 阿希研究所用卡片举例

在经过许多组实验之后,阿希得到了这样一个统计结果:大约有35%的被试者选择了与群体中其他成员一致的回答。也就是说,他们知道自己的答案是错误的,但这个错误答案与群体其他成员的回答是一致的。

阿希实验的结果表明,群体规范能够给群体成员形成压力,迫使他们的反应趋向一致,人们都渴望成为群体的一员,而不愿与众不同。这个结论进一步推演开来:如果个体对某件事情的看法与群体中其他人的看法很不一致,他就会感到有很大的压力,这种压力会驱使他与其他人保持一致。

个体当然不会接受他们所在的所有群体给予他们的压力。研究者们发现,下列四种情形会对群体从众产生影响:① 凝聚力强的群体内部讨论较多,能够带来更多信息,但这种群体是否鼓励群体成员提出反对意见,尚难确定;② 如果群体领导公正无私,鼓励群体成员提出自己的意见,群体成员会提出更多的解决问题的方法,并进行更多的讨论;③ 群体领导在讨论初期,应该避免表现出对某种方案的偏爱,因为这样做会限制群体成员对这个问题提出批评性意见,群体很可能把这种方案作为最终的选择方案;④ 群体与外界的隔离会使内部可选择和可评价的不同的方案减少。一些心理学家还从个性方面分析了个体的从众行为提出,如果一个人的能力较差,情绪容易波动,自信心不足,在群体中经常要依赖他人,也容易产生从众行为。

在组织中,应该重视群体压力和从众问题。一般来说,应尽量避免采取群体压力的方式压制群体成员的创新精神,但也应该认识到群体压力对抑制或改变成员不良行为的积极意义。

### (二)群体转移

最近几十年来,有近百项实验研究发现,群体决策与个体决策相比,往往更倾向于冒险,被称为群体转移现象。群体转移就是指在讨论可选择方案、进行决策的过程中,群体成员倾向于夸大自己最初的立场或观点,群体容易向冒险转移。群体转移现象是相当普遍的,在大学生群体以及领导群体中都观察到这种现象。这个问题引起许多学者对进一步探求群体转移原因的兴趣,并分析出下述四种主要原因:

#### 1. 责任分摊

每一种有风险的决策都与一定的责任相联系。责任往往引起决策人的情绪紧张,焦虑不安,不敢贸然采取有较高风险的决策。而群体之所以采取有更大风险的决策,是因为决策后果带来的责任可由群体全体人员分摊,万一决策失败,追究责任时也不至于独自承担,这样就减轻了个人的心理负担。

许多研究证实了责任分摊的看法。首先,有些素来顾虑重重的人在群体讨论时竟然会提出有很大风险性的决策意见;其次,当决策后果的责任由群体成员平均承担时,群体转移倾向更高;最后,凝聚力高的群体比松散的群体表现出更高的冒险精神。

#### 2. 领导作用

在群体中总会有领袖或有影响的人物,他们在群体活动中起着特殊的作用。他们为了显示自己的才能与胆略,往往会采取冒险水平较高的大胆决策。同时,由于对群体成员具有较大的影响力,在决策中有较大发言权,他们会用各种方式证明他们采取的决策是有根据的,因而他们的决策会被群体所接受,变成群体的决策。

#### 3. 社会比较作用

在许多群体内，提出有根据的冒险决策往往会得到好评。因此，群体中的个人提出自己的决策意见时，往往要与别人的意见进行比较。如果个人的意见在冒险水平上低于群体其他成员的平均水平，则会感到不安，担心群体可能对他有不良的印象。比如，被认为思想保守、胆小怕事等。基于这种考虑，个人在参加群体决策时提出意见的冒险水平往往要高于单独决策时的冒险水平。这就是说，群体内各成员的相互比较可能产生群体转移现象。

#### 4. 文化放大

这种观点认为，若一个国家或社会的文化中占主导地位的价值观是崇尚冒险，则这种价值观会被"放大"，从而扩散与反映到该文化中的群体决策中来。比如，通常认为美国社会崇尚冒险，人们敬慕那些敢于冒险的人，群体决策时就可能会激励成员向他人表明自己至少与同伴一样愿意冒险。在我国，对文化中有关冒险还是慎重的价值观及群体与个体决策的冒险水平，目前都还缺乏研究。

综上所述，这些特征都能够对群体转移倾向做出程度不同的解释，但也都不能解释所有现象。原因可能在于，造成群体转移倾向的因素是复杂多样的，在不同的情况下，可能有不同的因素在起主导作用，因此，每一种解释都有其特定意义，它们应该是相互补充的。

值得一提的是，虽然群体决策具有群体转移倾向，却不能据此认为群体决策向冒险方向转移是必然的规律。实际上，如果群体成员有较高的水平，凝聚力较强，目标一致，信息充分等，一般会做出适当的决策。而且，近年来组织行为学的研究又发现，群体决策也有向保守方面转移的倾向。所以，有人提出，应该用两极化倾向的概念代替群体转移，即群体决策会使群体成员的观点朝着更极端的方向转移，从而使保守的更保守，激进的更激进。

总之，从实践的角度看，组织或群体中的管理者应该认识到，群体决策容易放大每个群体成员最初的观点，使之朝着更极端的方向转移。至于是转移到更保守的方向还是更冒险的方向，则要取决于群体成员个人在群体决策前的倾向。不过比较而言，群体决策的过分冒险倾向，在组织行为实践中更值得加以注意和预防。

### 二、提升群体决策有效性

为了集思广益，博采众长，并尽量减少传统的群体决策固有的问题，各国学者提出了各种方法。其主要有以下几种。

#### （一）头脑风暴法

头脑风暴法又叫脑力激荡法，它最早是由奥斯本（A. F. Osborn）于20世纪50年代提出的，原意是指精神病人的胡言乱语。它用于群体决策则是指克服互动群体中产生的妨碍创造性方案形成的从众压力，使每个人敞开思想、畅所欲言的一种决策方法。其具体形式是，将有关人员召集在一起，利用产生观念的过程，创造一种进行决策的程序。在这个程序中，所有群体成员就某一问题无拘无束地发表意见，并且规定在此过程中不许对别人提出的意见进行反驳，即使是对极其荒谬的意见也不许反驳。在这样的群体会议上，也不会就所讨论的问题做出结论，只是鼓励成员大胆自由地思考问题,思路越广越受欢迎,意见提得越多也越好。当然,几个成员经过协商,联合提出某种意见的做法也是可以接受的。

采用这种方法,人数不宜过多,一般以10人左右为好,时间也不可过长,以半小时至一小时为宜。据统计,这种方法每小时可以产生60~150项建议,比一般的方法多70%。尽管其中大多数建议可能毫无意义,有的甚至是荒唐可笑的,但其中常常会有若干方案可能很有价值。

在一个典型的头脑风暴法讨论当中,8~12人围坐在一张桌子旁,群体领导用清楚明了的方式把问题说明白,让每个人都了解。然后,在给定的时间内,大家就可以自由发言,尽可能地想出各种解决问题的方案。在这段时间,无论是受到别人启发的观点或稀奇古怪的观点,任何人都不得对发言者加以评价。所有方案都记录在案,直到最后才允许群体成员来分析这些建议和方案。

一般来说,采用头脑风暴法应针对比较单一明确的问题。如果问题涉及面很广,因素很多,则应把复杂问题分解为单一性的小问题。这种方法是创造观念的一种程序,优点是使群体成员解放思想,敢于大胆地想问题;缺点是整理意见、分析意见要花很多时间,拖延决策。

从头脑风暴法中还派生出另一种方法,叫做反向头脑风暴法。它的概念是让人们对某个方案只提批评意见,尽量挑毛病,甚至吹毛求疵,然后根据批评意见修改这个方案,使之达到完美程度。这与有些公司在进行投资决策时采用的所谓"不可行性分析"类似。

### (二) 名义群体法

名义群体法是指在决策过程中对群体成员的讨论或人际沟通加以限制,这就是名义一词的含义。像召开传统会议一样,群体成员都出席会议,但群体成员先进行个体决策。其具体步骤如下:

(1) 主持者向与会者通知开会地点与时间,但不告知议题,而是在与会者到场后,再当场宣布议题。一般每次只讨论和解决一个问题,时间通常限制在2小时以内。

(2) 在进行讨论之前,主持者宣布全体成员进行"沉默准备",发给每人纸和笔,并规定时限(10~20分钟),让每个成员写下自己对于解决这个问题的看法或观点。在此时限内成员不允许互相交谈,每人埋头就议题准备意见。据统计,在同样人数条件下,就同一议题,传统常规决策法一般可得到7~8项意见或方案,该法则可得到17~21项。

(3) 在这个安静阶段之后,每个成员都要向群体中的其他人报告自己的观点,一个人挨一个人地进行,每个人每次只容许表达一种观点,并由记录员将发言要点记在大家可见的记录纸或记录板上。每轮发言的起点及顺序可由主持者随机指定(包括他本人在内),直到所有要表达的观点都被记录下来为止。这种做法可使每个人获得均等发言机会,不致或不易产生个别人控制会议等弊端。

(4) 群体开始讨论每个人的观点,对不明白之处提出疑问,并由原提议者解释澄清。

(5) 接下来每个群体成员根据自己的判断,独立对所有观点进行排序,如果被选意见过多,主持者可限定选取方案的数量。最终决策结果是排序最靠前、成员选择最集中的那个观点。如果是拟定解决某问题的措施,则主持者可酌情决定入选标准,如超过半数(或2/3、1/3等)的备选方案入选。

名义群体法的主要优点是,允许群体成员正式地聚在一起,但是又不像互动群体那样限制个体的思维。

### (三) 德尔菲法

德尔菲法是一种更复杂、更费时的群体决策方法。该方法除了不需要群体成员见面之外，与名义群体法相似。德尔菲法最初是由美国兰德公司与道格拉斯公司共同提出的。实际上，在这种决策方法中，群体成员从头至尾都不可能面对面地聚在一起。它的具体步骤是：

(1) 在问题明确之后，群体成员通过填写精心设计的问卷，来提出可能解决问题的方案。

(2) 每个群体成员匿名并独立地完成第一份问卷。

(3) 主持者把第一次问卷调查的结果在另一个中心地点整理出来。对每一个问题进行统计处理，找出方案中的分布规律。

(4) 主持者把整理和调整的结果分发给每个人。

(5) 群体成员看完整理结果之后，根据整理结果，结合其他成员的意见，对自己的方案进行修改后，再次提出解决问题的方案。结果通常是启发出新的解决办法，或使原有方案得到改善。

(6) 如果有必要，重复步骤4和步骤5，直到找到大家意见一致的解决办法。

就像名义群体法一样，德尔菲法能够保证群体成员免于他人的不利影响，因为德尔菲法不需要群体成员相互见面，它可以使地理位置分散的群体成员共同参与一个决策。例如，索尼公司可以用这种方法让东京、布鲁塞尔、巴黎、伦敦、纽约、多伦多、里约热内卢、墨尔本等地分公司的经理出谋划策，以决定公司的产品在世界范围内的销售价格。这样可以节省把这些经理人员召集到一起的巨额费用。另外，采用德尔菲法要求待解决的问题需具体明确，问题不宜过多，也不能带有问题拟定者的主观倾向。当然，德尔菲法也有其不足。因为这种方法要占用大量时间，如果需要快速做出决策，它就不适用了。另外，这种方法也许无法像头脑风暴法或名义群体法那样，可以提出丰富的解决问题的方案。由于群体成员之间热烈的相互作用而激发创见的情况，在使用德尔菲法的时候是不会出现的。

### (四) 电子会议法

电子会议法是名义群体法与复杂的计算机技术结合的方法。该方法的运用方程是，50人左右围坐在马蹄形的桌子旁，面前除了一台计算机终端之外，一无所有。问题通过大屏幕呈现给参与者，他们把自己的意见输入计算机终端屏幕上。个人的意见和投票都显示在会议室中的投影屏幕上。

电子会议法的主要优势是：匿名、可靠、迅速。参与者可以采取匿名形式把自己想表达的任何想法表达出来。参与者一旦把自己的想法输入电脑，所有的人都可以在屏幕上看到。与会者可以老老实实地表现自己的真实态度，而不用担心受到惩罚。而且这种决策方法决策迅速，因为没有闲聊，讨论不会离开主题，大家在同一时间可以互不妨碍地相互"交谈"，而不会打断别人。

几种群体决策方法效果的比较如表8-2所示，这有助于更好地理解这些方法的特点。

表 8-2　群体决策方法效果的比较

| 效果标准 | 群体互动法 | 头脑风暴法 | 名义群体法 | 德尔菲法 | 电子会议法 |
|---|---|---|---|---|---|
| 观点的数量 | 低 | 中等 | 高 | 高 | 高 |
| 观点的质量 | 低 | 中等 | 高 | 高 | 高 |
| 社会压力 | 高 | 低 | 中等 | 低 | 低 |
| 财务成本 | 低 | 低 | 低 | 低 | 高 |
| 决策速度 | 中等 | 中等 | 中等 | 低 | 高 |
| 任务导向 | 低 | 高 | 高 | 高 | 高 |
| 潜在的人际冲突 | 高 | 低 | 中等 | 低 | 低 |
| 成就感 | 从高到低 | 高 | 高 | 中等 | 高 |
| 对决策结果的承诺 | 高 | 不适用 | 中等 | 低 | 中等 |
| 群体凝聚力 | 高 | 高 | 中等 | 低 | 低 |

## 第三节　群体冲突

管理者对冲突的看法在近半个世纪以来有明显变化,过去人们一直认为冲突是有害的,是个性有矛盾或领导不力而造成的,并致力于通过调解或将冲突双方人为分开来避免冲突的发生。但是,现在人们已经逐步意识到冲突是组织中个人或群体之间相互作用不可避免的结果,是由各种复杂原因所引起的。

### 一、群体冲突的概念

在组织活动中存在各种不同类型、不同层次的交往:人际间、群体间乃至跨组织的,他们之间存在着相互依赖关系,这种关系既可能带来合作,也可能导致冲突。冲突的产生不仅会使个体体验到一种过分紧张的情绪,而且还会影响正常的群体活动与组织秩序,对管理产生影响。比如,因冲突导致的员工流失、组织绩效的下降等。不过,值得一提的是,并非所有冲突都是坏事。在组织行为学中,冲突既包括群体内个人间的,也包括群体间的。

冲突是一种对抗性交往的过程,这种过程始于一方感觉到另一方对自己关心的事情已经或将要产生消极影响。这个概念可以涵盖所有的冲突水平,以及当相互作用变成相互冲突所出现的各种活动。它包括人们在组织中经历的各种各样的冲突,如,目标不一致、对事实的解释有分歧、在行为期望方面有差异等。

社会学家和管理学家对冲突的看法也有一个变化的过程。在 20 世纪 30 年代至 40 年代中期,大多数人认为冲突是有害无益的。冲突的存在被认为是管理不善的结果。根据这一传统观点,组织中应该尽量避免冲突。

近年来,研究者们逐步改变了对冲突的看法。冲突被认为是所有组织都无法避免的,是组织与生俱来的,更重要的是,有时候它还对群体的绩效有益。这一现代观点认为,融洽、平和、安宁、合作的组织容易对变革的反应表现出迟钝和冷漠。因此,该理论观点的主要贡献在于：鼓励管理者维持一种适度的冲突水平，这能够使群体保持旺盛的生命力，善于自我批评和不断创新。

冲突本身并无好坏之分，只有从群体绩效的角度，才能判断其价值。如果冲突是支持群体目标的，并能提高绩效，是具有建设性的，我们就称其为功能正常型冲突。如果冲突妨碍了群体绩效，是具有破坏性的，我们就称其为功能失调型冲突。不过，值得注意的是，区分这两种冲突类型并不是一件容易的事。因为，没有一种冲突类型，也没有一种冲突水平在所有情况下都是合适的或是不合适的。某种类型或水平的冲突可能会促进某一群体为达到目的而健康、有效地工作，但对于其他群体，或同一群体的不同时期，则可能是功能失调的。总而言之，只有群体的绩效才是判定冲突利弊的指标，因为群体的存在总是为一定的目标服务的。

## 二、群体冲突的过程

群体冲突过程可以分为五个时期：潜伏期、感知期、感觉期、行为期以及事后期。

### （一）潜伏期

发生冲突的前提是存在可能产生冲突的潜在原因。这些原因并不必定导致冲突，但它们是冲突产生的必要条件。这些原因通常源自沟通、结构和个人因素三方面。

（1）沟通。一般认为，语义理解的困难、信息交流的不充分以及沟通通道中的"噪声"这些因素都构成了沟通障碍，并成为冲突发生的潜在条件。而且，沟通过少和过多都会增加冲突发生的潜在可能性。当沟通达到一定程度时，效果是最佳的，继续增加沟通则会过度，其结果是增加了冲突发生潜在的可能性。另外，沟通通道也影响到冲突的发生。人们之间传递信息时会进行过滤，来自正式的或已有的通道中的沟通偏差都提供了冲突发生的潜在可能性。

（2）结构。结构的概念包括了这样一些变量：任务的专门化程度、管辖范围的清晰度、员工与目标之间的匹配性、领导风格、奖励系统、群体间相互依赖的程度等也会引发冲突。

研究表明，群体规模越大，任务越专门化，则越可能发生冲突。群体活动的责任越模糊，发生出现的潜在可能性就越大。管辖范围的模糊性也增加了群体之间为控制资源和领域而发生的冲突。

组织内不同群体有着不同目标。比如，购买部关注的是及时以低价购进原料；市场部关注的是产品出售和获得收益；质量控制部关注的是提高产品质量，保证产品符合标准；生产部关注的是维持稳定的生产流程和有效的操作。群体之间目标的差异是冲突发生的主要原因之一。当组织中不同群体追求的目标不同时，就会发生意见分歧，从而会增加冲突发生的可能性。

领导风格也起到一定影响，通过严密监督来控制员工行为的领导风格增加了冲突发生的潜在可能性，但有关这方面的证据并不强有力。过于依赖参与的领导风格也会激发冲突。研究表明，参与程度与冲突发生可能性之间成高相关，这显然是因为参与方式鼓励人们提出不同意见。研究还发现，如果一个人获得的利益是以另一个人丧失利益为代价的，这种报酬系统也会发生冲突。最后，如果一个群体依赖于另一个群体（而不是两者相互独立）或群体之间的依赖关系表现为一方的利益是以另一方的牺牲为代价的,都会成为激发冲突的力量。

(3) 个人因素。你是否曾经遇到过第一眼你就不喜欢的人,他的很多观点你都不赞同?而且,即使是一些很细微的特点,比如,说话的声音、微笑的神态及其他个性方面的特点都会令你讨厌?我们每个人都遇到过这种人。当你和这种人共事时,常常会发生冲突。发生冲突的潜在的个人因素,包括个人的价值观和个性特征,它们构成了一个人的风格,使得他不同于其他人。有证据表明,价值观的差异,以及某些人格类型(如十分专制教条的人、缺乏自信的人)是冲突发生的潜在原因。

(二) 感知期

如果在第一时期中提到的条件对某一方关心的事情有一定程度的消极影响,则潜在的对立或不一致在第二时期中就会显现出来。只有当一方或多方认识到冲突或感觉到冲突时,前面所说的条件才会导致冲突发生。

发生冲突必须要有知觉存在。也就是说,一方或多方必须意识到前面所说的条件的存在。然而,认识到冲突并不意味着它就个性化了。换句话说,A 可能认识到 B 与 A 之间意见十分不一致……但这并不一定会让 A 感到紧张或焦虑,也不一定会影响到 A 对 B 的感情。而在情感上的冲突中,只有当个体有了情感上的投入,双方才会体验到焦虑、紧张、挫折或敌对。

在这一过程中,冲突问题变得明朗化了,而且,情绪对认知有着重要作用。比如,研究发现,消极情绪会导致信任感降低,以及对对方的行为做出消极的解释。相反,积极情绪则增加了在问题的各项因素中发现潜在联系的可能性,以更开阔的眼光看待情境,所采取的解决办法也具有创新性。

总之,在该阶段,双方已经感知到潜在的冲突,但未必会继续发展下去。

(三) 感觉期

当一方或双方已经体验到潜在冲突所带来的紧张或焦虑并产生了行为意向时,就进入了冲突感觉期。

在冲突感觉期,处理冲突可按两个维度来展开,其一是合作程度,其二是肯定程度。据此,可划分出五种处理冲突的行为意向:竞争(自我肯定但不合作)、协作(自我肯定且合作)、回避(自我肯定且不合作)、迁就(不自我肯定但合作)、折中(合作性与自我肯定性均处于中等程度)。

(1) 竞争。竞争是指一个人在冲突中寻求自我利益的满足,而不考虑他人的影响。例如:试图以牺牲他人的目标为代价来达到自己的目标;试图向别人证实自己的结论是正确的,而他人的结论是错误的;出现问题时试图让别人承担责任。

(2) 协作。协作是指冲突双方均希望满足两方利益,并寻求相互受益的结果。在协作中,双方的意图是坦率澄清差异并找到解决问题的办法,而不是迁就不同的观点。例如:试图找到双赢的解决办法,使双方目标均得以实现;寻求综合双方见解的最终结论。

(3) 回避。回避是指一个人可能意识到了冲突的存在,但希望逃避它或抑制它。例如:试图忽略冲突;回避其他人与自己不同的意见等。

(4) 迁就。如果一方为了抚慰对方,则可能愿意把对方的利益放在自己的位置之上。换句话说,迁就是指为了维持相互关系,一方愿意作出自我牺牲。例如:愿意牺牲自己的目标使对方达到目标;尽管自己不同意,但还是支持他人的意见;原谅某人的违规行为并允许他继续这样做。

（5）折中。当冲突双方都放弃某些东西，而共同分享利益时，则会带来折中的结果。在折中中没有明显的赢者或输者。他们愿意共同承担冲突问题，并接受一种双方都达不到彻底满足的解决办法。因而折中的明显特点是，双方都倾向于放弃一些东西。例如：愿意接受每小时加薪1元，而不是自己提出的每小时加薪2元；承认在某些看法上是共同的；对于违规问题承担部分责任。

行为意向为冲突情境中的各方提供了总体的行为指南，它界定了各方的目标。需要注意的是，人们的行为意向不是固定不变的。在冲突过程中，重新认识或对对方行为的情绪性反应，可能使行为意向发生改变。不过，研究表明，人们在处理冲突时要采取何种方式总有一种基本的倾向。具体而言，在上述5种处理冲突的行为意向中，各人有各人的偏好，这种偏好是稳定而一致的，并且，如果把个人的智力特点和个性特点结合起来，可以有效地预测到人们的行为意向。因此，对某个人而言，其处理冲突的行为意向是相对稳定的，而这五种行为意向不是一个人为了适应恰当的环境而进行选择的结果。也就是说，当面对冲突情境时，有些人希望不惜一切代价获胜，有些人希望发现一种最佳的解决方式，有些人希望逃避，有些人希望施惠于人，还有一些人则希望共同分担。

### （四）行为期

大多数人在考虑冲突情境时，倾向于强调第四时期，因为在这一时期中冲突是明显可见的。行为期包括冲突双方进行的说明、活动和态度，也就是说，一方有行为，另一方也有反应。

冲突行为是公开地试图实现冲突双方各自的愿望。但这些行为带有刺激的性质，这种刺激常常与愿望无关。由于判断错误或缺乏经验，有时外显的行为会偏离原本的意图。

如果把行为期看作一个动态的相互作用过程，会有利于我们的理解。比如，你向我提出要求，我进行争辩，你威胁我，我也反过来还击你，如此下去。冲突强度图如图8-2所示，图8-2形象地表述了冲突行为，所有的冲突都处于这个连续体的某个位置上。在连续体的下端，冲突以微妙、间接、节制为特点，表现为轻度的意见分歧或误解。学生在课堂上针对教师所讲的内容提出问题就是这方面的例子。如果冲突上升到连续体的最顶端，则具有极大的破坏性，这

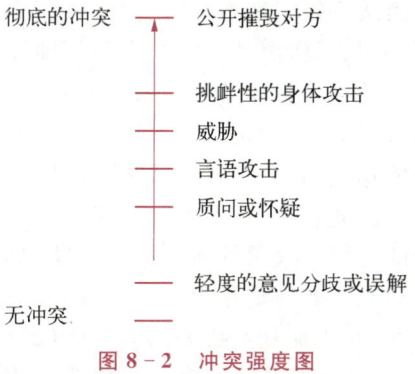

图 8-2 冲突强度图

时双方做摧毁对方的公开努力。罢工、骚乱和战争显然都位于这一连续体的最顶端位置。大多数情况下，处于连续体顶端位置的冲突常常是功能失调的。功能正常的冲突一般来说位于冲突连续体的较低水平。

对于功能失调的冲突，如何将其降到合理的水平呢？反过来，当冲突水平过低时，又应该怎样将其提高到一个合理的水平呢？冲突管理技术带给了我们这些知识。后面表8-3列出了主要的冲突解决技术和激发技术，它能使管理者控制冲突水平。通常情况下，一个人的行为意向会转变为相应行为。

### （五）事后期

冲突发生之后，其结果可能是功能正常的，即冲突提高了群体的工作绩效；也可能是功能失调的，即冲突降低了群体的工作绩效。

有大量事实表明，较低或中等水平上的冲突是有可能提高群体的有效性的。如果冲突能提高决策的质量，激发革新与创造，调动群体成员的兴趣与好奇，提供解决问题、消除紧张状态的渠道，培养自我评估和变革的环境，那么这种冲突就是建设性的。由于冲突允许百家争鸣，一些不同寻常的或由少数人提出的建议会在重要决策中增加权重，并因此提高了决策质量。冲突还是集体决议的矫正办法，它不允许群体以消极的、不加考虑的方式赞同下面这些决策：建立在不堪一击的假设基础上的决策，未充分考虑其他意见的决策，以及各种有其他弊端的决策。冲突向现状提出挑战，并进一步产生了新思想，促使人们对群体目标和活动进行重新评估，提高了群体对变革的迅速反应力。

企业由于缺乏功能正常的冲突而遭受损失的例子是很常见的。远的如20世纪70—80年代美国的西尔斯和通用汽车公司。有研究认为，当时它们所面临的很多问题都与缺乏功能正常的冲突有关。公司聘用并提升那些"点头称是"的人，因为他们表现得对组织极其忠诚，以至于从不对公司的任何活动提出异议。而此时世界在零售业和汽车业上正发生着巨大变革。近的就是我们身边的组织，人们对冲突的担心和敏感，造就了大量只会随声附和、不负责任的老好人，这几乎成了我们文化的一部分。我们为此所付出的代价也是显而易见的。

研究表明，冲突可以减少群体思维对决策带来的压力，建设性的冲突有利于决策的完善，而且一定程度的冲突还有利于群体工作效率的提高。研究发现，当群体成员之间存在冲突时，比他们总是意见一致时更能促进工作效率的提高。同样，对专业技术人员进行的研究也支持了建设性冲突的价值。一项研究对22个由专家组成的工作团队进行了调查，发现群体中的一致性越低，工作效率可能越高。所有类似的研究都表明，群体内的冲突常常是一种优势，而不是通常认为的弊端。

冲突对群体绩效带来的负面结果已是广为人知的了。比较明显的如沟通的迟滞、群体凝聚力的降低、成员间的争斗对群体目标的损害。极端情况下，冲突会造成群体功能的丧失，甚至威胁到群体的存在。

由此看来，一个关键的问题便是对冲突的界定，以区分功能正常的冲突和功能失调的冲突。大量的研究结果表明，群体活动的类型是决定冲突功能的重要因素。群体活动的非常规化程度越高，内部冲突具有建设性的可能性也越大。换言之，冲突的存在，对于那些需要创新的群体（如从事研究、广告设计或其他专业技术活动的群体）来说，比那些从事高度常规化工作的群体（如生产线上的工作团队）更有价值。

传统的组织中习惯于回避和抑制冲突，人们总是尽量避免冲突。但在今天这样一个变革的时代，那些不鼓励、不支持不同意见的组织是很难面对日益激烈的全球竞争，必要的冲突毕竟是激发创新所必需的。事实上许多有名的大公司已经意识到这个问题。且不说3M公司独特的创新文化，即使像惠普、通用电气、荷兰皇家壳牌、IBM这样一些比较传统的公司，也开始注重对冲突的激发。比如，鼓励发表不同意见，在决策过程中引进吹毛求疵的提意见者，甚至奖励持异议者而惩罚那些冲突回避者，努力营造有利于变革与创新的文化环境。

## 三、管理冲突

对于功能失调的冲突,应该设法降低冲突水平;同样,当冲突水平低到不利于组织的成长和发展时,则应该设法提高冲突水平。所有这些都需要一定的冲突管理技术来支持。常见的冲突管理技术如表8-3所示。

表8-3 常见的冲突管理技术

| 技术名称 | 技术内容 |
| --- | --- |
| 问题解决 | 冲突双方直接会晤,通过坦率真诚的讨论来确定问题并解决问题 |
| 目标升级 | 提出一个共同的目标,该目标不经冲突双方的协作努力是不可能达到的 |
| 资源开发 | 如果冲突是由于资源缺乏造成的,那么对资源进行开发可以产生双赢解决办法 |
| 回避 | 逃避或抑制冲突 |
| 缓和 | 通过强调冲突双方的共同利益而减弱它们之间的差异性 |
| 折中 | 冲突双方各自放弃一些有价值的东西 |
| 官方命令 | 管理层运用正式权威解决冲突,然后向卷入冲突的各方传递它的希望 |
| 改变人的因素 | 运用行为改变技术(如人际关系训练),改变造成冲突的态度和行为 |
| 改变结构因素 | 通过工作再设计、工作调动、建立合作等方式改变正式的组织结构和冲突双方的相互作用模式 |
| 运用沟通 | 利用模棱两可或具有威胁性的信息可以提高冲突水平 |
| 引进外人 | 在群体中补充一些在背景、价值观、态度和管理风格方面均与当前群体成员不同的个体 |
| 重新建构组织 | 调整工作群体,改变规章制度,提高相互依赖性,以及其他类似的结构变革以打破现状 |
| 任命一名吹毛求疵者 | 任命一名批评家,他总是有意与组织中大多数人的观点不一致 |

# 本章小结

群体决策是组织行为学中一个值得关注的领域,随着员工受教育程度的普遍提高、参与意识的不断增强,人们不仅仅像过去那样关注组织内决策的结果,而且越来越在意决策过程的公开和透明。

研究表明,从决策的效果来看,群体决策要优于个体决策。虽然不是在所有的情况下,群体决策都是群体或组织的最佳选择,但是从发展趋势看,在条件许可的情况下,管理者还是应该注意多采用群体决策。群体思维和群体转移是影响群体决策质量的两个重要原因,它们直接影响到决策的质量。本章中介绍的一些群体决策方法有助于避免群体决策失效。

冲突对工作绩效的影响并不总是负面的,相反,有时它对群体或组织甚至是非常必要的。冲突的水平有高低之分,当冲突处于某个适当的水平时,它可以起到消除迟滞、唤醒潜力、激发变革的作用。

有关冲突过程的描述可以帮助我们加深对冲突的认识。而对冲突的管理更是一项重要且颇具艺术性的工作。冲突管理方法的运用必须充分考虑当时的管理情境。另外,如何有效激发功能正常型冲突,也是冲突理论和实践中一个值得注意的方面。

适度的群体间冲突可以促使群体凝聚力的提高,激发群体的活力,并有助于群体和组织绩效水平的提高。

## 思 考 题

1. 比较群体决策与个体决策。
2. 为什么组织越来越多地采用群体决策?
3. 冲突有哪些积极和消极作用?
4. 如何区分功能正常的冲突与功能失调的冲突?
5. 有哪些主要的冲突管理技术?

## 练 习 题

**练习一  团队冲突——任务冲突和关系冲突量表**

请您根据自己的实际感受和体会,对下面8项描述进行评价和判断,并选择最符合的数字。评价和判断的标准如下:

(1=非常不同意  2=比较不同意  3=不同意  4=不确定  5=同意  6=比较同意  7=非常同意)

1. 团队成员对所进行的工作常常持不同观点。

2. 在我们团队经常会出现观点上的冲突。
3. 团队成员时常针对我的工作发生冲突。
4. 团队成员之间的意见分歧很大。
5. 团队成员间有很多摩擦。
6. 团队成员之间性格冲突很明显。
7. 团队成员之间关系很紧张。
8. 团队成员间情绪冲突频繁。

**练习二　冲突管理类型**

当你的愿望或意见与其他人的不同时,你可能会怎么做呢?用下面5项描述进行评价,并选择最符合的数字。

(1＝很不可能　2＝不大可能　3＝不确定　4＝有可能　5＝非常可能)

1. 我通常会坚持我的目标。
2. 我会尽力说服别人接受我的立场。
3. 我会做一些让步,以作为别人让步的交换。
4. 我觉得有时候存在差异并不值得焦虑。
5. 我尽力找到一个处在我和其他人之间的立场。
6. 在谈判时,我会尽力考虑到其他人的想法。
7. 我尽力说明我的立场是合理的、有力的。
8. 我总是倾向于对问题进行直接的讨论。
9. 我尽力寻找一个对双方来说都比较公平的方案。
10. 我总是试着尽快解决分歧。
11. 我尽力避免让自己不高兴。
12. 我会尽力缓和他人的情绪,保持双方的关系。
13. 我会试着以公开讨论的方式将所有的细枝末节都尽快讨论清楚。
14. 我有时候会放弃那些可能引起冲突的立场。
15. 我尽力不去伤害其他人的感情。

# 案 例 分 析

## 团队核心成员的去留

2017年冬天,李娜向超人公司创始人郑丽提出离职的想法,同时提出了留任的条件,如果继续留在团队,希望自己的薪资增加30%,并且追加2%的技术股。

2014年12月,超人公司正式成立,注册资本100万元,郑丽占有公司股份51%。这是一个5人团队,3个核心成员的新公司。创立初期,公司业务主要针对20多岁年轻人的数码产品、旅游、家居、继续教育等服务类非标产品的全网分期付款业务。

2015年夏天,公司业绩上升,大量扩招员工,相继成立了专门的客服团队及市场团队。同时,核心团队吸纳了另一名核心成员张羽,张羽负责公司的运营及客服团队管理。2015年秋天,团队日夜奋战,公司的交易规模突破了8 000万元,交易规模的井喷式增长超过了郑丽的预期。谁知,高速增长的背后,随之而来的却是整个创业团队面临的一次寒冬。

2015年刚入冬,负责财务的小朱发现公司资金吃紧,郑丽联系合作资方,但是得到的答案是资方并不能再扩大资金投入额度,并且要进行市场的紧缩,也并没有给出说服郑丽的理由。此时,如果公司要生存下去,首先是要找到新的资金供给方。

偶然的一个机会,郑丽通过一个朋友介绍认识了李娜,在李娜的引荐和推动下,郑丽联系上了一家省外的持牌资金提供方,并且后来成为超人的长期合作资方。第42天,期限将至,资方完成了尽职调查,郑丽和他的团队终于度过了这场生死考验。

2016年春天,郑丽找到了李娜。李娜大学本科的专业是财务管理,毕业后去日本留学,获得了金融与财务管理硕士学位,回国后曾任毕马威审计经理。李娜身上有着典型都市白领气质,做事非常有效率、逻辑思维很强、行事以结果为导向。郑丽非常认可李娜的专业度,她认为李娜的这些优势可以为团队解决资金管控风险,并且给团队带来更高效的管理风格。

李娜面对郑丽的邀请,开始是犹豫的,在李娜看来,自己的第一份工作所养成的做事方法和创业团队的行事风格有很大差异,她不太确信是否可以融入一个创业团队。面对李娜的顾虑,郑丽摆出了自己的诚意,给予李娜丰厚的薪资以及公司3%的技术股份。

一周后,李娜接受了郑丽的邀请,李娜来到公司担任了财务总监一职,负责财务管理、资方管理、审核催收。郑丽向李娜讲述了之前资金出现问题的过程,并提出了资方管理、资金管控、风险控制、财务管理是目前团队的薄弱环节,希望李娜的加入可以杜绝类似这次资金危机的再次发生。

李娜刚到公司,便要求把小朱手上所有财务有关的工作在三天内全部交接。在李娜看来,郑丽提出的公司现存问题几乎不是问题。最紧要的是完善公司的征信系统,对信用评级进行全方位的改善以提高客单质量和坏账风险,整个团队管理制度上并不完善,只要在管理上有清晰的规范和执行是完全可以规避很多风险。李娜了解到公司对客单是否放款的方式是人工审核,过于随意,李娜便快速

## 案例分析

行动起来,自己从头到尾草拟了一套规范的资金管控流程,并要求技术部配合她进行数据分析及风险控制模型的设计,同时李娜特别要求组建一个新的审核团队,由自己亲自选人和制定管理细则。

任职不到3周,李娜做的一件事引起了争议。李娜并未和其他团队核心成员商议,直接解雇一名自己的下属审核专员小周。李娜的理由是小周缺乏工作素养、做事效率慢、常常拖延工作任务,在团队中处于大家帮扶的对象,最大的问题是她跟客户沟通时候老是说不到重点,造成信息遗漏或者双方的误解。李娜对小周的总体结论是她不适合做审核,公司随即予以解雇。

在李娜向郑丽提出离职意向的三个月前一次公司例会上,大家讨论关于改进公司内部协作及管理的议题中,市场部的陈然率先发言。

"各位,现在我真的很为难,市场部业绩的增长点在风控那里全部成了黑名单。一方面业绩压力那么大,很多提升业绩的客单在风控那里完全没有商量余地,如果是这样,风控是不是也要承担一点业绩压力呢?"陈然说话的同时带了一脸严肃。

"风险,你市场部是不是全权负责?"李娜不甘示弱立即反驳。

"李娜,不能这样讲,特殊情况可以商议解决,但是你那边只有硬性规则,就是基本不会有商量的余地,在公司这个阶段,对客单风险评级划分太严苛了。"李娜话音未落,运营部的张羽连忙解释。

"条款是模型和数据的结论,是我严苛吗?这些东西你们又不懂,出了问题又说是风控没把关。"李娜几乎是带着怒气在争论。

"我是不懂,主要是李娜你太难沟通了,完全没有商量余地!"陈然不甘示弱地争辩道。

"我怎么难沟通,已经定下来的事情都要拿出来再说一遍,规则拿来做什么?市场部完不成业绩你就怪风控,没道理的是你们吧!"李娜几乎是吵起来了。

"规则大家商议过吗?还不是你一个人说了算。"陈然言辞激烈,两人互不相让。

还未等郑丽开口,却不曾想李娜突然起身,"那行,你们都这样说,换个人管风控吧,我不做这块了。"李娜怒气冲冲,撂下一句话,转身离席。郑丽为了缓解僵局,提前结束了会议。

关于两天前李娜提出的辞职意向及留任条件,郑丽现在要做出一个很肯定的答复。一方面,由于李娜的资源,公司才得以渡过最艰难的时期,郑丽心中一直很感激,想要回报她,如果她的离职闹得很尴尬,可能会影响到公司与资方的关系,并且公司是会发展壮大的,从长远看来,李娜的管理思维和工作风格是郑丽所认可的;另一方面,她私自开除员工,对整个团队造成不好的影响,现阶段其他团队核心成员对其的工作风格并不接纳,加之李娜对公司未来发展的期许和团队其他核心成员之间是有差异的。考虑到这些,核心团队与李娜是分道扬镳还是携手前行,郑丽一时间举棋不定。

思考题：

1. 对于李娜的去留，郑丽应该如何决策？若是你，你会如何决策。
2. 你认为李娜提出离职或者是继任条件的根本原因是什么？团队成员之间的冲突产生的原因是什么？成员之间不同类型的矛盾该如何处理？
3. 案例中创业团队的故事对未来的创业者或创业团队有何启发？

# 第9章 权力与政治

　　某基金公司一位副总经理,当初是从同业一家小公司来到现在这家大公司的。由于原来的公司不论规模还是在业界的名望都远不及现在的公司,因此这位新来的副总经理总是有一种自卑心理,担心到新的公司后别人不服气。同时这位副总经理考虑到自己的任职期是两年,这期间自己必须确保职位安全,所以急切地想要做出成绩,以获得认可。正是因为这样的心理作用,新来的副总经理上任伊始,就大力进行人事变革:将原有的人员以各种理由放在不重要的岗位上,将自己原先公司的下属引进到公司,安排至重要岗位。经过这一轮换血之后,副总经理的位置变得比较稳固,下属均能很好地追随,这位副总的危机感就没那么大了。

　　由于新来的下属对公司各方面情况了解较少,能力也不一定比原来的同事强,人力资源部以及其他同级部门都对这样的人事安排持有异议。但因为副总在其职位上,公司赋予其人事任命的合法权力,他可以在其岗位上对下属进行岗位调整,所以其他人也就只能私下议论下一发发牢骚而已。

我们应该尽量避免以不公平甚至有害的方式来运用权力,并尽量避免政治行为对个人和组织的伤害。但仅仅拒绝承认权力差异或政治行为的存在是不能改变现实的。因此,无论如何,权力和政治是组织中人类行为的一个方面,为了使管理者和员工充分地理解组织行为,了解权力和政治行为是必需的。

本章将介绍有关权力的基本问题,并揭示权力的主要来源及其本质,另外,还将对组织中的政治行为进行讨论。

## 第一节　权力及相关概念

### 一、权力

#### (一)权力的概念

权力一般而言是指一种能力,具体是指某人影响其他的人做其原本或许不愿做的事情的一种能力。这个概念有三层内涵:

(1)权力是一种潜力,不需具体实现;一个人拥有权力但不一定要实施它。

(2) 权力附着于依赖关系。这可能是权力最重要的一面，B 越依赖 A，其中起决定作用的 A 的权力越大。换句话说，假使有人可以对你施加压力，那是因为他或她控制了你最希望得到的东西。

(3) 被影响的人对其自身行为有一定判断力。A 让 B 做其原本可能不会做的事情。那就意味着 B 在做出选择的时候，是经过判断的，从下面的例子我们就会进一步明白，如果 B 的工作非常程序化，那么他在工作中可以发挥的空间就很小，显然他的能力没有完全施展。

权力实际上是一个社会意义上的术语，即一个个体是相对于其他个体而拥有权力，一个团队是相对于其他团队而拥有权力，依此类推。所以，权力的突出特征就是人们之间的相互作用。而且，权力是一种随着情境和个体的变化而变化的动态关系。一个管理者不可能在任何时候、对所有下属都拥有同样的权力。

权力不同于权威。权威可以控制或改变他人的权利，但是权力不需要法定。比如伯纳德将权威定义为"在一个正式组织中进行沟通命令的人物，他之所以有这样的作用，是因为他个人的德行或能力被组织的成员或他沟通的对象所接受。"另外，需要注意的是权力不同于权利，权利是法定的，比如公民有法定的权利和义务，权利常跟义务联系在一起。

### （二）权力的基础

根据上述概念可知，权力的基础在于依赖。比如 B 依赖 A 的程度越强，A 对 B 的支配权力就越大。当一个人拥有其他人都需要的东西，且只控制在他一人手中时，其他人都依赖于此人，这样，他对其他人也就拥有了极大的权力。依赖程度与物品的供给量成反比。如果某种东西数量很多，那么对它的占有并不能增加你的权力。但是，一句古谚语说得好："全国的人都是瞎子，那么一只眼睛看得见的人就是国王。"如果你能绝对控制信息，有极高的威望，垄断别人都渴望的东西，他们必然依赖你。相反，你越是放松对他人的控制，你对他人享有的权利就越少。这个原理向我们解释了为什么这么多人渴望得到经济的独立。因为只有经济独立，才会减少来自他人的控制。

一个人所能够控制的资源的重要性和稀缺性，是依赖产生的重要原因。当一个人控制的资源是重要的而且是稀缺的，他人对其依赖就可能加重。

#### 1. 重要性

如果没人想要你手中的东西，就不会对你产生任何依赖。因此，想要取得别人对你的依赖，就必须控制别人认为是重要的东西。例如，各个组织都在尽可能地避免变幻无常，因此我们就可预见如果某些个体或群体可能排解组织内部的不稳定因素，此个体或群体就掌握了一个重要的资源。比如，在英特尔——一个技术飞速更新的公司里，要依靠工程师来保证其产品质量，因此在英特尔公司，工程师显然是举足轻重的群体；而对于宝洁公司来说，市场是竞争的重中之重，所以市场开发人员就显得更重要些。这些例子说明如果能够降低企业的不确定因素，一个群体的地位就可以得到提升。同时，依赖的侧重点在各个组织中是有所不同的，而且会随着时间的变化而变化。

#### 2. 稀缺性

前面曾经提到过，如果某些东西数量众多，那么占有它并不会为你带来权力。只有当一种资源被视为短缺时,才会形成依赖。这种关系可以解释,组织中地位低的人为什么有时会凌驾于高层领导之上,一个重要原因就是因为他们掌握了高层领导们得不到的信息。如果要得到这些宝贵信息,职位高的人就必须依赖于他们的手下。

因稀缺而产生的依赖关系在职业分类中起着重要作用。对于某一职业来讲,假如应聘者相对低于需求数,那么这些应聘者就占了先机,可以力争获得更多的利益;反之,则大相径庭。

## 二、影响策略

影响策略或影响力是指行动者为改变对象的态度、看法或行为所做的实际行为。尤克尔及其同事通过多种研究方法开发了影响行为量表,区分了不同的影响策略。

(1) 理性说服:运用解释说明、逻辑证明和事实证据等手段,说明一项要求或提案对于组织有利或有助于实现某一个重要目标。理性说服是一种非常灵活的策略,可用于大多数影响企图和目标对象上。在目标对象认同行动者的目标,但是不认为行动者的要求或提案是实现目标的最佳途径时,进行理性说服会更加有效。我们有时候想要说服别人接受我们的观点,其实就需要运用各类的解释说明、逻辑证明和事实证据。

(2) 鼓舞式诉求:该策略主要基于感情和价值观的感召。精神感召会引起强烈的情绪,并将一项请求或者提案与个人的需求、价值观、希望和理想联系在一起,并由此提升人们的热诚和承诺水平。比如变革型领导中最重要的组成部分就是精神感召,这其实运用的就是对情感和价值观的感召来引领下属完成任务。

(3) 逢迎:逢迎包括表达赞美,主动施以小恩小惠,充满敬意地行动,特别是在对方提出要求前友善助人。例如,在对产品的购买之前,销售人员会表现得和善有爱,这其实也是一种逢迎讨好策略。在组织中,下属对上级可能会有比较多的逢迎讨好策略,但是策略的真诚程度会影响上级的反应。

(4) 个性化诉求:个性化诉求是要求对方表达出特定的行为。比如当某个人说"我俩认识了很长时间了,我以前从没有要求过你什么"这样的开头其实就是个性化诉求的开始。而个性化诉求在特定情境下并不适用,比如对方并不喜欢你,或者双方没有共同的目标时,这种策略可能会失效。

(5) 交换:这项策略涉及明确或者暗示的允诺,即当某人按照要求行事时应该得到某种的奖励。这种允诺的奖励可以是物质奖励也可以是精神奖励。当对方能够完成某个任务后,承诺人需要按照约定或者期望的行为进行奖励。比如当上级给下属安排某项有艰巨性的任务时,常常会伴随一定的承诺,比如完成任务会得到加薪和晋升。这对下属来说会更具有激励性,促使下属更好地完成任务。

(6) 联盟策略:联盟策略指的是通过他人的帮助来影响目标对象。联盟的伙伴可以是同级、下属、上级或者外部人员。当个体单个力量不足以改变现状时,采用联盟策略是非常有效的方式。联盟策略更可能有效的影响同级或上级,而非下属。它特别适用于取得他人对建设或者新举措的支持。在西方总统大选的时候,有时候为了夺得议会中的席位,同一党派的不同观点人员也会联合起来,这其实也是一种联盟策略。

# 第9章 权力与政治

（7）压力策略：施压策略包括威胁、警告和独断行为。压力策略可以诱导人们服从要求，尤其是目标对象懒于执行或漠视该项要求，而非强烈反对该要求时。但是硬压力形式，如警告、威胁和要求可能会引起他人的怨恨，破坏工作关系，从长期来说一旦放松了这种压力策略，更可能会导致消极的后果。比如父母对孩子从小的教养方式时过度的压力策略时，当孩子上大学离开家之后可能完全放纵自己，有可能导致学业成绩的严重下滑，因此来说要培养孩子的自主性，而不是采取压力策略。

（8）合法化策略：行动者通过拥有的职位或权威提出要求，就是运用了合法化策略。比如校长可以要求某位老师参与学校的课程委员会，这位老师尽管有自己的不同想法但是还是接受了任命，是因为校长有权安排某位老师担任此项工作。当然，如果行动者的权威没有得到认可或者明确的界定，那么这种合法化的策略可能会受到挑战。

## 第二节 权力的类型

约翰·弗兰奇(John French)和伯特伦·雷文(Bertram Raven)从五个方面对权力做了分析。他们提出了权力的五种类型：强制性权力、奖赏性权力、合法性权力、专家性权力和参照性权力。五种权力类型的具体理解如表9-1所示。

表9-1 五种权力类型的具体理解

| 权力类型 | 具体理解 |
| --- | --- |
| 强制性权力 | 一个人可以使事情变得非常难办，而你又想避免让他或她生气 |
| 奖赏性权力 | 某个人能够给其他人好处或奖赏，而你发现取悦他或她对你会有益处 |
| 合法性权力 | 根据某人的地位和你的工作职责，他有权要求你按照他的意愿行事 |
| 专家性权力 | 某人凭着他的经验和知识赢得你的尊重，在某些方面你愿意听从他的判断 |
| 参照性权力 | 你欣赏某人且愿意为他或她做事 |

### 一、强制性权力

这种权力的依赖关系是由恐惧产生的。具有强制性权力的人有能力对另一个人施加惩罚或对其造成不良后果，或者至少可以通过恐吓对方让其相信自己可以给予惩罚或造成不良结果。受到影响的人对这种权力做出反应是因为害怕，如果不顺从，坏的结果就会出现。在权力的各种来源中，强制性权力常常是遭人非议的，并且也最难控制。

大多数人对于权力的负面印象，在很大程度上就是源于这种权力形式。对人的身体造成伤害或是用武力手段控制人等直接威胁人身安全的方式，也是一种典型的强制性权力的使用方式；政府依靠军队和法律等政治武器来胁迫其他国家甚至自己的人民；垄断企业要对经济资源进行控制；在一个组织中，管理者可以使用降级、减薪甚至开除下属的方式来威胁或惩罚下属等。许多组织的行为都可以用强制性权力来解释。

## 二、奖赏性权力

　　与强制性权力相反的就是奖赏性权力。它是指个体通过奖赏他人所做出的令人满意的行为而影响他们行为的能力。人们依照别人的愿望和指示做某件事情是因为可以从中获得收益。因此，如果有人愿意付出奖赏，那么想要得到奖赏的人必然会服从他。当然，这些奖赏对不同的人来说可以是不同的东西。在组织关系中，通常我们会想得到金钱、休假、赞扬、升职、有趣的工作任务、有利的绩效评估、友好的同事关系、重要的信息和有利的销售区域等。

　　如果你不给别人积极的奖赏刺激，而是对其施加巨大的精神或身体上的压力，那么你对此人就是强制性权力。同样，你如果对其进行褒奖，那么你所掌握的权力就是奖赏性权力。与强制性权力类似，你不必非用物质奖赏的方式对下属来施加影响。像友好、接纳、赞赏和认同等，对组织内部的每个人都是非常有益的。需要注意的是，接受方的知觉对于奖赏权的使用是一个关键。如果管理者给下属提供自认为是奖赏的事物（如晋升、更多的责任），但这些人并不看重它们，那么管理者就并不真正拥有奖赏的权力；同样，管理者可能并不认为在对下属给予奖赏（比如平静地倾听下属的抱怨），但如果下属认为这是奖赏，管理者就具有奖赏性权力。所以，只要下属认为他们的上司拥有奖赏性权力，那么上司就真的拥有这种权力。由于个体对这些奖赏的追求程度不同，能否收缩自如地进行奖赏，就取决于管理者对个体的理解程度。

## 三、合法性权力

　　合法性权力，又叫法定权力，它是指一个管理者由于他在组织中的正式职位而影响下属行为的能力。下属响应这种影响是因为他们承认管理者规定特定行为的合法性。合法性权力的典型例子就是管理者被授权在一个特定的职责范围内，如客户服务、质量控制、市场营销或会计中做出决策。它实质上就规定了管理者可以通过合法性权力来影响他人的行为。在其职责范围内，员工会接受特定的指示并且不对管理者的权力产生疑问，同时，管理者也有着相当大的合法性权力来影响下属的行为。

　　合法性权力与强制性权力和奖赏性权力不同的是，它不依赖于与其他人的关系，而是基于某个人所拥有的位置或角色。或者说，某个人具有合法性权力是因为他的头衔或位置，而不是因为他的人格等。

　　合法性权力有三个主要的来源。第一，当前社会、组织或团队的价值观决定什么是合法的。比如，在一些社会里，年长者通常拥有合法性权力。第二，通过被普遍接受的社会结构来获得合法性权力。第三，合法性权力可以来自被指定为一个强有力的个人和团体的代表。比如，成为公司董事会的成员。

## 四、专家性权力

　　专家性权力就是指由专家的意见、专门技术或专业知识所产生的一种影响力。如果管理者可以在对下属的任务执行、评价和控制中体现出自己的能力，他们就将获得专家性权力。随着世界科技的发展，专家意见已成为极具影响力的方式之一。职业越来越专门化，人们也越来越依靠"专家"的帮助来实现目标。比如，我们大多数人就会听取医生提出的一些诊疗意见,因为他们拥有专业技术,这其实就是一种专家性权力;还有,我们听从电脑专家、税务会计、法律专家、工业心理学家和其他专家的建议,实质就是在受到一种专家性权力的影响。

在组织中,专业人员在自己的领域具有专家性权力,但在其他领域则不具备。专家性权力被认为是最脆弱的一种权力类型,但那些很少具备其他类型权力的管理者和专业人员必须经常依靠专家性权力作为其唯一可以运用的权力。

### 五、参照性权力

参照性权力是指个体由于被尊敬、钦佩或喜欢而影响他人行为的能力。换句话说,如果一个人有令人非常向往的东西,并且极具个人魅力,而另一个人非常钦佩并且认同他,那么他就拥有参照性权力。

参照性权力源于对另一个人的钦佩,并且有想要变成他或她的愿望。换个角度讲,此种权力有点像我们所说的感召力。如果你钦佩某个人,已经到了要去模仿他或她的言行举止的程度,那么这个人就掌握了参照性权力。例如,下属对上司的认同,往往是形成参照性权力的基础,这种认同就包括下属想仿效上司的愿望。一个年轻的管理者可能会模仿一位年长的、受人钦佩的、有经验的管理者,那么,这位年长的管理者就具有一种参照性权力。参照性权力通常属于那些具有令人钦佩的人格特征、个人魅力或享有声望的人,所以,通常是政治领导人、明星或其他名人具有这种权力。这也解释了为什么在商业炒作中,企业会花重金请名人来做产品的代言人。调查表明,如果人们喜欢辛迪·格拉芙和迈克尔·乔丹,那么他们就会影响着人们对健身俱乐部和运动鞋的选择。普通人虽然也可以像名人们一样游刃有余地向顾客们鼓吹某种商品,但是公众却并不会相信。

## 第三节　正确使用权力

### 一、正确使用强制性权力

强制性权力借助威胁或者警告而存在,目标对象不服从要求、规章或政策就会面对令人不快的结果。当人们认为威胁是存在的、可信的,他们希望避免惩罚时,就更会遵从。但除非绝对必须,否则尽量避免使用惩罚的手段,因为它可能会带来一些比较严重的负面影响。以往研究者提出了在使用强制性的权力时,需要遵循一些特定的行动指南,主要包括以下几个方面:解释规则和要求,确保人们理解违反纪律所导致的严重后果;对违纪行为做出迅速的、一贯的反应,不偏袒任何特定的个人;在指责或者惩罚之前,要充分调查获得事实,避免仓促做出结论或者草率的指责;除非最严重的违纪,否则在惩罚之前应该提供充分的口头和书面警告;私下警告和指责,不要仓促地威胁;保持冷静,避免表现出敌意或拒绝;真诚表达帮助他人服从角色期望、免于惩罚的意愿;请员工提出建议来改进问题,寻求对具体计划的共识;如果在威胁、警告之后员工仍不服从,进行处罚以维护可信度;运用合法、公正、与损害严重程度相匹配的惩罚手段。

## 二、正确使用奖赏性权力

奖赏性权力的运用方式直接影响了其结果。如果奖赏得到了目标对象的重视，更可能会导致服从。因此，有必要确定哪些奖赏更会得到重视。同时，如果对某一项任务的奖赏过多，可能导致对象对其他任务的忽视。总体来说，在运用奖赏性权力时，要遵循以下方面：提供人们期望的奖赏；提供公正、符合道德的奖赏；不要做出无法履行的承诺；解释奖赏标准并保持简化；如果达到要求，就提供承诺的奖赏；使用优象征意义的奖赏手段（不采取操纵的方式）。

## 三、正确使用合法性权力

合法性权力的运用通常表现为口头或书面的要求、命令或指示。合法性权力的运用会影响到作用的结果。礼貌的请求可能比粗鲁的命令更加有效，因为它没有强调地位差距或者暗示目标对象对行动者的依赖性。综合来说，在运用合法性权力时需要遵从以下方面：做出礼貌、清晰的要求；解释提出一项要求的原因；不要超越你的职权范围；如果必要，证明你的权威；遵从合适的渠道；后续追踪进展，确保下属服从；如果必要，坚持要求他人的服从。

## 四、正确使用专家性权力

专家性权力依赖于专家的知识技术水平，但是当专家缺乏明显的技术优势或者知识专长时，他人就会产生对专家性权力对质疑，从而影响专家性权力的有效性。在使用去专家性权力时，需要遵从以下方面：解释一项要求或建议的原因及其重要性；提供证明，说明一项提议是成功的；避免轻率、随意或者前后不一致的表述；避免说谎、夸大或误导事实；认真听取他人的关切事项和建议；在危机时，以自信和果断的方式行动。

## 五、正确使用参照性权力

参照性权力是通过对他人需要和情感的关心、表达信任和尊敬、公正待人来实现的。然而，为取得和保持强有劲的参照权力，人们要做的不仅仅是展示自己的魅力，更重要的是保持持续性，而这是通过个人内在的品质和真诚性来实现。具体来说，在使用参照性权力时，应该：表示接受和正面评价；表现得支持和乐于助人；真诚地赞美他人；信守诺言和承诺；做出一定的自我牺牲以造福他人；以身作则的领导（运用角色楷模）；解释一项要求对个人的重要性。

综合来说，通过了解不同权力的内涵，其优缺点，然后采取相应的合适的运用方式，可以使权力发挥最大的优势，更好地实现目标。

## 第四节 组织内政治行为

### 一、政治行为概念

组织内的人们聚集在一起的时候，权力就开始发挥作用了。人们总是试图打开一个缺口以便施加影响、赚取好处或者扩展事业。组织中的员工实施权力的时候就是他们投身政治中的时刻。拥有政治手腕的员工能够有效地施展权力。所以,我们可以说,组织中的政治就是权力实施的过程。

有一种观点认为,政治行为是指一些人为了保证自我利益、满足自我需要并推进自己的目标,从而影响他人的行为和组织中事态进程的行为。从这个角度讲,几乎所有的行为都可以看作政治行为。这一观点似乎将政治行为泛化。因此,需要对政治行为及其结果有一个平衡的理解。由于当把某些行为被认为是政治行为时,人们通常都是以自我为中心的。本书采用组织内政治行为的定义:在组织赋予的职责之外进行的活动,这些活动影响着或试图影响组织中的利益分配。

这个概念包括了大多数人对组织内政治关系的理解。政治行为是指一个人特定工作要求之外的行为。此种行为具有一定目的性、需要施加某种权力的行为。政治行为会影响组织内利益分配,这个定义包括了影响目标、标准及要付出的努力或者决策制定的过程。这个概念的范围也非常广,包含了各种各样的政治行为,如拒绝给决策人提供重要信息、对任何事都不屑一顾、满腹牢骚、传播流言、泄漏组织活动日程、结党营私或者游说他人赞同或反对某人或某个决定。

很多人都不喜欢政治行为,他们天真地认为,如果所有的组织或是组织内部各部门都能做到互相支持、和睦相处、彼此信任、全力合作那该多好。但是,正如托夫勒所说的那样:"组织总是存在内部的政治斗争、权力斗争和明争暗斗等。这就是平常的生活。"或者说,对于政治行为,喜欢不喜欢是一回事,存在不存在则是另一回事。一个无法回避的事实是:组织就是政治机构。一个人如果没有用政治眼光看问题,就会认为员工们一直是从组织的利益角度出发去工作的。相比较而言,组织政治的观点可以帮助人们解释组织中看上去不太合乎情理的行为:员工们为何拒绝提供信息、抵制生产,为何有意建立"小帮派",刻意宣扬他们的成功、隐瞒自己的失败、虚报工作成绩,为何做些重复的工作却似乎在支持组织的效率。

## 二、政治行为产生的原因

经典的组织理论学者将组织描述为高度理想化的、理性的结构,在这样的组织中,权力精确地按照命令链运行,管理者拥有合法性权力。但是,更为现实、也更为真实的组织,特别是大型组织,就如同政府一样,实际上是一个政治实体。因此,要理解组织就必须理解组织的政治。

Walter Nord 曾经提出了有助于集中考察政治现实的以下四个基本假设,其实质就是导致组织产生内政治行为的基本原因:

(1) 组织由相互竞争资源、能量和影响的联合体组成;
(2) 各种联合体寻求保护自己利益和有影响力的地位;
(3) 权力的不平等本身具有反人性化的效果;
(4) 组织中权力的运用是更大社会系统中权力运用的重要方面。

近年来对于组织政治的研究,已经确认了如下几个与组织政治行为相关的维度:

(1) 资源。政治行为与资源的重要性以及稀缺性之间直接相关。而且,当有新资源进入时,组织中的政治行为会受到激发。

### 第四节 组织内政治行为

(2) 决策。与常规决策相比,模糊性的决策、缺乏一致性意见基础的决策、不确定性的决策以及比较长期性的决策容易引发更多的政治行为。

(3) 目标。目标的模糊性和复杂性越高,政治行为就越多。

(4) 技术和外部环境。一般而言,组织的内部技术越复杂,政治行为就越多;同样地,组织的外部环境越是复杂和不确定,政治行为也就越多。

(5) 变革。组织的重组、有计划的组织变革,以及因外部压力而带来的突变,都会刺激政治行为的出现。

依照上面的标准,当今绝大多数的组织都符合高度政治化的条件:它们拥有有限的资源,进行模糊的、不确定性的决策,具有不明确但是复杂的目标,具有日益增加的复杂技术并且正在经历巨大变革的考验。

还有一种观点认为,影响政治行为的组织因素实际上是组织文化的一种功能的体现。有证据表明,某种组织文化会促进组织中的政治行为。如果组织文化中有如下几个特征:低信任度、分工不明确、工作绩效评估机制不完善、奖金分配不均衡、决策制定不民主、工作压力太大等,这些就会为握有权力的管理人员利用职务之便进行政治行为创造了条件。

(1) 对组织的信任度越低,就越有人进行政治行为,因此,高的信任度会抑制政治行为的产生。

(2) 分工不明确是指规定员工做的工作不明确。因此我们对某个员工的政治行为的范围与职能有很少的限制。如果把政治行为看作是一个人正常工作之外的部分,那么任务分工越是模糊,此人就越能钻空子进行政治活动。

(3) 工作绩效评估也是与政治行为密切相关的。组织在评估活动中越是运用主观标准,注重单一的评估结果,或者在工作完成与评估之间留有时间间隔,就越容易出现政治行为。因为,主观评估标准会造成很大的模糊性;单纯追求结果的评价方式,会使员工们尽可能地在结果上做文章,从而使自己的绩效看起来更好,而这往往忽略了工作过程中的付出,这些重要的环节都没有被评估。评估前所消磨的时间也是一个重要因素,时间越长,就越有可能进行政治活动。

(4) 员工们感到工作压力越大,就越有可能产生政治行为。只要以工作结果的优劣作为评定标准,他们就不得不让自己工作的成果看起来更好些。一个人如果明白他的全部事业就压在下一季的销售额,或是下个月的产品生产报告单上的话,他就会尽一切可能使这个数字升起来。

(5) 如果在一个组织中,人们看到高层管理者们通过进行政治行为取得了成功并得到了相当的好处,搞政治行为的风气就会形成。因为,高层管理者们进行政治行为往往会给组织内职位低的人一种感觉,即这种政治行为是组织内允许的。

(6) 研究个体因素的专家认为某种个体特点、需求和其他的个体因素也都可能与政治行为有联系。员工中有些权力主义者,他们有很强的冒险精神并且对外有一定控制能力,他们进行政治行为主要是出于个人原因,与组织的关系不大。影响一个员工热衷于政治行为的原因有很多,譬如:对权力、自由、安全和地位等的强烈需要。因此个体差异对政治行为也会起到重要作用。

### 三、政治行为的结果

前文探讨了政治行为产生的原因,并主要提到了政治行为可能会带来的积极作用,但是对于大多数人来说,他们只具有有限的政治技能,或不愿意参与这种政治游戏,因此政治行为可能会带来一些负面的效果。很多研究考察了组织政治与个人结果之间的关系,结果发现,组织政治感与员工的工作满意度呈负相关关系;组织政治感还会增加工作的压力和焦虑。这也许是因为人们认为自己的领地会被那些积极的政治活动所占据或者相反,成员参加了组织政治行为会给自己带来额外的压力。组织政治还发现会导致员工工作绩效的下降,或许是因为员工认为存在政治的组织中是不公正的,从而失去了工作的热情。当面对的政治活动太多导致难以应对时,就会导致员工离职行为的发生。

事实上,研究人员还发现了几种有趣的情境条件。

(1) 个体成员对组织政治的运作方式和原因的理解会影响组织政治和绩效水平的关系。当组织成员将组织政治行为视作是一种机会时,其政治技能和工作绩效之间的关系会被提高。

(2) 工作中的政治行为会调节道德型领导的影响。一项研究发现男性似乎对道德型领导更敏感,当组织中的政治和道德型领导水平都比较高的时候,他们会表现出更多的公民行为。而对于女性来说,在有道德无政治的环境下可能会表现更多的组织公民行为。

(3) 当人们把组织政治视作是威胁时,他们更可能采取防卫行为,比如会采取一些推诿责任、搪塞、明哲保身、自我保护、找替罪羊等防卫行为。短期内,个体采取的防卫行为似乎保护了个体,但从长期来说,总是依赖防卫行为的员工会发现他们失去了上级、同事和客户的支持与信赖。

### 四、政治行为的道德规范

所有政治行为都是发生在当今组织中的权力游戏的一部分,从某个角度讲,它们是不可避免的。但从另一个角度讲,它们对于组织的健康发展具有破坏性作用。虽然没有一种明确的界限可以区分政治行为是否道德,但在结束这个话题之前,还是要提出一些道德标准以供参考。而且,一个优秀的管理者有责任和义务采取行动,以减少甚至停止这种行为的发生。

为了帮助克服组织内政治行为对组织道德的负面影响,可以依照下面的原则行事:

(1) 保持沟通渠道公开;
(2) 塑造道德行为的而不是政治行为的角色模型;
(3) 当心那些只依照自己利益行动的人;
(4) 保护个人的正当利益;
(5) 总是使用价值判断,经常问:"这样公平吗?"

政治行为是否符合道德标准判断模型如图9-1所示。第一个问题就是个人利益是否与组织利益一致,个人政治行为是否与组织的目标保持一致。比如,对手对你公司新产品的质量问题放出不好的谣言,目的仅仅是为了诋毁产品的设计人员,这种行为就是不道德的。但是,如果你的部门经理为了更快地签订合同,和采购经理交换好处,这就与道德问题无关了。

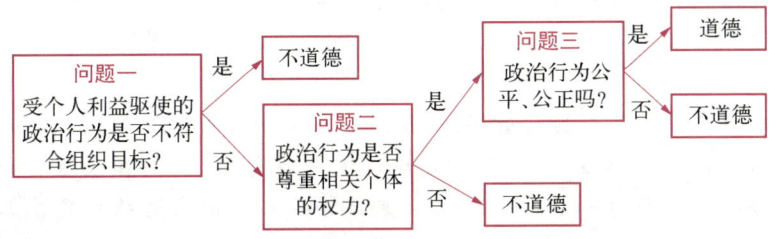

图9-1 政治行为是否符合道德标准判断模型

第二个问题就是这种行为是否尊重相关个体的权力。如果上文提到的那位部门经理,利用午餐时间溜进邮件收发室偷看采购经理的邮件,以便找到一些把柄来威胁其尽快签约,那么其行为就是不道德的。因为这种行为侵犯了那位采购经理的隐私权。

最后一个需要考虑的问题就是政治行为是否公平与公正。部门经理对其喜欢的下属大加夸奖,对其看不上眼的下属百般刁难;对其得意的下属升职加薪,对一般的下属却不闻不问。这些都是不道德的。

不幸的是,对这些问题的回答常常是颠倒黑白的。比如,有权的人就会把他自谋私利的行为说成是为了提高组织效力。同样,他们也会巧言令色地把不公平的行为说成是相当公平和公正的。问题关键就在于,那些不守道德的人几乎可以对任意一种行为自圆其说。

## 本 章 小 结

如果一个人想在一个组织中成就事业,就必须拥有权力。作为一个管理者,想要扩张自己的权力,就要让其他的人更加依赖自己。权力是组织中的重要方面,它的本质是依赖。权力包括强制性权力、奖赏性权力、合法性权力、专家性权力和参照性权力等五种比较公认的权力。其中专家性权力和参照性权力来自个人素质,而强制性权力、奖赏性权力与合法性权力基本上都来自组织因素。研究发现,专家性权力与员工的高绩效有着最强烈、最稳定的相关关系,能力作为权力的基础,可以带来成员的高绩效。

组织中离不开权力的运用,而权力运用的过程往往就是组织中政治行为产生的过程。我们把政治行为定义为,在组织赋予的职责之外进行的活动,这些活动影响着或试图影响组织中的利益分配。组织中政治行为的产生与组织资源的有限性、决策的模糊性和不确定性、组织目标和技术的复杂性以及所处环境的复杂性与不确定性相关。当然,组织内部的一些因素,比如组织内沟通渠道不畅、绩效评价过程主观性强等问题,也会影响政治行为。另外,个体差异也是导致政治行为的重要因素。

由于政治行为对组织具有破坏性,我们给出了一些有助于消除政治行为的一些原则。同时,由于很多政治行为又是难以完全避免的,我们在最后还介绍了评判政治行为道德与否的一个模型。它至少能够帮助人们从道德的角度来识别一种政治行为,而尽量不被那些长于政治之道的人所迷惑。

## 思 考 题

1. 什么是权力?
2. 你如何理解权力的来源?请举例解释一下你的了解。
3. 如何利用好不同的权力?
4. 组织政治是不可避免的吗?
5. 人们为什么讨厌组织政治行为?
6. 组织政治是符合伦理的吗?如何在不违背伦理原则的基础上实施政治行为?

## 练 习 题

### 练习一 个体政治技能测量

个体政治技能指个体通过劝说、操纵和协商实施影响的能力。以下列举的是你的政治技能的情况,请根据你的实际情况选择最符合的选项。

(1=完全不符合;2=大部分不符合;3=基本符合;4=大部分符合;5=完全

符合)

1. 在单位,我的存在会使周围气氛融洽,大家在工作中相处、合作愉快。
2. 在单位,我与周围人关系融洽,工作氛围轻松而有效率。
3. 在单位,我与周围人关系融洽,极少发生矛盾。
4. 通过交谈,我能准确判断出交往者的性格特点。
5. 通过观察,我能根据形势需要,及时并恰当地调整自己的语言和行为。
6. 通常在说话或行动前,我有能力对当时处境进行准确评估。
7. 通过观察对方语言和行为,我能准确判断出对方意图。
8. 通常在说话或行动前,我很清楚自己在什么场合应该说什么、做什么。
9. 无论我是否认可对方,在公众场合,我总是注意让对方有面子。
10. 为照顾对方面子,在需要时,我会在公众场合表扬、夸奖对方优点。
11. 为照顾对方面子,我会尽量避免在公众场合指出或提及对方缺点。
12. 为照顾对方面子,在出现尴尬场面时,我会尽量为对方找台阶下。
13. 我认为,他人的语言或行为从表面上看是否真诚可信,这一点很重要。
14. 我认为,至少应该让自己从表面上看是一个诚实可信的人。
15. 我会在必要时做足表面功夫,使周围人感到我对他们的尊重和重视。
16. 我认为,应灵活利用各种办法,让周围人确信我是个真诚可信的人。
17. 我花费了很多时间和精力去经营自己的社交关系网。
18. 对我有利的人,必要时我会主动积极接近,努力将其拉入我的关系网。
19. 对于不熟的人,我会视需要寻找机会接近,努力将其拉入我的关系网。

**练习二　组织政治倾向测试**

说明:为了检验你的组织政治倾向,请选择"对"或"错"回答下列问题。

1. 你应该通过欣赏他人的想法或工作而使他人感到自己很重要;
2. 因为人们总是通过第一印象判断你,所以尽力留下好的第一印象;
3. 努力让他人多讲话,面对问题要乐观,不要告诉他人说,他们都错了;
4. 表扬别人的优点,而且在他人错了的时候给别人一个下台阶的机会;
5. 尽管有些不愉快,那么传播谣言、误传信息、恶语中伤等是对付敌人的必要方法;
6. 有时作一些你明知不能实现的承诺是必要的;
7. 和每个人融洽相处都很重要;
8. 帮助他人是非常重要的,这样就有机会利用他们;
9. 要善于妥协,特别是在那些对于别人非常重要,但对自己不重要的事情上;
10. 在有争议的问题上,尽量避免被卷入或拖延是重要的。

说明:十足的"组织政治家"认为都对;具有基本道德标准的不认同5和6;也有人都不赞同。

# 第9章 权力与政治

## 案 例 分 析

米尔格伦实验（Milgram experiment），又称权力服从研究（Obedience to Authority Study）是一个非常知名的针对社会心理学的科学实验。实验目的是测试受测者在遭遇权威者下达违背良心的命令时，人性所能发挥的拒绝力量到底有多少。实验开始于纳粹分子阿道夫·艾希曼被抓回耶路撒冷审判，被判死刑后的一年。米尔格伦设计了这个实验，便是为了测试"艾希曼以及其他千百万名参与了犹太人大屠杀的纳粹追随者，有没有可能只是单纯的服从了上级的命令呢？我们能称呼他们为大屠杀的凶手吗？"

实验小组在报纸上刊登广告并寄出许多广告信，招募参与者前来耶鲁大学协助实验。实验地点选在大学的老旧校区中的一间地下室，地下室有两个以墙壁隔开的房间。广告上说明实验将进行约一小时，报酬是4.50美元。参与者的年龄从20岁至50岁不等，包含各种教育背景，从初中毕业至博士学位都有，总共招募了40名实验者。

这是一项关于"体罚对于学习行为的效用的实验"，参与者将作为"老师"，教导各自的"学生"。师生分处两个房间，彼此看不见对方，但能听到相互的声音。每一位"老师"所取得的答案卷上列出了一些搭配好的单字，而"老师"的任务便是教导隔壁的"学生"，同时手边有一个电击控制器，从最低45伏至最高450伏分十个档次。控制器一端与发电机连接，另一端与隔壁"学生"的身体连接。"老师"会逐一朗读这些单字配对给"学生"听，朗读完毕后老师会开始考试，每个单字配有四个单字选项让"学生"作答，"学生"会按下按钮以指出正确答案。如果"学生"答对了，"老师"会继续测验其他单字。如果"学生"答错了，"老师"会对"学生"施以电击，每逢作答错误，电击的电压数也会随之提升。"老师"想停止实验时，会依次出现提示："请继续。""这个实验需要你继续进行，请继续。""你继续进行是必要的。""你没有选择，你必须继续。"若经四次反复的恳求之后，"老师"还是不想继续，他就可以退出。否则，实验会继续进行，直到"老师"施加的惩罚电流提升到致命的450伏，并持续三次之后，实验才会停止。

而事实上，"学生"是由实验人员假冒的。"老师"按下钮键，假冒的"学生"会打开录音机，配合着发电机的动作而播放预先录制的尖叫声。当电压数提升到一定程度后，"学生"会敲打墙壁，敲打墙壁数次后则会开始抱怨自己患有心脏病。当电压数继续提升到一定程度后，"学生"将会突然保持沉默，并停止尖叫和其他反应。在实验之前，米尔格伦和同事们估计，能下狠心按下450伏的将只是少数

## 案 例 分 析

人。实验结果让他们大吃一惊——第一次实验就有65%的参与者有如此心肠。尽管他们都表现出不太舒服;每个人都在电压数到达某种程度时暂停并质疑这项实验,一些人甚至说他们想退回实验的报酬。没有参与者在到达300伏之前坚持停止。后来米尔格伦自己以及许多全世界的心理学家也做了类似或有所差异的实验,但都得到了类似的结果。为了证实这项实验,也有许多更改了架构的实验产生。

这一切的结果,是因为这些"老师"处在不断被怂恿"继续下去"的环境也即"制度"中。由此米尔格伦提出,在合适的条件下,"组织化的社会环境"对人会产生相当深刻的影响。简单地说,就是在坏的制度下,好人同样会作恶。

**思考题:**

在米尔格伦实验中,"老师"组的权力来源属于哪种类型?请结合实验具体内容评价这类权力是如何进行运用的?

# 第10章 领导理论

在中国的互联网行业中,360集团董事长周鸿祎堪称一朵"奇葩",这个"好战"、不委曲求全的老板,在他数十年的从业经历中成就了数起成功的商业案例,但同时也将金山、百度、腾讯、小米等一线互联网公司挨个得罪了一遍。

周鸿祎是个不断自省的人。他被记者称为"口水大王"不光是因为其直言不讳,还因为很多问题他都自问自答了多遍。早期产品白皮书的每句话都经他反复朗诵、推敲审定,就像把课本抄上一百遍的小学生。在员工看来,除了工作上苛刻以外,他机敏、幽默,不难相处。周有个能喷水的遥控坦克,数次袭击过推门进来、忐忑不安的员工。后来有人说这是"办公室暴君",他就把坦克藏起来了。

组织成功与否,归根到底在于人的积极性能否得到充分发挥。而影响人的积极性的因素又有很多,如人际关系与群体行为、个体的价值观和个性差异、管理工作和劳动报酬以及组织结构等。其中最为重要的还是领导问题。领导无疑是管理工作的一个重要组成部分。无论在正式组织还是非正式组织中,都离不开领导。事实证明,大到一个国家,小到一个工商企业的兴衰成败,都和领导水平的高低密切相关。所以,领导问题一直是组织行为学研究的重点之一。本章将专门讨论有关领导理论与行为方面的问题。

## 第一节 领导概述

领导是组织行为学研究中的一个活跃领域,相应的理论模型也比较多。在介绍这些理论模型之前,有必要对相关的概念进行界定和区分。

### 一、领导的概念

在组织行为学中大概没有几个概念像领导这样不统一,有人甚至认为:有多少管理学家,就有多少种领导的概念。诸如,领导是一种群体过程、是使别人顺从的艺术、是影响力的施加、是一种说服他人的形式、是一种实现目标的手段、是吸引他人的功能或作用等。这些说法分别从不同方面、不同角度阐释了领导的特性与实质。我们倾向于将领导定义为一种影响人们实现组织或群体目标的艺术或过程。这是一个广义的定义,它包含了这样一些要点:首先,领导的本质是影响。领导行为的实施,组织或群体成员对领导者的信任和追随,都离不开领导者的影响力。其次,领导是一个过程,是对人们施加影响的过程;同时也是一种艺术。越是高层次的领导行为,因其面对的复杂性和不确定性越多,艺术性也就越强。最后,领导是与某种目标相联系的,是一种目的性很强的行为。

需要补充说明的一点是,在汉语的日常用语中,对领导与领导者一般是不加区分的。事实上,领导与领导者是两个不同的概念。领导者是指担任某项职务、扮演某种领导角色、实施领导过程的个人或集团。

## 二、领导与管理

我们常常将领导者与管理者混为一谈,事实上两者并不完全相同。领导是管理的一个方面,属于管理的范畴,但管理还包括其他内容,如计划、组织、控制等。

管理者是被任命的,他们拥有合法的权力进行奖励和处罚,其影响力来自他们所在的职位所赋予的正式权力,他只存在于非正式组织中。相反,领导者则可以是被任命的,也可以是从一个群体中产生出来的,领导者可以不运用正式权力来影响他人的活动。领导从根本上讲是一种影响力,是一种追随关系,是追随者使一个人成了领导者。因此,领导者既存在于组织中,也存在于群体中;既存在于正式组织中,也存在于非正式组织中。

所有的领导者都是管理者吗?或相反,所有的管理者都是领导者吗?首先,并不是所有的领导者必然具备完成其他管理职能的潜能,因此不是、也不应该所有的领导者都处于管理岗位上。因为一个人能够影响别人并不表明他同样也能够计划、组织和控制。但为了使组织更有效率,应该选择领导者从事管理工作,更应该把所有的管理者都培养成好的领导者。以下我们所进行的探讨都是基于管理的角度。因此,本章中的领导者指的是那些能够影响他人并拥有管理权力的人。

## 第二节 领导特质理论

早期的领导理论研究都将重点放在寻找杰出领导者所具备的某些共同的特性或品质上,称为领导的特质理论。事实上普通人心中也往往倾向于觉得领导者具有某些与众不同的品质特征,如智慧、领袖魅力、决策力、热情、实力、勇气、正直和自信等。这些就反映出领导特质理论的本质。

为了寻求区分领导者与非领导者的特质或特性,特质论的研究者早在20世纪30年代就进行了大量研究,希望从个性、社会、生理或智力方面发现领导者与非领导者的差异。它们在早期的领导研究中占有统治地位。

但众多分离特质的研究努力均以失败告终。人们没有找到总能将领导者与下属,以及有效领导者与无效管理者加以区分的一些特质因素。对于那些被公认为领导者的个体,如毛泽东、邓小平、马丁·路德·金、甘地、纳尔逊·曼德拉,这些人显然符合领导者的定义,但他们各自表现出全然不同的特点,我们也很难从他们身上分离出一个或几个非领导者完全不具备的特质。如果特质论站得住脚,就应该找得到所有领导者都具备的具体特点。不过,大多数人相信对于所有成功的领导者来说,都具备一系列一致而独特的个性特点,不论他们在什么样的组织中工作。

考查与领导高度相关的特质的研究,也有许多令人瞩目的成果。比如,研究者发现领导者有六项特质不同于非领导者,即进取心、领导愿望、正直与诚实、自信、智慧和与工作相关的知识。领导者的 6 项特质及表现如表 10 - 1 所示。

表 10 - 1　领导者的 6 项特质及表现

| 特　质 | 表　现 |
| --- | --- |
| 1. 进取心 | 领导者表现出高努力水平,拥有较高的成就渴望 |
| 2. 领导愿望 | 领导者有强烈的愿望去影响和领导别人,他们表现为乐于承担责任 |
| 3. 诚实与正直 | 领导者通过真诚与无欺以及言行高度一致而在他们与下属之间建立相互信赖的关系 |
| 4. 自信 | 下属觉得领导者从没缺乏过自信,领导者为了使下属相信他的目标和决策的正确性,必须表现出高度的自信 |
| 5. 智慧 | 领导者需要具备足够的智慧来收集、整理和解释大量信息,并能够确立目标、解决问题和作出正确的决策 |
| 6. 工作相关知识 | 有效的领导者对于公司、行业和技术事项拥有较高的知识水平,广博的知识能够使他们作出富有远见的决策,并能理解这种决策的意义 |

总之,关于领导特质的大量研究使我们得到这样的结论:某些特质是领导者成功的必要条件,但还不是充分条件。

领导特质理论在今天看来至少有以下两个致命的缺陷:第一,它忽视了下属的作用。事实是,如果失去了下属的支持,领导者将无所作为;第二,忽视了情境因素。一个领导者能否发挥作用,会因被领导者以及环境的改变而改变。这在今天已近乎常识。实际上,从 20 世纪 40 年代末至 60 年代中期,有关领导的研究就着重于领导者的行为风格了。

## 第三节　领导行为理论

从 20 世纪 40 年代末开始,研究者开始把目光转向具体的领导者表现出的行为上,希望从中了解有效领导者的行为是否有什么独特之处。比如,领导者更倾向于民主还是专制。

研究者希望行为理论观点不仅能提供更为明确的有关领导实质的答案,而且,如果其成功的话,它所带来的实际意义将与特质论截然不同。如果特质论成功,那么领导就是天生的,只能选拔不能培养;如果行为研究找到了有关领导方面的关键决定因素,则可以通过训练而使人们成为领导者。即通过设计一些培训项目,使培养对象具备有效管理者的行为特征。

关于这方面的研究有很多。这里主要介绍比较流行的三种：俄亥俄州立大学的研究、密歇根大学的研究以及著名的领导方格论。

## 一、俄亥俄州立大学的研究

较为全面且重复较多的行为理论，来自 20 世纪 40 年代末期在俄亥俄州立大学进行的研究。一个由心理学、社会学和经济学研究者组成的跨学科小组使用领导行为问卷（leader behavior questionnaire，LBDQ）来分析各类团队和情境中的领导。研究的对象包括军官、军士、主管、执行官、高校管理者等。研究者希望确认领导者行为的独立维度，他们收集了大量的下属对领导行为的描述，开始时列出了 1 000 多个因素，最后归纳出两大类，称之为"创立结构维度"和"关怀维度"。

（1）创立结构维度指的是为了达到组织目标，领导者界定和建构自己与下属的角色的倾向程度。它包括任务与职责规定的明确性、组织与计划的条理性，以及使用职权与奖惩去监控和实现目标的情况。这是一种注重任务的领导行为倾向。具有高创立结构特点的领导者会向下属分配具体工作，要求员工保持一定的绩效标准，并强调工作的最后期限。

（2）关怀维度指的是一个人具有的关心和尊重下属，并愿意建立一种相互信任的工作关系的程度。高关怀的领导者友善而平易近人，关怀下属的福利和需要，公平对待每一个下属，愿意与下属沟通，重视友谊与授权。这是一种注重下属及人际关系的领导行为。

在此基础上进行的大量研究发现，一个在创立结构和关怀方面均高的领导者（高-高型领导者）常常比其他三种类型的领导者（低创立结构、低关怀或两者均低）更能使下属达到高绩效和高满意度。但是，高-高型并不总是产生积极的效果。比如，当员工从事常规工作时，高创立结构的领导行为导致了高抱怨率、高缺勤率和高离职率，工作的满意度水平也很低。其他研究还发现，领导者的直接上级主管对其进行的绩效评估等级与高关怀性成负相关关系。总之，俄亥俄州立大学的研究说明，一般来说，高-高型风格能够产生积极效果，但同时也发现了足够的特例表明这一理论还需加入情境因素。原因可能在于该模型中假定的两个维度涵盖的内容比较广泛，它们各自还包含许多子因素。而高-高型风格的假说显然过于简化了。

## 二、密歇根大学的研究

与俄亥俄州立大学的研究同期，密歇根大学的一个调查研究中心也进行着相似性质的研究，即确定领导者的行为特点，以及它们与工作绩效的关系。该项研究针对保险公司开展，并对 12 对高低产配对的小组进行测验。每一配对表征了一个高产分部和低产分部，而其他的变量，诸如工作类型、工作条件以及方法等都是保持相同的。结果发现，高产部门的主管在他们的管理风格上更显著的是以员工为中心，而低产分部的主管在本质上更加狭隘，单一关注在生产上。

密歇根大学的研究小组也将领导行为划分为两个维度，称之为员工导向和生产导向。员工导向的领导者被描述为重视人际关系，他们总会考虑到下属的需要，并承认人与人之间的不同。相反，生产导向的领导者倾向于强调工作的技术或任务事项，主要关心的是群体任务的完成情况,并把群体成员视为达到目标的工具。

密歇根大学研究者的结论对员工导向的领导者十分有利,他们与高群体生产率和高工作满意度成正相关。而生产导向的领导者则与低群体生产率和低工作满意度联系在一起。

### 三、领导方格论

布莱克(R. Blake)和莫顿(J. Mauton)两人发展了领导风格的二维观点,在"关心人"和"关心生产"的基础上提出了领导方格论,充分概括了俄亥俄州立大学的关怀与定规维度以及密歇根大学的员工取向和生产取向维度。

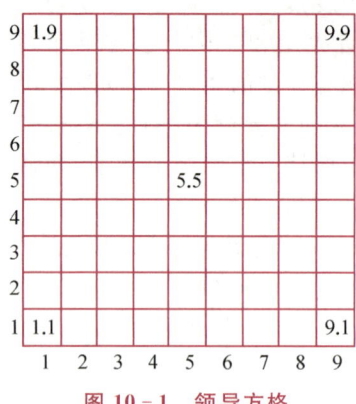

图 10-1 领导方格

领导方格如图 10-1 所示,它在两个方向上分别划分出 9 个等级,从而生成了 81 种不同的领导类型。但是,领导方格论主要强调的并不是产生的结果,而是领导者为了达到这些结果应考虑的主要因素。

尽管在领导方格中存在 81 种类型,但布莱克和莫顿主要阐述了 5 种最具代表性的管理类型:贫乏型、任务型、乡村俱乐部型、中庸之道型、团队型。

(1) 贫乏型管理(1.1 组合)的特征是领导人几乎放弃其职责,既不管工作,也不关心人。

(2) 任务型管理(9.1 组合)的特征是领导者通过权力与控制进行运作,最关心的是工作。

(3) 乡村俱乐部型管理(1.9 组合)的特征是领导者对员工关怀备至,重视创建友好氛围。

(4) 中庸型管理(5.5 组合)的特征是致力于保持完成工作和维持员工关系之间的平衡。

(5) 团队型管理(9.9 组合)的特征是让群体成员广泛参与,为所设目标而奋斗。

从这些发现中,布莱克和莫顿得出结论:团队型风格的管理者工作最佳。遗憾的是,领导方格论并未对如何培养领导者提供答案,只是为领导风格的概念化提供了框架;并且,也没有实质性的证据支持在所有情境下,团队型风格都是最有效的方式。

### 四、行为理论总结

以上介绍了三种从行为角度上对领导进行解释的最重要的尝试。最近一项针对 160 项研究的分析发现,如果领导者在关怀维度上得分比较高,下属会有更好的工作满意度和积极性,并且也更加尊重这个领导。然而在验证这些领导行为与领导有效性上并不是都非常有效:在确定领导行为与成功的绩效之间的一致性关系上很不成功。事实上,不同的环境导致了不同的结果,并不存在适用于一切情境的唯一最佳领导方式,因此也就很难得出一般性的结论。比如来自 GLOBE(参见下一章)的项目研究表明,不同的国家在结构维度和关怀维度上有不同的偏好,巴西和美国的团队领导者更加应该关注在团队导向上,考虑参与型、有人情味的领导方式;而对于法国来说,可能员工更倾向于官僚式的管理者,较少的期待领导者是有人情味的或者是善解人意的。根据这项研究,在我国,对于礼仪、关怀和无私的强调,可能要求领导者需要关注员工,但是对于权力距离的强调,可能又会使得过度对员工的关注带来领导的无效性。综合来说,行为理论欠缺的正是对影响成功与失败的情境因素的考虑。而这些因素对领导的成功与否,有时甚至是决定性的。于是,这就涉及了后面要讨论的领导权变理论。

## 第四节 领导权变理论

人们越来越清楚地认识到,为了预测领导成功而对领导现象进行的研究其实比分离特质和行为更为复杂。由于未能在这些方面获得一致性的结果,人们开始重视情境的影响。

有关影响领导效果的主要情境因素的研究很多。其中研究最多的情境因素包括工作的结构化程度、领导者直接主管的风格、下属角色的清晰度、群体规范、控制范围、外部的威胁与压力以及组织文化等。这种有关情境与领导行为匹配的理论,就是领导权变理论,有时也被称作领导情境理论。

有一些领导权变理论的模型已经得到了广泛认可,这里主要介绍其中的四种:菲德勒模型、目标-路径理论、动态情境领导理论和领导者-成员交换理论。

### 一、菲德勒模型(LPC 理论)

第一个全面的领导权变理论模型是由弗莱德·菲德勒提出的。菲德勒权变模型指出,有效的群体绩效取决于与下属相互作用的领导者的风格与情境对领导者的控制和影响程度之间的合理匹配。菲德勒开发了最难共事者问卷(least preferred coworker questionnaire,LPC),用以测量个体是任务取向型还是关系取向型。另外,他还分离出三项情境因素:领导者-成员关系、任务结构和职位权力。他相信通过操作这三项因素能产生与领导者行为取向的恰当匹配。从某种意义上说,菲德勒模型属于过时的特质理论,因为 LPC 问卷只是一份简单的心理测验。然而,菲德勒走得比忽视情境的特质理论和行为理论远得多,他将个体的个性和特点与情境联系起来,并将领导效果作为两者的函数进行预测。

菲德勒相信影响领导成功的关键因素之一是个体的基本领导风格,因此他首先试图发现这种基本风格是什么。为此,他设计了 LPC 问卷,问卷由 16 组对应形容词构成。菲德勒让作答者回想一下与自己共过事的所有同事,并找出一个最难共事者,在 16 组形容词中按 1~8 等级对他进行评估。菲德勒认为,通过对 LPC 问卷的回答,可以判断出人们最基本的领导风格——任务取向型或是关系取向型。

如果以相对积极的词汇描述最难共事者,则作答者很乐于与同事形成友好的人际关系,也就是说,如果你把最难共事的同事描述得比较有利,则可被认为是关系取向型。相反,如果你对最难共事的同事看法是偏向负面的,你可能主要感兴趣的是生产,因而可认为是任务取向型。菲德勒运用 LPC 工具可以将绝大多数作答者划分为两种领导风格。

非常值得注意的一点是,菲德勒认为一个人的领导风格是固定不变的,这意味着如果情境要求任务取向的领导者,而在此领导岗位上的却是关系取向型领导者时,要想达到最佳效果,要么改变情境,要么替换领导者。菲德勒认为,领导风格是与生俱来的——你不可能改变你的风格去适应变化的情境。

用 LPC 问卷对个体的基本领导风格进行评估之后,需要再对情境进行评估,并将领导者与情境进行匹配。菲德勒列出了三项权变因素用以确定决定领导有效性的情境,它们是领导者-成员关系、任务结构和职位权力。其定义如下:

(1) 领导者-成员关系:领导者对下属信任、信赖和尊重的程度。
(2) 任务结构:工作任务的程序化程度。
(3) 职位权力:领导者拥有的权力变量的影响程度。

菲德勒模型的下一步是根据这三项权变变量来评估情境。领导者-成员关系或好或差,任务结构或高或低,职位权力或强或弱,三项权变变量总和起来,便得到 8 种不同的情境或类型,每个领导者都可以从中找到自己的位置。

菲德勒模型指出,当个体的 LPC 分数与三项权变的评估分数相匹配时,就会达到最佳的领导效果。菲德勒曾经研究了 1 200 个工作群体,对 8 种情境类型的每一种,均对比了关系取向和任务取向两种领导风格。他得出的结论是:任务取向的领导者在非常有利的情境和非常不利的情境下工作得更好。

要进一步强调的是,在菲德勒的模型里,个体的领导风格是稳定不变的。因此提高领导的有效性实际上只有两条途径:

(1) **替换领导者以适应情境**。在棒球比赛中,教练可以根据击球手的情境特点而决定起用左手投手还是右手投手,从而获得比赛的胜利。再比如,如果群体所处的情境被评估为十分不利,而目前又是一个关系取向的管理者进行领导,那么替换一个任务取向的管理者就能提高群体绩效。

(2) **改变情境以适应领导者**。通过重新建构任务或提高或降低领导者可控制的权力,可以适应该点要求。

总之,有大量的研究对菲德勒模型的总体效度进行了考查,并得到了十分积极的结果,也就是说,有相当多的证据支持这一模型。当然,该模型目前也还存在一些欠缺,还需要增加一些变量来加以改进和弥补。另外,在 LPC 量表以及该模型的实际应用方面也存在着一些问题。比如,LPC 的逻辑性尚未被很好地认识,一些研究指出作答者的 LPC 分数并不稳定。再者,这些权变变量对于实践者来说也过于复杂和困难,在实践中很难确定领导者—成员关系有多好、任务的结构化有多高,以及领导者拥有的职权有多大。

## 二、目标-路径理论

目标-路径理论(goal-path theory)由加拿大多伦多大学教授伊凡斯(M. Evans)于 1968 年提出,后由其同事豪斯(R. House)教授补充发展而成。

该理论的核心在于,领导者的工作是帮助下属达到他们的目标,并提供必要的指导和支持,以确保下属的目标与群体或组织的目标相一致。有效的领导者能够通过明确下属的任务、理清路程中的各种障碍,使其顺利达到目标来帮助下属。而且,领导者在这方面发挥的作用越大,越能提高下属对目标价值的认识,也越能有效激励下属。

通过实验,豪斯认为"高任务-高关系型"的组合不一定是有效的领导方式,还应该加入情境因素。因此他确定了四种领导方式供同一领导者在不同情境下使用。这四种领导方式是:

(1) 指导型。指导型领导明确告知下属期望他们做什么、怎么做以及何时完成。领导在完成任务的过程中给予下属必要的指导,但决策完全由领导作出,下属不参与。

(2) 支持型。支持型领导十分友善、平等待人、关心下属,但不太注意通过工作使人满意。

(3) 参与型。参与型领导在做决策时注意征求下属意见,认真考虑和接受下属的建议。

(4) 成就型。成就型领导者向下属提出具有挑战性的目标,希望下属最大限度地发挥潜力,并相信他们能够达到目标。

领导者究竟选择哪种领导方式,要考虑两个方面的因素:一是下属的个性特点,比如领悟能力、教育程度、对成就的需求、愿意承担责任的程度等;二是具体的环境,包括任务结构、权力结构以及工作群体的情况等。

该理论的有关研究认为:当工作群体内部存在激烈的冲突时,指导型领导会带来更高的员工满意度;内控型下属(即相信自己可以掌握命运)对参与型领导更为满意;外控型下属对指导型领导更为满意;当任务结构不清时,成就取向型领导将会提高下属的期待水平,使他们坚信努力必会带来成功的工作绩效;与具有高度结构化和安排完好的任务相比,当任务不明或压力过大时,指导型领导会带来更高的满意度;当下属执行结构化任务时,支持型领导会带来员工的高绩效和高满意度;对于能力强或经验丰富的下属,指导型的领导可能被视为累赘多余;组织中的正式权力关系越明确、越官僚化,领导者越应表现出支持型行为,降低指导型行为。情景与领导风格的对应关系如表10-2所示("+"表示宜采用,"-"表示不宜采用)。

表10-2 情景与领导风格的对应关系

| 情景特征 | 指导型 | 支持型 | 参与型 | 成就型 |
|---|---|---|---|---|
| 任务 | | | | |
|   结构型 | - | + | + | + |
|   非结构型 | + | - | - | + |
| 下级 | | | | |
|   技术熟练 | - | + | + | + |
|   不熟练 | + | - | - | + |
|   高成就需要 | - | - | - | + |
|   高情感需要 | - | + | + | - |
| 正式职权 | | | | |
|   充分 | - | + | + | + |
|   有限 | + | + | + | + |

（续　表）

| 情 景 特 征 | 指 导 型 | 支 持 型 | 参 与 型 | 成 就 型 |
|---|---|---|---|---|
| 工作小组 | | | | |
| 　有力沟通网络 | ＋ | － | ＋ | ＋ |
| 　有合作经验 | － | － | － | ＋ |
| 组织文化 | | | | |
| 　支持参与 | － | － | － | ＋ |
| 　成就激励 | － | － | ＋ | － |

### 三、动态情境领导理论

动态情境领导理论又叫生命周期领导理论，是赫西（P. Hersey）与布兰查德（K. Blanchard）两人提出来的。与其他权变领导理论不同的是，该理论注意到时间或下级所处的职业生涯发展阶段对领导风格的影响，并引进了"下属成熟度"的概念。下属成熟度是指个体完成某一具体任务的能力和意愿的程度。领导之所以要重视下属则是基于这样一个事实：无论领导者做什么，其效果都取决于下属接纳或拒绝的程度。

情境领导模式使用的两个领导维度与菲德勒的划分相同：任务取向和关系取向。但他们进一步认为，每一维度有高有低，可以组成四种具体的领导风格：指导、推销、参与和授权。具体含义如下：

（1）指导（高任务-低关系）。领导者定义角色，告诉下属干什么、怎么干以及在何时何地去干。

（2）推销（高任务-高关系）。领导者同时提供指导性行为与支持性行为。

（3）参与（低任务-高关系）。领导者与下属共同决策，领导者的主要角色是提供便利条件与沟通。

（4）授权（低任务-低关系）。领导者提供极少的指导或支持。

赫西和布兰查德理论的最后部分定义了下属成熟度的四个阶段：

（1）第一阶段。下属对于执行某任务既无能力又不情愿。他们既不胜任工作又不能被信任。在该阶段，下属需要得到明确而具体的指导。

（2）第二阶段。下属缺乏能力，但却愿意从事必要的工作任务。他们有积极性，但目前尚缺乏足够的技能。在该阶段中，领导者需要采取高任务-高关系行为。高任务行为能够弥补下属能力的欠缺，高关系行为则试图使下属在心理上"领会"领导者的意图。

（3）第三阶段。下属有能力却不愿意干领导者希望他们做的工作。在该阶段中出现的激励问题运用支持性、非指导性的参与风格可获最佳解决。

（4）第四阶段。下属既有能力又愿意干领导让他们做的工作。在该阶段中，领导者不需要做太多事情，因为下属既愿意又有能力承担责任。

该理论之所以又被称作生命周期领导理论，从情境领导模型中可以看出，如图10-2所示。当一名员工处于其职业生涯的早期阶段时，他更需要的是领导者的指导和帮助；随着职业能力的成长，纯粹指导型的领导方式已不能令其满意，此时，任务与关怀并重的领导方式更适合他；当他进入职业生涯的鼎盛期时，领导自然已不需对他给予过多的监督与指导，此时采用参与型的方式最为合适；最后，当他进入职业生涯的晚期，在各方面都可自律自主，领导只需授权即可。

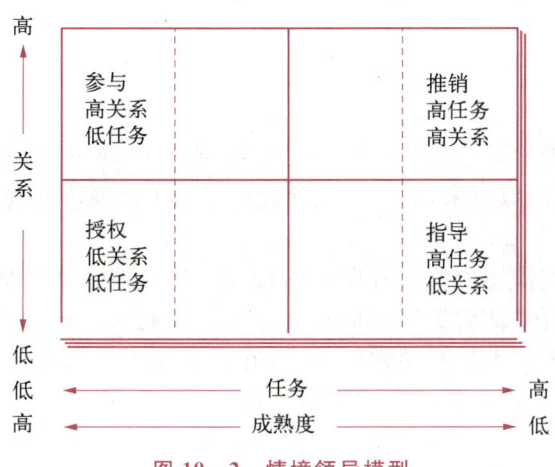

图 10-2　情境领导模型

这一理论强调了领导行为的真正情境性与灵活性，特别强调下属条件的动态性，是最关键的情境因素，因此，深受管理实践工作者的欢迎。

## 四、领导者-成员交换理论（LMX 理论）

领导者-成员交换理论（leader-member exchange theory，LMX）由乔治·格里奥（G. Graeo）等人提出。它的基本含义是，由于时间的压力，领导者只能与下属中的少部分人建立特殊关系。这些个体成为圈内人士，能够得到领导更多的信任与关照，也更可能享有特权；而其他下属则成为圈外人，他们占用领导的时间较少，获得奖励的机会也较少，他们与领导的关系是在正式的权力系统基础上形成的。

大多数的领导理论事实上都是基于这样一个假设，领导者以同样方式对待所有下属。而领导者-成员交换理论则指出，在领导者与某一下属进行相互作用的初期，领导者就暗自将其划入了圈内或圈外，并且这种关系是相对稳定不变的。领导者到底如何将某人划入圈内或圈外尚不清楚，但有证据表明领导者倾向于将具有下面这些特点的人员选入圈内：个人特点（如年龄、性别、态度）与领导者相似，有能力，具有外向的个性特点。领导者成员交换理论预测，圈内地位的下属得到的绩效评估等级更高，离职率更低，对主管更满意。

领导者成员交换理论至今已经得到了大量实证研究的支持，这方面的理论和研究证明了下述观点：领导者对待下属的方式是有差异的，而且这种差异是有规律的。另外，圈内人和圈外人的不同地位与下属的绩效和满意度有关。

## 第五节　当代领导理论

自20世纪70年代以来,魅力型和变革型领导理论已经成为领导学领域研究的焦点,被称为"新领导理论"。其共同之处在于减少了理论的复杂性,而从普通人的角度去看待领导这一主题。

### 一、魅力型领导理论

魅力型领导理论由罗伯特·豪斯首先提出,他于1976年出版了有关魅力型领导的著作,自从该著作出版以来,魅力型领导理论受到了众多研究者的关注。

#### (一)韦伯的魅力型领导理论

魅力最初被用于描述少数人所拥有的特殊天赋,这些天赋使他们具有成就非凡事业的能力。德国著名社会学家韦伯对此下了一个定义:魅力是特殊的个性特征,它使人成为超人或者使人具有超常的能力,它只存在于少数人身上。它是天生具有的,结果这些具有魅力的人就被看成了领导者。

韦伯的魅力型领导往往指宗教界或政治界的领导,在这个概念中包含了五个组成部分:一位具有非凡的、近乎神奇的才能的领导者;一个不稳定的或者危机的情形;以激进的办法解决危机;一组下属被这名非凡领导者所吸引,因为他们相信这名领导者能够将自己与超凡的力量联系在一起;这名领导者通过不断的成功,证实其非凡的才能和力量。

韦伯关于不稳定或者危机是魅力型领导的一个必要条件的说法,引起了很多争论。许多学者认为领导魅力在没有危机的时候也能表现出来,他们注意到稳定和平静时期,具有鼓舞人心的有远见的魅力型领导者经常出现在企业界。自此从管理学角度对魅力型领导的研究获得了丰硕的成果。

#### (二)魅力型领导的个性特征

早期有关魅力型领导的研究,比较关注能产生领导者个人魅力的品质特征。比如豪斯认为,魅力型领导者的个人特征包括:自信、坚定的价值观、渴望影响他人和支配性。

美国著名的领导学专家安弗莎妮·纳哈雯蒂曾经提出,魅力型领导者所拥有的许多特征,可能在其他类型的领导者身上也可以看到,但魅力的来源是因为其将各种特质与能力进行了完美的结合。因此,她将该类领导者的特点归纳为拥有高度的自信、对理想有强烈的信念、高度热情、精力充沛,以及良好的表达与沟通能力,并且具有积极的形象与模范作用。

本尼斯通过对990位杰出的领导者的研究发现,魅力型领导有四个方面杰出的品质:有极富吸引力的远景规划和宏伟目标;能绘声绘色地给下属描绘出这个远景;坚定不移地朝着远景的方向努力;为实现远景目标不遗余力。

综合他们的观点,可以将魅力型领导者最主要的特征概括为六个方面:

(1)对未来有美好设想。魅力型的领导者是未来取向的,他能够感知到事物的现行运行方式与可能的或应该的运行方式之间的差距,能够认识到现存秩序的缺陷,并能够提出如何克服这些缺陷的令人兴奋的设想。

(2) 高度自信。魅力型的领导者对自己的能力、正确性以及自己信仰在道德上的正义性高度自信。他们在情感、动机、情绪和价值观念上的内心冲突比其他人要少得多,在斥责团队成员时很少感到愧疚和不安。

(3) 精力充沛、充满热情、自我激励。魅力型领导者精神饱满、精力充沛、对实现目标充满激情。而且他们能够用各种方式充分和生动地表达自己的情感和热情。

(4) 善于言辞。魅力型领导者善于表达自己的思想,擅长运用各种言辞和非言辞的表达技巧。他们有卓越的沟通能力,与下属交流时思想内容丰富,旁征博引,能够对追随者产生强烈的感染力。

(5) 愿意冒风险。魅力型的领导者通常都是冒险型的,敢于冒险会增加他们的魅力。

(6) 对环境的敏感性。魅力型领导者具有对现实的洞察力,他们实事求是地评估组织内的各种环境资源和条件限制,并基于对环境资源的现实评估来制定变革策略和非常规行动。

(三) 魅力型领导的行为特征

豪斯认为魅力型领导行为模型包括以下要素:① 树立强烈的角色榜样。他们希望追随者具有什么样的信念和价值观,他们本身就是这些信念和价值观的坚定榜样。② 魅力型领导者是有能力的。③ 他们明确表达了带有道德色彩的理想目标。④ 他们对追随者提出很高的期望,并且表示相信追随者有能力达到这种期望,这种行为的影响结果就增强了追随者对自身能力和自我效能的认识,从而进一步提高了他们的绩效。

康格和凯南格区别了在领导过程的三个不同阶段所表现出的魅力型领导行为:

(1) 评估环境阶段。在这一阶段领导者将以批判的眼光评估现状以及追随者的倾向、能力、需求和满意度的水平。魅力型领导者的重点在于发现组织或市场中的缺陷或未被充分利用的机会,他们也往往因此被视为组织的改革家。

(2) 形成和传递目标阶段。魅力型领导能有效形成组织愿景。在这里"愿景"一词指领导者希望组织未来能够实现的理想化的目标。这个理想化的愿景使领导者成为在下属心目中深受尊敬并乐意效仿的人物。而且,愿景和现状之间的差距越大,下属越容易认为这是一个超凡的愿景,而不是一个平凡普通的目标。形成愿景以后,领导者还能够清晰有效地向下属传递这一目标。

(3) 执行阶段。在这一阶段魅力型领导者能有效建立下属对目标的认同感,并证明这些目标是如何被实现的,主要包括树立个人榜样、承担风险以及显示非传统的专业才能。

通过比较,我们可以发现魅力型领导行为有许多共同的典型表现,比如愿景规划与传递、鼓舞干劲、树立行为榜样、智力激发、授权、设定高绩效期望和培育集体认同感等。

(四) 下属或追随者特征

魅力型领导者能够和追随者形成与众不同的魅力型领导关系,这种关系将对追随者产生深远的影响。在此过程中,追随者的特征对于魅力型领导关系的形成有着重要的作用。

早期基于政治学领域的研究结果发现魅力型领导者的下属比较容易被塑造和说服,根据精神分析学的原理,这是因为这些下属往往缺乏自信心,下属们于是将魅力型领导者作为自己崇拜和模仿的对象,将魅力型领导者作为其"自我理想"的替代品。

在企业背景下的研究,则得出了与上述不同的结论,结果显示下属们之所以被魅力型领导所吸引,是因为他们对领导者的能力有更建设性的认同、有向他们学习的愿望、有挑战自我和个人成长的要求等。比如,巴斯指出,下属认为追随魅力型领导者是一个实现高层次需要的机会;是一个强化自尊、自我价值、自我效能的机会。相关研究显示,那些偏好魅力型领导风格的下属具有下列个性特征:成就导向、自尊、注重工作的内在奖励和参与决策制定过程、比较低的安全需要和结构化需要。

由此可见,并不是任何一个具有个人魅力的领导者能够与下属形成魅力型关系,对下属产生影响力。下属往往基于"相似性吸引"和"需要满足"的原理,对特定的领导行为起反应。领导者及其追随者一定具有基本一致的信念和价值观,领导者的个人魅力才得以产生影响力。

### (五)情境因素

影响魅力型领导形成的情境因素可以分为组织内和组织外两部分。

组织外部的因素中,比较达成共识的观点是危机或混乱情境下,容易产生或形成魅力型领导。基本假设是,一方面这种情境下,追随者们需要有一个领导者来提供未来的愿景以及有效的解决方案;另一方面,在这样的时期,魅力型的领导者也比较容易提出和让人接受他的变革型愿景,因为现状令人不满意。

研究显示,存在一个理想的环境来促成魅力型领导力的产生与发展,其中涉及了组织所处的环境因素、生存周期、技术支持、目标任务、企业文化、管理模式、发展愿景和领导者的更替情况与水平等方面。① 简单而言,组织所处的环境因素是指身处动荡与危机之中,或者组织成员心理状态比较薄弱的情况下,更有可能产生魅力型领导者并体现其自身的价值。② 从组织的生命周期来看,企业刚刚起步(创业阶段)或面临人力资源调整与恢复时,对魅力型领导者的需求会明显增加。③ 就企业的专业技术而言,技术的分解性越低,则组织中成员肩负的责任更重,面临的挑战更大,这时如何调动组织成员的积极性,提升他们的责任感以及创造力,就更需要魅力型领导者发挥其效力。④ 积极进取的企业目标,以及精练的组织构架可以激发魅力型领导的产生。⑤ 容易接受新事物的企业文化及发展方向与社会主流的价值观相吻合,并且乐于为领导者和组织成员提供平等的发展机会,这些因素的有机组成对于魅力型领导者是一个比较理想的发挥之地。⑥ 而相比组织中的基层干部,魅力型领导者的特质更适合在中高层的管理水平上体现作用,其原因在于在较强的权力范围下,这些领导者以身作则的无私付出,通过一定具有代表性的活动来体现他们非凡的沟通能力与远见卓识,能够征服组织中的其他成员,从而树立一个良好的形象。⑦ 最后,当离任的管理者是非魅力型领导者时,接任的魅力型领导者更容易获得赞同与拥护。

有关魅力型领导对于下属以及组织业绩的影响,正成为最新的研究热点。有关这方面越来越多的研究结果表明,魅力型领导与下属的高绩效和高满意度之间存在显著的相关性。这些下属受到激励而付出更多的工作努力,并且由于他们喜爱自己的领导，也因此表现出更高的满意度。但是魅力型领导者有时也会成为组织的负担，因为魅力型领导者过分的自信，常常导致许多问题的产生：不能聆听他人言语，受到有进取心的下属挑战时会十分不快，对所有问题总坚持认为自己是正确的。

## 二、变革型领导理论

变革型领导这个概念最早是由唐顿提出来的，而将它作为一种重要的领导理论则是从政治社会学家詹姆斯·麦格雷戈·伯恩斯的经典著作《领导学》开始的。

伯恩斯将领导分为两种：交易型领导和变革型领导。大多数领导模式都属于交易型领导，它们强调领导者和追随者之间的交易。交易型领导通过个人利益来激励下属。和交易型领导相比，变革型领导指的是一种过程，在这过程中，个体相互融合，并建立一种联系去提高领导者和追随者的热情和道德意识。此种类型的领导者关心追随者的需要和动机，并尽力帮助他们完全发挥他们的潜能。伯恩斯认为甘地就是变革型领导的经典实例，他唤起了百万人民的希望和需求，并且在这过程中也改变了自身。

在20世纪80年代中期，巴斯提出了一个更为扩展的、更加精确的变革型领导理论，这一理论是建立在伯恩斯和豪斯的前期成果基础上的，但又与他们的不完全一致。在他的理论中，巴斯拓展了伯恩斯的成果，更注重员工的需要而不是领导者的需要，认为变革型领导可用于结果不佳的情境中，并宣称交易型领导和变革型领导是一个连续体上的不同点而不是独立的。在巴斯理论中，变革型领导包含了理想化影响等四个因素，交易型领导包含了权变奖励和例外管理等两个因素。

### （一）变革型领导因素

变革型领导与追随者的绩效有关，也与发挥追随者的最大潜能有关，变革型领导者有非常强烈的内在价值和观念体系，他们能有效地激励追随者实现最大利益而不仅仅局限于个人利益。

（1）**理想化影响**。理想化影响是指领导者给追随者树立榜样，追随者认同领导者，并愿意仿效他们。领导者通常有较高的道德标准、道德行为，追随者期望他们能正确行事。领导者受到对他们信赖的追随者的尊重，他们给追随者提供一个目标远景，给予追随者一种使命感。

（2）**鼓舞干劲**。这个因素描述的是领导者对追随者寄予很高期望，通过动机激励他们投身于实现组织远景的事业中去。实践中，领导者利用信念和情绪感染力来凝聚组织成员的力量以取得比个人利益更大的成就，因此这种类型领导增强了团队精神。

（3）**智力激发**。这个因素包括领导者激发追随者创造和革新，对自己的和领导者的信念和价值观提出质疑，对组织的信念和价值观也提出质疑，领导者支持追随者尝试新理论，创造出革新性的方法来解决组织的问题，鼓励追随者独立思考和解决问题。

（4）**个别化关怀**。这个因素是指领导者创造一种支持性氛围，仔细聆听追随者的个别需求。领导者在帮助个体自我实现时扮演着教练和建议者的角色。领导者可以采取委派的方式以帮助追随者通过自我挑战获得成长。

### (二) 交易型领导因素

交易型领导与变革型领导的不同之处在于，交易型领导既不区别对待下属的个别需要，也不重视下属的个人发展。交易型领导通过与下属交换有价值的东西来完成他们自己的和下属的事情。交易型领导有影响力是因为员工为了自身的利益而去完成领导者希望的事情。

(1) **权变奖励**。这是交易型领导的两个因素中的首要因素。它指的是领导者与追随者之间的一个交换过程，在这个交换过程中，员工的努力可以换得特定的奖励。在这种领导方式中，领导者试图就追随者需要做什么、完成什么工作之后有报酬，与追随者达成一致。

(2) **例外管理**。例外管理包括矫正批评、负反馈和负强化。它采取两种形式：主动形式和被动形式。运用主动形式的例外管理的领导者仔细寻找追随者的错误和违反规定的情况，接着进行纠正。运用被动形式的例外管理的领导者仅仅在追随者发生未达到标准的情况或者已经出了问题时才进行干预。

从总体上来看，变革型领导理论描述了领导者如何在组织中提出、展开、实施重大变革的。一般在此过程中包含如下步骤：

(1) 变革型领导者开始在变化中授权和培养追随者，他们试图唤起个人为他人而超越个人利益的意识。

(2) 为了创造变化，变革型领导者要成为追随者强有力的楷模，他们有一套成熟的道德观和自主的个性意识。他们自信、有竞争力、思路清晰，并具有坚定的理念。他们倾听追随者的心声，能够容忍不同的意见。在领导者和追随者之间能体现合作精神，追随者希望模仿变革型领导者，因为他们信任领导者并相信领导者所坚持的理念。

(3) 变革型领导能创建远景，这是变革型领导的关键，它向领导者和组织提供了未来的发展蓝图，阐明组织的特点。而且远景也在组织中给追随者提供了认同感，并使员工有自我效能感。

(4) 变革型领导随后成为变革的设计师，这意味着他们要明确组织的价值观和准则，他们要融于组织文化并帮助构建企业文化的具体内容。需要了解他们自己的角色，了解他们在实现组织目标的过程中发挥了什么作用。

## 第六节 领导面临的挑战

### 一、领导信任

信任是个体对事情走向抱有积极预期而使得自己变得容易可被伤害的心理状态。即便你没有使得情况完全掌握在自己手中，但是你还愿意相信对方会与你患难与共，就是建立了信任。信任是一种与领导有密切关系的主要属性。信任的建立非常困难，但是破坏却很简单，而且破坏后修复信任也常常更加困难。

在信任的建立中，包括了这样三个维度：正直、仁慈和能力。正直意味着诚实和真诚。当我们说我们觉得别人的品格是信得过时，我们就建立了对对方正直性的积极评价，从而也产生了信任。仁慈意味着你信任的对方会考虑到你的利益，不会做出伤害你个人利益的行为。对领导而言，领导者会考虑下属的成长和发展其实就体现了仁慈。能力则包括在专业技术方面的知识和技能。如果你对一个人完成工作的能力有信心，那么也建立了基于能力的信任。在三个维度的信任因素中，人们常常会考虑究竟哪个维度的影响更加大呢？比如一个人能力很强，但是可能品格上有一些缺陷，我们可能也不会建立信任。但是相反，当对方能力不强，但是品格没有瑕疵时，我们可能还会建立对对方的信任。因此来说，信任的三个维度所发挥的作用并不相同。

信任会带来一些积极的作用。当下属信任一个领导时，会相信自己的利益不会受到侵害，在公司中会得到较高的承诺，也会做出更多的利于组织发展的行为；而当员工认为领导不可信任时，可能不会尊重和追随领导，也因此会产生较多的离职行为。以往学者也总结了信任的一些积极作用，而缺少信任则会降低以下的这些积极行为：

（1）信任会鼓励承担风险。当员工对上级和组织有足够的信任时，他们会乐于承担风险来做一些可能对组织有利的行为，比如做更多的建言行为或者创新行为。

（2）信任有助于信息分享。有时候员工无法表达对工作的想法，是因为他们担心自己表达了自己的想法会受到批评或者惩罚，而当他们信任管理者时，他们会认为自己的想法会得到公平的应对，因此会愿意提出想法。同时，对于知识分享来说，当员工认为自己分享的知识不会被窃取或者取代时，他们也更愿意在团队中分享自己的特殊知识。

（3）存在信任的群体更加有效。当下属信任领导者时，成员更愿意做出额外的帮助行为，并为团队或组织做出额外的努力；而当团队内缺乏信任时，大家会互相猜疑，竞争性比较强，不利于提升团队的效率。事实上，研究发现了信任会带来更高的组织生产效率。

## 二、领导归因

下属会对领导的特定行为进行归因。归因理论提到个体会将他人的行为进行内部归因和外部归因。当下属将领导的行为进行内部归因，即认为领导者内在的特质促使他采取了某些行为时，下属会认为这种行为具有可持续性。比如当下属认为领导者具有高智商、高情商、开朗的性格、有较强的表达能力、进取心，是一个勤奋的个体时，下属更认为这种领导者具有持续性，也非常容易判断领导者的行为倾向。但是，当下属归因领导者的特定行为是因为外部环境的影响时，下属更会认为领导行为具有多变性，可能很难去预测领导者的未来行为。对于领导那些消极行为的归因中，如果下属认为领导的消极行为是因为外部情境因素或者说是因为领导积极的动机，下属可能会体谅和原谅领导的这种消极行为来提升绩效。比如最近的一项研究发现当下属分析领导者的辱虐行为是基于提升下属绩效的动机时，下属更可能会认可领导，并提升自己的绩效。

领导归因理论认为，重要的是展现出有效领导的外在形象，而不是关注实际成就。立志要成为领导者的个体应该塑造出睿智、有风度、善于言谈、进取和勤奋的形象，并且始终保持这种风格，则可以提高上司、同事和下属将其视为有效领导的可能性。

## 本章小结

领导是一种影响人们实现组织或群体目标的艺术或过程。我们所关注的对象主要是指那些在正式组织中拥有权力和职位的领导者。

领导特质理论试图找到一些用来区分成功的和不成功的领导者的特征,这方面的研究包括对领导者的生理特征、社会背景、智力和个性等因素的考虑,但没有得到一致性的研究结果。不过,特质理论对领导者的选拔还是很有价值的。

由于特质理论无法令人满意,这方面的研究开始转向不同情况下领导者的具体行为。这些研究对领导行为的定义及测量方法方面不够清晰明确,也没有考虑影响领导者成败的情境因素。行为理论假设了两种最基本的领导方式,虽然不同的研究说法不一,但本质上都是界定为任务导向和员工导向两种。

特质理论和行为理论遇到的障碍促使后来的研究者开始考虑情境因素对领导行为的影响,这些因素主要包括领导者和下属的特征、任务性质、群体结构和群体发展阶段等,这就是权变理论。菲德勒模型、情境领导理论、途径—目标理论、领导者—参与模型、领导者—成员交换理论是这方面比较典型的一些理论模型,其中有的至今仍是领导理论研究中的热点。而魅力型领导理论和变革型领导理论则是现代领导理论研究中的前沿领域。

## 思考题

1. 比较领导者与管理者、领导者与领导。
2. 评价领导特质理论的价值与不足。
3. 什么是领导方格论?并将其与俄亥俄大学和密执安大学的观点进行比较。
4. 为什么菲德勒模型能够测量领导风格?
5. 情境领导理论中的员工成熟度是什么含义?
6. 举例解释目标-路径理论。
7. 举例说明领导归因如何影响领导行为的有效性。

# 练习题

### 练习一　LPC问卷

现在假设你是一位领导者,回想一下你自己觉得最难共事的一个同事,他可以是现在正和你共事的,也可以是过去与你共事的。他未必是你最不喜欢的人,只不过是跟他在一起最难把事办成的人。请用下面16组截然相反的词来描述他,并圈出你认为最能准确描述他的那个等级。

```
快乐————8 7 6 5 4 3 2 1————不快乐
友善————8 7 6 5 4 3 2 1————不友善
随和————8 7 6 5 4 3 2 1————不随和
令人鼓舞————8 7 6 5 4 3 2 1————令人泄气
冷漠————1 2 3 4 5 6 7 8————热心
紧张————1 2 3 4 5 6 7 8————轻松
疏远————1 2 3 4 5 6 7 8————亲密
冷淡————1 2 3 4 5 6 7 8————热情
合作————8 7 6 5 4 3 2 1————不合作
支持————8 7 6 5 4 3 2 1————敌对
无聊————1 2 3 4 5 6 7 8————有趣
好争————1 2 3 4 5 6 7 8————融洽
自信————8 7 6 5 4 3 2 1————犹豫
高效————8 7 6 5 4 3 2 1————低效
郁闷————1 2 3 4 5 6 7 8————开朗
开放————8 7 6 5 4 3 2 1————戒备
```

解释:如果你的分数是64分或更高,你就可以算是一位把处理好与人的关系放在首位的领导者,如果你的分数是57分或更低,那你就是一位更重视完成任务的领导者。

### 练习二　领导-成员交换问卷(leader-member exchange)

说明:此问卷包含要求你描述你与领导之间关系的项目。对于每个条目,通过圈出出现在条目下面的一个回答来表明您认为该条目适合您的程度。

(1=非常不符合,2=不符合,3=不确定,4=基本符合,5=非常符合)

1. 我觉得上级对我的工作是满意的。
2. 我觉得上级能够理解我的困难与需求。
3. 我觉得上级能够意识到我的潜力所在。

4. 不考虑上级的地位和职权，我觉得他会利用职权帮我觉得工作问题。
5. 不考虑上级的地位和职权，当我需要时，他会牺牲个人利益来帮助我。
6. 我对上级充满信心，即便他不在场，我也会为他的决策辩护。
7. 我认为我跟上级的关系是非常好的。

说明：得分高即代表跟领导建立的较高的领导-成员交换关系。

## 案例分析

### 如何领导没有动力的下属？

作为分行的第一批校招生，王琳深感幸运。因为她一上班就被分到了核心业务团队。王琳很珍惜这份工作，也深知自己没有任何业务资源的不足，所以非常努力认真地工作。王琳每天加班到深夜，别人不做的她去做，力争在自己的岗位上做出优异成绩。用了不到一年的时间，王琳脱颖而出，业务排名第一。从工作第二年开始，王琳就尝试着拓展自己的业务。王琳通过各种渠道寻找客户信息。她从网上寻找信息，又打电话、陌生拜访，一次不行两次，两次不行三次。一直锲而不舍地与客户进行沟通，让客户对她产生信任。功夫不负有心人，王琳成功地开发了好几家公司成为自己的客户。工作第三年，王琳成功转型，成为了客户经理。第四年，由于她的出色表现，被提拔为团队主任。同时，被评为优秀员工。在第六个年头，王琳参加了竞聘，成功地被提拔为支行行长助理。

被提拔后，行里给王琳配备了两个下属，一名女生一名男生。女生温柔乖巧，男生看起来憨厚靠谱。能被安排到业务部的员工，一般家里都有些资源和关系。第一次见到他们，王琳非常高兴。她认为这两个资源型的员工会成为自己业务的增长做贡献。因此，王琳对团队的未来发展充满了信心。

到岗之后，王琳马上约了两人谈话，想了解一下两人的情况。女孩入行后，业务水平不是很好，业绩也不突出。但王琳从侧面了解到，女孩的家境很好，看得出女孩从小到大一切都是家里安排好的，自己不用太努力，并且现在已经准备结婚了。她性格开朗但不积极主动，为人随和但不能吃苦。男孩的妈妈是当地税务部门的干部，家庭条件也不错。他入行后虽然在公司做业务，但主要帮他人维护，并没有自己的客户。男孩性格内向，似乎不适合做业务，但他觉得自己很合适，很有自信。

## 案例分析

了解了他俩的情况后,王琳有些失望。失望归失望,王琳还是根据他俩的情况,安排了工作。女孩作为内勤负责业务的贷中、贷后工作和行政事务。男孩会开车,就负责和王琳一起拓展业务。同时,王琳要求他们通过自己的关系开发客户。王琳也给男孩下了明确的任务,两个月之内,必须有新客户。各司其职后,他们开始一起工作。一开始大家相处得很好,随着业绩压力增大,业务越来越多,王琳发现两个人有个共同问题:懒惰且没有追求。不能完成王琳布置的任务。

王琳为了激发他们的动力,经常讲授自己的经验,讲述当年是如何开拓市场和做业务的。但是这样好像起到了反作用。他们不仅没有改善,反而开始不耐烦。王琳也开始急躁,时不时地会批评他们。他们表面上不反抗,暗地里一直在较劲,工作拖沓,消极怠工。王琳知道自己没有管理经验,处理方式不妥,但看到他们不思进取的样子又很气愤。

一段时间下来,王琳只好改变了策略,走温情路线,以赞扬和鼓励为主,这样过了一段时间,好像有了一些改变。

**思考题:**
1. 王琳应该如何管理自己的团队?请利用领导权变理论分析。
2. 请分析王琳管理过程中做得好的地方。

# 第11章 领导行为

1998年,刘强东在中关村创办京东公司,以租借柜台销售代理的光磁产品的方式起家,经历了多次转型成为了如今在美国上市的在线零售商京东集团。这些年来的成功创业经历形成了京东内部的"倒三角"思想体系,即依托最基础的"团队"层面支撑着用户感知层面"成本、效率、用户体验"。最高层"用户感知层面"取决于战略层面的思想,而在战略层面上,刘强东表现出非常强势的英雄式领导风格,尤其是在创业期所展示的视权如命和专制决策。而团队层面一直以来备受刘强东关注,他认为无论什么阶段都应该关注团队,最底层"团队层面"取决于管理层面的思想,刘强东正在从英雄式领导风格转变为后英雄式领导风格,着重于对高管团队的授权以及对执行团队的培养。

刘强东在战略层面的英雄式领导风格最典型的体现在他对公司重大决策的绝对控制权。刘强东多次在公开场合强调对公司控制权的重视,"如果有一天我真的失去了对京东的控制权,那我会直接把它卖掉,彻底退出,拿钱走人。这是我从京东一开始成立就定下来的底线"。这一底线的设置本质上是刘强东对战略决策的控制思想,他将自己视为司机和船长,一旦控制权失控,战略导向将会随之失控,这对一家高速增长的公司而言是非常可怕的一件事情,因此,刘强东必须绝对掌控公司的控制权。

上一章对领导有关理论进行了详细的论述和说明,本章将重点从领导行为上进行解释和说明,重点对学术界探讨的不同领导行为进行深入的分析。同时,本章还将探讨跨文化背景下的领导行为的有效性。

## 第一节 积极领导行为

积极领导行为表现在领导行为的表现中体现了支持和关爱员工的行为。前一章所提到了变革型和魅力型领导也被认为是积极领导行为中的重要组成部分,本章不再赘述这两种领导行为。

### 一、参与式领导和授权领导

参与和授权是连接领导权力和行使方法的桥梁。对参与式领导和授权领导的研究,强调领导者权力的分享,有助于理解领导者在组织中分权和决策的过程,从而更好地理解领导的有效性。

### (一) 参与式领导

参与式领导是指运用多种不同的决策程序,是其他人对领导者的决策有一定的影响力。其中常用的表示参与式领导的词汇包括:咨询、联合决策、权力分享、分权、民主等。在参与式领导下,领导者常鼓励下属或群体成员对决策表达自己的不同看法,并影响最终的决策效果。

#### 1. 参与式领导的积极作用

参与式领导存在以下四个方面的积极作用。

(1) 对于决策质量来说,在制订决策时,让其他成员参与可以有效地进行信息的整合从而可以提高决策的质量。以往研究提到合作和知识分享是提升决策质量的重要因素,当领导者采取参与式领导方式时,可以促进团队的知识分享,促进讨论,从而促进决策质量的提高。当然,如果参与者的目标存在冲突,即便合作性存在,也不一定带来最优的决策结果。最后,决策的时间压力、参与者的数量以及正式的政策也会影响决策质量。

(2) 对于决策的接受程度来说,当团队成员都参与决策的过程,其更可能认同这一决策结果,也更容易接受这一决策结果。在决策参与中,如果领导者让员工都参与了决策,员工会认为自己对这一决策也有一定的责任,因此会增加员工完成这项工作的动机。同时,参与决策可以更好地理解自己如何受到决策的影响,从而也可以降低员工对决策不确定性的担忧和焦虑。当大多数成员都认为决策指定的过程是合法时,群体更可能运用社会压力迫使那些不情愿参与的成员完成自己的工作。

(3) 决策过程的满意度上,研究发现不管个体是否最终真的影响了决策,当个体能够参与决策时,其可能表达自己的个人观点和偏好,都会对结果产生有利的影响。当人们有机会去表达对某一个影响自身的决策意见和偏好时,人们会认为自己得到了尊重和认可,对决策的满意度也会提高。

(4) 参与者技能的发展。当领导者允许下属参与决策制定的过程中时,下属的技能和自信心会得到相应的提高。通过了解问题诊断过程、提出可行的方案、评定多种方案以及确定最终方案和实施方案中,下属会深入学习,能够帮助其提升自己的技能和知识。

#### 2. 参与式领导的情境因素

虽然上述提到了参与式领导可能带来的积极作用,但是并非领导采用了参与式领导就会带来积极的效果。事实上,来自实验室实验的研究中就发现,参与式领导并没有带来高效能,但是对于其中的情境因素探究还不够丰富。因此,领导者在什么时候采取参与式领导以及在什么情况下参与式领导有效就需要进一步探索。

在是否采用参与式领导方式上,领导者需要重点考虑决策情境,并主要从以下几个方面进行重点考虑。① 决策的重要性。需要考虑所做决策对工作单元和对组织的影响程度;② 确定哪些人拥有相关知识和技能。当决策需要解决的问题相对来说比较简单,或者解决的问题不复杂时,对人员方面的要求就相对不高,然而当决策涉

# 第11章 领 导 行 为

及复杂的多种方案时,常常需要在多种备选中进行抉择时,就需要有特定的人员进行把关;③ 评估参与者可能提供的合作。这里需要重点考虑目标的一致性,当目标存在冲突时,参与者可能不会提供自己的知识,也不会带来决策的提高;④ 参与者本人是否有意愿参与。如果参与者认为决策时领导者的工作,那他们的参与动机不高,也不会带来决策效率的提升。

领导者采取了参与式领导后,不一定都会带来积极效果。首先在参与式领导中,领导者需要充分表达出对个人观点的重视,即参与不是表面的、形式主义的参与,而是实际的参与,每个人的观点都会得到充分的重视。其次,领导者需要充分表现出对不同观点的接纳程度,领导者需要有开放的心态,倾听下属的不同观点,而不是停留在仅听取相同的观点,排斥不同的观点;领导者需要对表达观点或者表达有效观点的个体进行奖励,通过赏识或者口头表扬的方式,可以让下属认识到自己的想法得到了充分的认可,也会鼓励更多的人参与决策;对于没有接受的观点提供没事,说明原因,提供有信服性的理由,从而让下属知道每一个观点都被认真地考虑了。

## (二)授权领导

授权是指上级给下属指派新的指责并赋予其执行职责的权威。虽然授权有时被认为是参与式领导中的一种,但委派在某些方面与参与式领导的形式存在比较大的差异。比如一个管理者可以向同级、上级以及下级咨询(参与的一种形式),而授权则仅仅适用于下属。授权往往是将制定特定类型决策的主要责任转移给某个人或某个群体,而其他参与程序则不涉及类似的工作角色重新定义。

### 1. 授权领导的积极作用

授权会存在一些优点。其中之一就是改善决策质量。当下属的工作要求对不断变化的情境做出迅速反应,而沟通渠道不允许管理者紧密监督情境并作出迅速调整时,授权可以改善决策的质量。下属比管理者更接近问题、拥有更多的相关信息,因而会更加迅速地制定如何解决问题的高质量决策。

授权的另一个优点就是提高有效决策的承诺水平。提高承诺水平的主要原因是对决策的认同和期望使之成功的意愿。然而,如果一位下属将授权视为管理者操控员工的策略,认为任务不可能完成,或认为新获得授权的责任是不公平地增加个人工作负担,则员工承诺水平不可能提高。

将额外的责任和任务委派给下属会使得下属的工作更有趣、更有挑战性且会更有意义。工作丰富化有时对于吸引和保留高素质员工是必要的,尤其当组织的内部晋升机会非常有限时。当然,授权只对于那些想要承担更多责任、拥有承担责任所需要的技能以及有能力成功完成挑战性任务的下属来说,会提升他们的满意度。

授权是对工作责任过重的管理者进行时间管理的一种形式。将不太重要的任务和职能委派给下属,管理者就可以有更多的时间完成更重要的责任。即使管理者能比下属更好地完成委派任务时,将管理者的时间集中用于对组织单元绩效产生最大效能的职责上,也是一种有效的时间管理方法。

授权还是管理能力开发的重要方法。组织需要开发管理人才以充实更高的职位。授权可以帮助员工发展为行使更高职位的关键责任所必要的技能,然而当授权被用于管理技能的开发时,管理者也需要进行一定的监督和辅导。

2. 授权领导的情境因素

在是否采取授权领导上,研究发现管理者的个性特征会与授权行为直接相关。比如,对权力的强烈需求、不安全感、高成就动机和难以培养人际关系都会使得管理者不愿意去授权。同时,下属的特征也会影响管理者的授权行为。当下属缺乏必要的知识技能或者下属对工作没有表达充分的兴趣时,管理者可能也不会去进行授权。当然,工作的性质也会限制管理者的授权幅度和授权的可能性。

为了提升授权领导的效果,领导者需要注意授权的范围和授权的方式。

从授权的范围来说,领导者需要重视对任务的分析。领导者可以将那些下属比较擅长的或者可以更好完成的任务授权给下属;也可以将那些紧急但是相对不重要的任务可以授权给下属;同时,领导者可以将那些与下属的职业发展相关的任务授权给下属,会激发下属的参与度。从授权的方式来说,在授权时,领导者需要充分说明责任和工作内容,并提供给下属授权的范围说明,从而可以界定清楚权力和责任。领导者在授权后,也需要进行适量的监督,及时修改偏差,并在需要的时候提供必要的支持和帮助。

## 二、伦理型领导

伦理型领导的概念有很多种,在一项研究中,当高层管理者被问及如何描述伦理型领导时,受访者指出了其中的几种行为、动机和价值观,比如诚实、可信、公正和利他。但其中最关键的一个是领导者努力影响其他人的伦理行为。具体事例包括:声明伦理的重要性;向组织成员宣传伦理行动指南;以个人的伦理行为作为他人的表率;将伦理行为纳入绩效评价中;批评、惩罚非伦理行为。

判断单个领导者的相关标准,包括个人价值观、道德发展阶段、有意识的个人意图、自由选择、表现出的伦理和非伦理行为以及使用的影响力类型。评估单个领导者的道德水平,其难点之一就是评判使用的标准及其相对重要性,因为评价者和领导者会因为主观因素影响这种评判。

关于特定决策或行为的伦理状况判断中,通常要考虑意图、行为与道德标准的一致性程度,对自己和他人的影响结果。通过认为这三者之间是高度关联的,但是其中一个常见问题就是在多大程度上结果可以证明方法的合理性,比如当目的是保护他人免受伤害,但是采取的行为是欺骗时,这是否遵循了伦理呢?因此,在判断伦理型领导时,可能会陷入伦理的两难困境之中。

(一)伦理型领导的作用结果

多数伦理型领导的理论强调领导者对追随者的影响,以及组织伦理氛围的重要性。研究运用了多种不同的衡量方法来评估伦理型领导对追随者的影响,其中发现伦理型领导对追随者的价值观和伦理行为、自我意识等存在一定相关关系;研究同时发现伦理型领导对促进领导-成员交换关系也存在一定的积极作用。伦理型领导可能带来员工组织承诺和员工信任的提高,但是研究同样发现,有一些伦理决策可能会增加企业的成本,降低短期的财务绩效。

#### (二)伦理型领导的个人因素

伦理型领导与领导者的个人特质和需要相关。科尔伯格提出了一个模型,描述了人们从孩童到成年的过程中,实现其道德发展的六个连续阶段,在每个连续阶段,人们不断拓展对判断的原则、社会责任、人类权利的理解。在道德发展的初级阶段,主要动机是自我利益和个人需要的满足;道德发展的中级阶段的主要动机是满足角色期望以及由团队、组织和社会决定的社会规范。道德发展的最高水平是满足内化的价值观和道德原则。

与生理成熟度不同,道德的发展不是必然的。有些人会固定处在某一个发展阶段上。与位于较低道德发展水平的领导者相比,处在较高发展水平的领导者通常被认为更符合道德水平。对伦理行为的另一种解释是自我认同理论。拥有强烈的认同的人的行为方式,与其伦理价值观和信念相一致。当人们对伦理行为形成了强烈共识时,作为行为决定因素的道德认同就没有那么重要了。大家会更多遵守社会规范,即便他们没有强烈的道德认同。

关于伦理行为的决策也受到行为结果和遵循正式规则、政策、法律、传统的实践影响。一个人的道德认同通常会导致其强调某种价值观,如果结果更重要,那么人们将喜欢能使所有受影响方获得最大利益的行为;如果形式重要,那么人们更乐意遵循规则和政策。

#### (三)伦理型领导的情境因素

伦理行为发生在一定的社会环境中,它会受到各种情境因素的影响。动态、不稳定的环境以及缺乏强有力的政府规制都会鼓励领导者为提高财务绩效而制订高风险决策,从事不合法的活动。正式的奖励系统能鼓励和支持领导者及成员的伦理或非伦理行为。非伦理行为更可能发生:不切实际的绩效目标、提高生产率的高压力、对奖励和晋升的激烈竞争、组织缺乏关于伦理行为和个人责任的强文化价值观和规范。比如安然公司对成功导向文化和绩效评价之间的高度关联就导致员工夸大工作成果,并隐瞒了公司日益增长的债务。

追随者的个人特质和信念是影响伦理行为的情境因素。如果追随者缺乏自尊和自我效能,对自己处理威胁和困难的能力缺乏信心,那他们更可能被动接受一位盛气凌人、滥用权力的领导者。当人们相信领导者应该具有强大的职位权力、有必要遵从正式权威时,就更有可能出现非伦理行为。非伦理行为还更可能会出现在高权力距离和不确定性规避下。当社会盛行暴力行为、欺骗和贿赂时,非伦理行为也会出现。

### 三、真实型领导

真实源于古希腊哲学,相关的描述体现在真诚、可靠、值得信任、真实和名副其实的。在心理学中,真实性被认为包含两个方面:一是个体的个人体验(思想、情绪或者信念),即内在的真实自我;二是与真实自我一致的行为,即关于你真实的想法和信念的外在行为和表达。

真实型领导者清楚地知道自己是谁,知道自己的价值观和信念,能够坦率、公开地按照自己的信念和价值观行事。简言之,真实型领导者有较高的自我意识和更多的自我调整的积极行为。真实型领导者是自信的、充满希望的、乐观的、有韧性的、坦诚透明的、具有道德规范的、并且会优先考虑把下属培育成领导者。历史上重要的领导者都可以被认为是真实型领导者。事实上，在组织中，只要领导者能够理解自己和他人，真实地对待自己和他人，做出正确的事情，在自己的职责、部门甚至整个组织范围内获得可持续的有效绩效，也都可以称为真实型领导者。

尽管关于真实型领导已经有了部分研究，但是目前的研究结论仍然非常局限。真实型领导会使得领导者关注自己的状态，能够带来积极的心理资本，如自信、希望、乐观和韧性。同时领导者不需要在下属面前掩盖自己，可以更好地保留个体的认知资源。从下属角度来说，下属会认为真实型领导是有道德的；真实型领导会与下属分享信息，鼓励开诚布公的沟通，并坚持自己的理想，因此，下属更容易对真实型领导者产生信任。

## 四、公仆型领导

公仆型领导是一种超越了自身利益，将注意力集中在帮助追随者成长和发展上的领导方式。公仆型领导者不会使用权力来达到目的，而是强调说服的过程。典型的公仆型领导包括倾听、移情、说服、有管家精神和责任感、积极开发追随者的潜力。为了测量公仆型领导，研究者开发出了多个不同的问卷，但是目前仍未找到比较最合适的定义和测量方法。

公仆型领导者必须关注追随者的需要，帮助他们变得更健康、更明智、更乐于承担自己的责任。领导者的服务包括对追随者的培育、保护以及赋权。只有了解追随者，领导者才能决定如何更好地服务于他们的需要。公仆型领导者需要聆听和理解追随者的需求和渴望、乐于分享他们的痛苦和挫折。公仆型领导需要向追随者赋权，而不是利用权力来控制他们。

公仆型领导必须代表好的、正确的事物，即便这与组织的经济利益不完全一致。只要可以，就要反抗社会中的不正义和不平等。即使对社会中软弱和边缘的成员，也应该给予尊重和欣赏的方式对待。

一项针对123名主管的研究发现，公仆型领导可以提高下属对领导的承诺、自我效能以及公平感，这些都与组织公民行为相关。研究还发现，对那些关注职责和义务的追随者来说，公仆型领导与其组织公民行为的关系变得更加密切；第二，公仆型领导可以增加团队潜能（员工认为自己的团队技能和能力要高语平均水平），进而使团队取得比较优异的成绩；第三，一项有代表性的研究发现，高水平的公民行为有助于组织把重点放在增长和进步上，因此会带来更高水平的创造性绩效。

在某些文化背景下，公仆型领导可能更加普遍和有效。比如，当要求美国人描述心目中的领导者时，他们更倾向于把领导者描述成"站在团队的前面对追随者发号施令"，而新加坡人对领导者的描述是"站在团队后面，收集大家的意见，并将他们团结起来"。这表明，东亚文化中领导者的原型更加符合公仆型领导的形象，这可能暗示了公仆型领导在这些文化中更加有效。

目前整体关于公仆型领导的研究还比较缺乏，对于其作用结果上如何与其他几类领导方式进行区别还需要进一步的探究。

## 第二节 消极领导行为

### 一、辱虐领导

Tepper 提出了辱虐领导的概念,将辱虐领导描述为下属感知到来自上级持续性的语言和非语言敌意行为,但不包括身体接触。具体行为有:嘲笑、排斥、粗鲁无礼、冷暴力等。关于辱虐领导的研究主要从原因和结果两个方面开展。

#### (一)辱虐领导的原因

关于辱虐领导的原因,研究主要集中在三个层面:上级特征、下级特征以及组织环境。在上级特征中,上级的性别被认为是重要因素,比如有研究发现比起女性领导者,男性领导者更会表现出辱虐行为。上级的自恋程度和权力需要也会影响其辱虐行为。研究提到当上级自恋性较高,且权力需要比较强时,其更可能会存在辱虐行为。还有研究提到领导的认知资源和情绪控制度会影响其行为的选择,当领导认知资源缺乏或者情绪控制力差时,其更可能采取辱虐领导方式。

从下级特征上来说,下级的绩效表现会作为重要的因素,当下级绩效表现不好时,领导更会采取辱虐式管理方式。下级的政治技能也会作为重要的因素,当下级的政治技能不高时,上级更可能采取辱虐式管理方式。相较于上下级关系好时,上下级关系不好的情况下,上级更会采取辱虐管理的方式。

组织中的环境也会影响辱虐领导行为。当组织中的公平氛围比较差时,上级的辱虐领导可能更会得到合法性上的认可;当组织内的不确定水平高时,领导也可能更会采取辱虐管理方式。

#### (二)辱虐领导的结果

基于社会交换理论下,研究提出辱虐领导会带来消极结果,主要体现在辱虐领导会降低员工的工作投入和付出,降低员工的工作绩效和员工的组织公民行为。同时,辱虐领导还会激发员工的报复性行为,会增加员工的反生产行为,如缺勤和迟到,甚至还会增加员工的离职。辱虐领导还会对员工的心理状态产生影响,比如有研究发现辱虐领导会降低员工的工作满意度和生活满意度;在工作场所中所经历的辱虐领导还会导致员工在家庭中的负面情绪发泄,导致更高的工作-家庭冲突。因此,辱虐领导会带来比较多的消极作用。但是也有研究提到,在一定情况下辱虐领导可能会有效,比如当领导辱虐员工是因为员工工作绩效差时,辱虐可以敦促员工提升工作绩效。但是目前学术界对于辱虐领导可能的积极效果存在争议,认为如果过多强调其积极作用,可能会带来合法化的应用,不利于组织和员工的发展。

### 二、威权领导

当提到威权领导,很多人认为其是中国文化背景下的产物,具有一定的文化属性,但事实上,在西方国家也存在威权领导,而且并不少见。威权领导最重要的特征是控制,即掌握决定权,对任何决策都有控制,不轻易分权,并对下属保持高度的监控。中国文化背景下的威权其实内涵上比西方丰富,比如中国文化背景下的威权强调上下级要保持距离、上级要隐藏自己的真实意图和想法,而这些在西方定义的威权领导中可能并不存在。

### (一)威权领导的原因

在威权领导形成的因素中,个体的价值观或者社会整体的文化传统会有重要的影响。如上所提到的,中国文化背景下的威权领导更可能包含多种含义,与中国文化中对儒家思想或者对权力距离的接受程度上有关。同时,当领导者对权力有较高的需求时,其更可能采取威权领导方式。而下属的遵从属性也会影响威权领导行为。当下属有较高的遵从倾向时,其更会接受威权领导方式。此外,以往还有研究提到了外部环境对威权领导行为的影响,提到当外部环境不确定性程度比较高时,领导者采取威权领导的方式可能被认为是合法的和有效的。

### (二)威权领导的结果

对威权领导的作用结果上,研究发现威权领导会对下属的工作行为产生重要影响。一方面,下属会担心受到威权领导的苛责和惩罚,因此不敢做一些创新性的工作,也不敢做一些额外的尝试,只关注完成常规性的工作任务。另一方面,下属为了完成威权领导布置的任务,可能会采取一些非常规,甚至可能做出违背职业操守的行为。除此之外,威权领导还会对下属的工作满意度产生影响。当领导者强调绝对控制时,下属需要无条件服从命令,因此迫于压力下属只能努力完成任务,但是内心会产生戒备心,不利于下属抒发自己的情感,长此以往会导致下属的反叛心理,降低满意度,并产生反生产行为和离职行为。

## 第三节 跨文化背景下的领导行为

### 一、跨文化的领导

#### (一)跨文化背景

在全球化经济中,领导承担更多的责任,在面临着不活跃的全球经济时,领导者如何进行有效领导显得尤其重要。比如在佛雷德·鲁森斯等人的研究中发现俄罗斯的领导更多采取的是日常管理、沟通、人力资源和社交活动,其中社会活动的程度与成功率是直接相关的,而在其他国家,这种关系直接的有效性不一定都存在。领导者需要有能力理解不同文化背景对领导者的看法,以及解释领导者的行为,从而帮助自己在不同文化背景下采取有效的行为。

1. 文化差异对领导行为的影响

成长在不同文化背景下的领导者存在不同的价值观,这导致他们有不同的领导行为。原因之一就是不同的社会规范说明了可以接受的领导行为,领导者应该要按照社会规范采取行为,如果违背了社会规范就会带来反抗,并被认为不合法。除去这种国家文化的背景的影响,一个国家的行业组织规范、行业类型、组织类型、工会要求等都会影响领导者的行为及其行为的有效性。

2. 领导行为差异的跨文化研究

许多关于领导行为的跨文化研究中都重点分析了在不同文化背景下领导应该表

# 第11章 领导行为

现出什么行为。比如道夫曼等人发现,美国领导者比墨西哥、韩国的领导者更多表现出了参与性领导行为。还有研究发现,在美国,领导者要对下属进行沟通时,更可能采取面对面的对话方式,向下属提供指导或者给出负面的反馈,而日本的领导者更可能通过书面备忘录的形式提供指导,或者通过同级来向下属传达这种负面信息。

### 3. 跨文化领导行为有效性分析

跨文化的分析中还重点探讨了领导行为与结果的关系。比如有研究发现,在美国,领导者的支持性行为与下属的满意度和领导效能评价存在显著的正向关系,但是在沙特阿拉伯就不存在这种关系。再比如,研究发现,在墨西哥和中国台湾,命令型领导与组织的承诺水平存在相关,然而在美国、日本和韩国则不存在这种关系。Fu 和 Yukl(2000)的研究中对中美领导者进行了分析对比,发现中国领导者在影响他人接受策略时,更喜欢采用间接沟通的方式,比如先了解对方可能的反应,然后根据这种反应再采取行为,而美国领导者可能会采取直接的沟通方式,或者是通过他人的帮助来说服对方。

## (二) GLOBE 项目

GLOBE 项目是在全世界 60 个国家和地区进行的一项跨文化领导的研究,GLOBE 代表了 global leadership and organizational behavior effectiveness。该项目包含了来自全球 150 多位研究者的共同协调工作和长期努力。研究者希望通过实证研究,分析和描述国家文化、组织过程和领导行为之间的关系,其中对有效领导行为在不同文化之间的差异程度以及导致这些差异的原因进行了深入探究。GLOBE 项目中还有一个突出的贡献就是提到了领导行为如何受到文化价值观的影响,其不仅包含了霍夫斯泰德提出的 4 个跨文化差异维度,还额外分析了理想的文化价值观。

此项研究发现,在高权力距离文化中,人们期待领导者拥有更多权威,更有可能遵循规则和指示,而较少的质疑和挑战领导者。下属不愿对上级表示出挑战和不满。与高权力距离国家相比,低权力距离国家更喜欢采用参与型领导方式。家长式的领导方式在高权力距离国家更加有效。

当存在高不确定性回避时,领导者关注的是可靠、有序、谨慎,而非灵活和创新,领导者更多的进行周密的计划、利用正式规则和标准的程序,对活动进行监督。比如研究发现英国管理者更期望下属的创造性和主动性,而德国管理者更希望下属可靠和守时。

群体主义文化下,高凝聚力群体内的成员关系是个人自我认同的一个重要方面,而对群体的忠诚也是一项重要的价值观。在个人主义下,个体以追求自我目标最大化为主,而集体主义文化下,团队整体的成功更具有重要意义。

在高男性主义下,性别角色的差异明显,女性没太多平等的机会来承担重要的领导者角色,尽管她们可能具备了某项特殊的技能和才智。在高男性主义的文化下,领导者可能采用直接的、对抗的领导方式更加有效,而表现出谦逊、关怀和安抚会被认为是无效和无能的领导者。

高绩效导向的文化更强调与提高绩效和效能有关的领导行为,如设定挑战性的目标,设定日程安排和行动计划,对下属改善绩效的能力表达信心,提高下属的工作技能等。在任何国家或者组织中,强调高绩效都被认为成为领导者的必备条件。

在人本主义导向下,领导者可以采取支持性领导方式,关怀下属的需要和感受。强人本主义下的领导者更需要容忍和有耐性。因此,在此文化价值观下,领导者可能更多采取参与型领导、仆从领导和团队建设行为。

## 二、中国情境下的领导行为

### (一) 家长式领导

家长式领导行为与儒家的核心价值观等级秩序和关系主义有关。等级秩序源于"五伦",即对居于高位拥有决策权个体的尊重。关系主义遵循互惠原则,即具有亲密关系的个体间进行非工具性目的的互惠互助。基于以上价值观,家长式领导是一种结合了强烈的纪律性、权威性与父亲般仁慈性的领导方式。西方学者通常认为家长式领导具有独裁的含义,因此是一种不良领导风格。然而东方文化认为家长式的仁慈和威权与员工之间存在互惠关系,即上级对下属的关怀和保护能够换来下属的服从。家长式领导主要包括三个方面的行为特征:

(1) 立威是指领导对下属表现出强烈的权威感和控制力,并要求下属对其无条件服从。

(2) 施恩意味着领导对下属的职业、个人需求和家庭幸福的整体关怀。

(3) 树德则描述了管理者通过其无私的领导和模范行为,表现出崇高的道德性和正直性。

领导的施恩和树德行为能够诱发员工的正面情绪和情感信任,因为领导不仅关心他们的职业成长,而且关心他们的个人生活;领导不仅自己正直有德,而且为员工树立模范榜样作用。因此,为了回报领导,员工不仅会做好本职工作,更会做一些超出本职范围的工作以帮助领导和组织。以往在中国情境下的研究发现,家长式领导对员工的工作态度和绩效有积极影响。

### (二) 矛盾式领导

所有的组织都是建立在矛盾之上的:一方面,它由一个个自由独立的人所组成;另一方面,这些形形色色的人们必须被联系在一起,成为一个有序的整体。因此,身处组织中心的领导者们发现自己变成了一个"双面胶"——要同时面对组织的结构需求和下属的个人需求。

面对这样的矛盾,西方领导者探寻的是领导者什么时候应该强调矛盾的"一极"而非"另一极",在不同情况下常常会采取一个"非此即彼"的策略。而东方哲学提供了对于矛盾的本质以及处理工作场所矛盾的有效方式的洞察。道家哲学思维模式主张所有普遍现象都有矛盾性,而社会和组织天生包容对立。所有的一切都互相联系,是"同生共存",而不是"非此即彼"。"阴阳"哲学认为万物负阴而抱阳,冲气以为和。阴阳一体两面,彼此互藏,相感替换,不可执一而定象。简单来说,东方对矛盾的态度是接纳、整合,以超越表面的对立。

基于这样的思维,矛盾领导行为包括五个方面的平衡结构和个人需求的行为特征:

(1) 整合自我中心与他人中心。从公司结构来看,领导者是影响力的中心,然而对于个体来说,他们需要获得领导者的关心和尊重。领导必须有能力平衡自我中心与他人中心。比如,那些被称为"生产型自恋者"——高度自信的、渴望成为关注中心的领导,也要能同时展现谦逊和对他人价值的赏识。

(2) 既保持距离又拉近距离。公司层级让"高高在上"的领导者与下属有着地位、等级、权威和权力的差距。然而,从下属的角度来说,他们却希望能尽可能地减小这种地位差别,并与领导者保持一定亲密的社会关系。为了处理这种矛盾,主管们不能仅仅把员工当成下属。他们在处理工作议题时既需要"高冷地"展现层级差别,同时也需要"随和地"维持人际联系。

(3) 既同等对待下属又允许个人化。领导者在对待下属时为了凸显统一平等的原则,他们可能会一视同仁地给予下属同样的权限、权利和地位。然而,这样的同等性可能会让下属感受不到自己和他人的不同。因此,领导者需要协调同等性和个人化。

(4) 既强制执行工作需求,又允许灵活性和。

(5) 既维持决定控制权又允许自主性。领导在工作过程中控制下属的行为和决策制定,但却给予员工灵活自治的自由裁量权。例如,领导者会给下属设立难度较高的目标,但会根据具体情况,给下属提供额外支持或放松目标要求。最后两个方面能帮助领导者应对控制与授权的矛盾。

(三) 包容式领导

包容式领导根植于中国传统文化之中。中国社会扎根于先秦时期的儒家文化,长期强调和而不同,因此,对包容式领导的理解也具有复杂性。西方社会对包容的理解更多停留在对容纳和接纳方面,但是对通过对中国文化的分析,我们提出中国情境下的包容式领导内涵更加丰富。

包容一词在汉语词典中的解释为宽容,容纳,其中对宽容的解释是大度,而对容纳的解释是包括。事实上,早在中国古代,对包容就有特殊的理解,比如"得饶人处且饶人""人非圣贤,孰能无过"体现了对错误的原谅和对他人的体谅;"各美其美,美人之美,美美与共,天下大同"的包容性体现了对差异的尊重和融合。唐宁玉等人通过对国内企业家和员工的访谈,整理出了中国情境下的包容性领导的概念,提出了"包"和"容"两个维度。其中对包的理解与西方相似,均是强调接受和接纳;"容"强调了对不同和差异的容,同时,也强调了对错误的"容"。比如中国文化中常说的"容短""宽容"。由此,中国文化背景下的包容性领导应该至少包括了接受差异和原谅差错两个不同的内涵。

对其中"包"的研究,学者可以从工作场所中的差异化视角上进行分析,分析在面对不同的差异化背景,如种族、性别、年龄差异时,如何更好地激发合作。对"容"的研究上,学者重点关注在了容错,即员工犯错之后领导者对员工差错的接受和理解程度。

对包容性领导的研究上,学者需要关注在中国文化背景的独特作用上,可以重点分析中国传统文化如何与包容性领导的产生相关,比如可以分析中国文化中的"和谐""人情""面子"以及中国的高集体主义和高权力距离的影响。对于作用结果上,可以重点关注容错这一文化背景下独特内涵对员工和组织的影响。

## 第四节　领导培育

基于领导行为是可以观察到的,可以进行领导行为的积极引导,培育领导者。很多组织在领导培训和开发上花费的资金高达数十亿美元。这些培训与开发常包括各类不同的形式,例如哈佛等名校开办的收费 5 万美元的高级经理项目学习或者户外素质拓展项目。高盛在开发领导力方面也十分出名,曾被《商业周刊》称为领导工厂。

如何使得培训项目发挥最大的价值呢?第一,重点培训行为。领导者的内在特质常常难以进行修改,但是行为是可以被引导的。培训项目应该从领导者行为视角出发,培育积极行为。第二,提高领导者对情境分析的能力。领导行为并非一直有效,培训领导者如何根据情境调整自己的行为变得非常有必要。培训师可以交给领导者情境分析的技能,让他们学会如何进行外部情境的分析和判断,从而调整特定的领导行为,使其更有效。在培训时,可以结合前面几节所提到的领导权变理论中的行为调整方式。第三,开展模拟练习和实战的方式提升实践能力。比如进行行动领导力的培训和开发,通过模拟特定的困难情境,考验个体的领导行为,并引导反思和总结,有助于提升领导行为。

## 本章小结

有关领导行为的研究仍然是当前组织行为学中最为活跃的领域之一。这方面的研究还在进一步扩展,比如,关于不同领导行为中个人特征的研究,使得人们对领导者的认识似乎又回到了早期的特质理论。但是我们相信,这肯定不是在原有水平上的一种重复或回归,而可能预示着关于领导理论与行为研究的一个崭新时代正在开始。

关于领导行为的研究中,需要区别不同的领导行为所包含的具体领导表现,从而可以区别开不同领导行为。

导致领导者积极领导行为方式中,领导者个人特质、下属特征以及情境因素都会作为重要的变量影响领导行为的选择。

领导者行为对结果的影响上,不一定积极领导行为都会带来积极的效果,而消极领导行为也不一定都会带来消极的结果,其中还要考虑可能的情境因素作用。

不同文化背景下的领导行为方式成为越来越多学者的研究领域,比如对中国文化背景下领导行为的研究。

# 第 11 章 领 导 行 为

## 思 考 题

1. 积极领导行为有哪些？如何进行区分？
2. 消极领导行为有哪些？如何进行区分？
3. 举例说明在什么情况下消极领导行为也会带来积极作用。
4. 举例说明在什么情况下积极领导行为也会带来消极作用。
5. 中国情境下的特殊领导行为有哪些？

## 练 习 题

**练习一 辱虐领导问卷**

请你根据自己的实际感受和体会，用下面10项描述对你的上级进行评价和判断，根据你的实际情况选择最符合的项(1=非常不同意；2=不同意；3=有点不同意；4=不太确定；5=有点同意；6=同意；7=非常同意)。

1. 我的直接主管向别人发表对我的负面评论。
2. 我的直接主管嘲笑我。
3. 我的直接主管在为别的事情气恼时会迁怒于我。
4. 我的直接主管责怪我以免除自己的尴尬。
5. 我的直接主管说我是个不够能力或缺乏效能的员工。
6. 我的直接主管告诉我我的想法或感觉是愚蠢的。
7. 我的直接主管忽略我或对我沉默不语。
8. 我的直接主管对我态度粗鲁。
9. 我的直接主管认为我做非常费劳的活儿是应该的。
10. 我的直接主管提醒我过去的错误和失败。

说明：得分越高则代表辱虐领导行为越高。

**练习二 变革领导问卷**

请你根据自己的实际感受和体会，用下面26项描述对你所在部门/团队的负责人进行评价和判断,根据你的实际情况选择最符合的项(1=非常不同意;2=不同意;3=不好确定;4=同意;5=非常同意)。

1. 廉洁奉公,不图私利。
2. 吃苦在前,享受在后。
3. 不计较个人得失,尽心尽力工作。
4. 为了部门/单位利益,能牺牲个人利益。
5. 能把自己个人的利益放在集体和他人利益之后。
6. 不会把别人的劳动成果据为己有。
7. 能与员工同甘共苦。
8. 不会给员工穿小鞋,搞打击报复。
9. 能让员工了解单位或部门的发展前景。
10. 能让员工了解本单位或部门的经营理念和发展目标。
11. 会向员工解释所做工作的长远意义。
12. 向大家描绘了令人向往的未来。
13. 能给员工指明奋斗目标和前进方向。
14. 经常与员工一起分析其工作对单位或部门总体目标的影响。
15. 在与员工打交道的过程中,会考虑员工个人的实际情况。
16. 愿意帮助员工解决生活和家庭方面的难题。
17. 经常与员工沟通交流,以了解员工的工作、生活和家庭情况。
18. 耐心地教导员工,为员工答疑解惑。
19. 关心员工的工作、生活和成长,真诚地为他们的发展提建议。
20. 注重创造条件,让员工发挥自己的特长。
21. 业务能力过硬。
22. 思想开明,具有较强的创新意识。
23. 热爱自己的工作,具有很强的事业心和进取心。
24. 对工作非常投入,始终保持高度的热情。
25. 能不断学习,以充实提高自己。
26. 敢抓敢管,善于处理棘手问题。

### 练习三 家长领导问卷

请你根据自己的实际感受和体会,用下面18项描述对你的领导/上级进行评价和判断,根据你的实际情况选择最符合的项(1=非常不同意;2=不同意;3=有点不同意;4=不太确定;5=有点同意;6=同意;7=非常同意)

1. 我们领导经常会向团队成员嘘寒问暖。
2. 我们领导对团队成员的照顾会扩及其家人。
3. 团队成员生活上有困难时,我们领导会及时伸出援手。
4. 当团队成员工作业绩不佳时,领导会去了解原因何在。
5. 当团队成员工作出纰漏时,我们领导会给其改正的机会。

6. 我们领导不会当着同事的面给人难堪。
7. 当工作出问题时,我们领导不会把责任推得一干二净。
8. 我们领导不会因个人的利益去拉关系、走后门。
9. 我们领导为人正派,不会假公济私。
10. 我们领导是我们为人做事的好榜样。
11. 我们领导要求团队成员完全服从他/她的领导。
12. 如果有成员当众反对领导的意见,会遭到他冷言讽刺。
13. 本团队大小事情都由领导自己单独决定。
14. 开会时,都按领导的意见做最后的决定。
15. 我们领导从不把他/她的真实想法透露给团队成员。
16. 与领导一起工作时,团队成员感到很大的压力。
17. 当任务无法达成时,我们领导会斥责团队成员。
18. 我们领导遵照原则办事,严厉处罚违反规定的行为。

说明:仁慈领导:1~5　德行领导:6~10　威权领导:11~18

## 案例分析

### 对《史蒂夫·乔布斯传》的扎根研究

乔布斯完全符合苛责式领导者的定义。乔布斯经常直言不讳地责骂下属的"设计是狗屎",在《史蒂夫·乔布斯传》中该编码多次出现,完全符合 Tepper 于 2000 年提出的量表中的"嘲笑""让我在众人面前下不了台""在他人面前对我进行负面的评论""对我粗鲁无礼""告诉我无能"5 个题项。

乔布斯对下属的责骂在大部分情况下是为了引导员工的高绩效,而非蓄意伤害下属。例如,苹果曾经在潘通公司的帮助下确定所用箱子塑料的颜色,该公司有超过 2 000 种不同的米黄色,但"没有一种能让史蒂夫满意"。这完全是出于对工作的苛求而形成的对下属的苛求,这些努力使"置于漂亮的米黄色箱子内的 AppleⅡ显得既牢固结实又亲切友好,完全不像其他展台上那些镀着金属的丑陋机器或者干脆裸露的电路板。"

苛责式领导可能产生于恶劣的组织外部环境,这是在实际初始编码中出现的一个新的范畴。恶劣的组织外部环境导致组织必须使用一切办法才能生存下去,苛责式领导的产生与此有密切关系。

## 案例分析

苛责式领导并非产生于下属的个人懦弱等因素。事实上，下属以及乔布斯本人对于他的苛责式领导风格以及强烈的控制欲都实事求是地承认，Apple公司甚至雇佣了新任总裁斯科特，董事会赋予斯科特的主要任务就是"管住乔布斯"。例如在员工编号的分配问题上，斯科特把"1号"给了沃兹，"2号"给了斯科特，不出所料，乔布斯要求当"1号"，斯科特说："我不会让他得逞的，那样只会让他更加自负。"乔布斯大发脾气，甚至痛哭流涕，最终在这件事情上妥协。

从领导者自身来看苛责式领导风格的形成，苛责式领导往往具有双面的性格，时而表现出简单粗暴，时而表现出脆弱，很少存在单一性格的情况。乔布斯并非是单面式的粗暴，他经常在下属面前表现出脆弱的一面。传记中一再提到，"痛哭流涕"等脆弱的表现"在他身上是很常见的事情"。

下属对苛责式领导有时是佩服的，态度上有时是发自内心的合作。在Apple公司，沃兹比谁都了解自己与乔布斯之间的关系，如果不是乔布斯的话，他可能还在家酿计算机俱乐部的会议上免费发放自己设计的电路板的原理图，是乔布斯将他的技术工程天赋转化成了蓬勃的生意，正如当年的蓝盒子一样，他同意继续保持合作关系，尽管沃兹自己多次声称"乔布斯太苛刻了"。这表明，如果是基于对事业的追求，苛责是能够得到下属的真心理解的。乔布斯的苛责式领导产生了很好的公司绩效。"各种型号的AppleⅡ共售出了接近600万台，相比其他电脑，AppleⅡ真正开创了个人电脑产业。"

**思考题：**
1. 领导为什么会辱虐下属？
2. 辱虐领导在什么情况下会带来积极作用？

# 第 12 章 组织设计与组织文化

日产公司作为第一个在日本生产轿车的厂家取得过辉煌的成就,而从 1991 年起全球范围内的市场占有率处于持续降低趋势,尔后 8 年内出现 7 次赤字,改革刻不容缓。1999 年 3 月法国雷诺控股日产 36.8%,并派出自己的首席副总裁戈恩远渡日本,担任日产汽车株式会社 CEO,震惊世界汽车业的"日产重建计划"得以实施。日产萎靡不振的原因主要有几点:一,在公司内缺乏跨职能、跨界限、跨层级的合作;二,缺乏清晰的利润导向;三,没有对客户需求给予足够的关注。

为了改善现状,戈恩推出了跨职能团队(CFT,Cross Functional Team)模式进行应对,从全球化角度出发进行统筹协调组织机构,建立了九个跨职能团队负责采购、研发、生产、销售等不同项目,从而使得新日产做到区域化、职能化、效率化,彻底革除了原组织结构垂直僵硬的弊病。此外,戈恩辅以成本削减、裁减过剩人员、塑造企业文化等其他方面的变革,促使日产实现了再一次向高收益企业的转变。

日本企业的衰败是因为长期固守一种发展体制。一种体制确实可以带来成功,但是企业不可能依靠一种体制来实现长期持续增长。在适当的时候进行组织结构的再设计,对于一个企业的持续发展至关重要。

## 第一节 组织结构与组织设计的概念

### 一、组织结构的概念

组织结构是组织中一系列任务、报告和权力关系的集合。企业组织结构是企业借以实现目标的实体框架,是组织内部各有机要素相互作用的联系方式或形式。企业要正常地运行,一定要建立起相应的内部组织结构,以形成有效的管理系统。随着知识经济时代的来临,企业的内外部环境都在不断地变化,而又没有一个企业普遍适用的"最佳的"组织结构模式,不同的组织以及同一组织在不同的发展阶段中,都应根据各自面临的外部环境条件和内部特点来设计相应的组织结构。

组织结构是组织中一系列任务、报告和权力关系的集合。一般在组织结构中需要考虑六个关键因素,即工作专门化(把工作活动分解成相互独立的工作岗位时,应细化到什么程度)、部门化(对工作岗位进行组合的基础是什么)、指挥链(员工个体和群体向谁汇报工作)、管理幅度(一名管理者可以有效率、有效果地领导多少员工)、集权与分权(决策权应该放在哪一级),以及正规化(规章制度在多大程度上指导员工和管理者的行为)。通过对这几个关键要素的分析,可以了解什么是组织结构以及组织结构存在的意义。

## 二、组织设计的概念

不同的组织会存在不同的组织结构,其中离不开对组织结构的设计。所谓组织结构设计,是指建立或改造一个组织的过程,即对组织活动和组织结构的设计和再设计,是把任务、流程、权力和责任进行有效的组合和协调的活动。组织结构设计常常是为了满足组织的发展。没有最好的组织结构,只有最适合组织发展的组织结构。而组织设计就是为了实现契合组织发展目标的优化设计。

# 第二节 典型的组织结构形态

## 一、职能制组织结构

职能制组织结构起源于20世纪初法约尔在其经营的煤矿公司担任总经理时所建立的组织结构形式,故又称"法约尔模型"。职能制组织结构是按职能来组织部门分工,即从企业高层到基层,均把承担相同职能的管理业务及其人员组合在一起,设置相应的管理部门和管理职务,如图12-1所示。例如,把所有同销售有关的业务工作和人员都集中起来,成立销售部门,由分管市场营销的副经理领导全部销售工作。研究开发、生产制造、工程技术等部门同样如此。

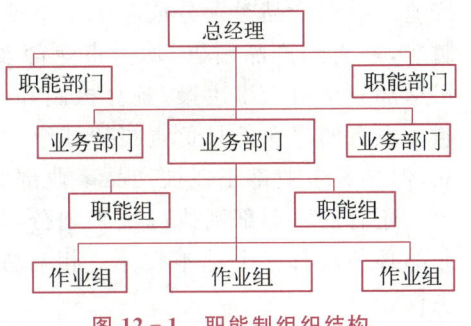

图12-1 职能制组织结构

职能制组织结构的主要特点有:各级管理机构和人员实行高度的专业化分工,各自履行一定的管理职能;实行直线-参谋制,整个管理系统划分为直线制和参谋制两大类机构和人员;企业管理权力高度集中。由于各个职能部门和人员都只负责某一个方面的职能工作,唯有最高领导层才能纵观企业全局,所以,企业生产经营的决策权必然集中于最高领导层,主要是经理身上。

职能制组织结构形式的主要优点是:由于按职能划分部门,其职责容易明确规定;每一个管理人员都固定地归属于一个职能结构,专门从事某一项职能工作,在此基础上建立起来的部门间联系能够长期不变,这就使整个组织系统有较高的稳定性;各部门和各类人员实行专业化分工,有利于管理人员注重并能熟练掌握本职工作的技能,有利于强化专业管理,提高工作效率;管理权力高度集中,便于最高领导层对整个企业实施严格的控制。

# 第 12 章 组织设计与组织文化

职能制组织结构也存在明显的缺点：横向协调差，易导致部门本位主义；高层决策在执行中也往往被狭隘的部门观点和利益所曲解，或者受阻于部门隔阂而难以贯彻，整个组织系统就不能对外部环境的变化及时做出反应，适应性差；高度集权导致高层领导的工作负担重，容易陷入行政事务之中，无暇深入研究和妥善解决生产经营的重大问题；不利于培养素质全面的、能够经营整个企业的管理人才。

职能制组织结构主要适用于中小型的、产品品种比较单一、生产技术发展变化较慢、外部环境比较稳定的企业。当企业规模、内部条件的复杂程度和外部环境的不确定性超出了职能制结构所允许的限度时，固然不应再采用这种结构形式，但在组织的某些局部，仍可部分运用这种按职能划分部门的方法。例如，在分权程度很高的大企业中，组织的高层往往设有财务、人事等职能部门，这既有利于保持重大经营决策所需要的必要的集权，也便于让这些部门为整个组织服务。此外，在组织的作业管理层，也可根据具体情况、程度不同地运用设置职能部门或人员的做法，借以保证生产效率的稳定和提高。

## 二、事业部制组织结构

事业部制组织结构最早是由美国通用汽车公司总裁斯隆于 1924 年提出的，故有"斯隆模型"之称，也叫"联邦分权化"，是一种高度（层）集权下的分权管理体制。

事业部制组织结构是分级管理、分级核算、自负盈亏的一种形式，即一个公司按地区或按产品类别分成若干个事业部，从产品的设计、原料采购、成本核算、产品制造，一直到产品销售，均由事业部及所属工厂负责，实行单独核算、独立经营，公司总部只保留人事决策、预算控制和监督大权，并通过利润等指标对事业部进行控制。也有的事业部只负责指挥和组织生产，不负责采购和销售，实行生产和供销分立，但这种事业部正在被产品事业部所取代，产品型事业部组织结构如图 12-2 所示。还有的事业部则按区域来划分，区域型事业部组织结构如图 12-3 所示。事业部必须具有三个基本要素：相对独立的市场、相对独立的利益、相对独立的自主权。

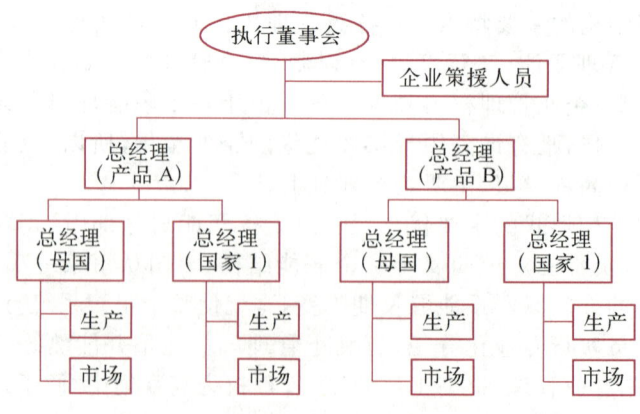

图 12-2　产品型事业部组织结构

事业部制组织结构的优点是：总公司领导可以摆脱日常事务，集中精力考虑全局问题；事业部实行独立核算，更能发挥经营管理的积极性，更利于组织专业化生产和实现企业的内部协作；各事业部之间有比较、有竞争，这种比较和竞争有利于企业的发展；事业部内部的供、产、销之间容易协调，不像在直线职能制下需要高层管理部门过问；事业部经理要从事业部整体来考虑问题，这有利于培养和训练管理人才。

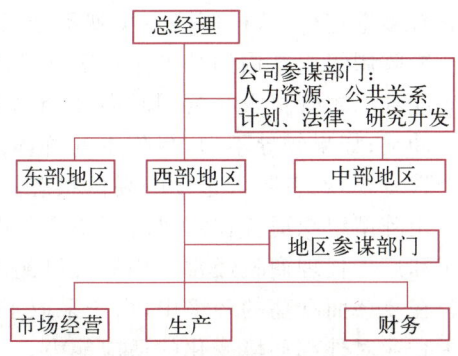

图12-3　区域型事业部组织结构

事业部制组织结构的缺点是：公司与事业部的职能机构重叠，造成管理人员浪费；事业部实行独立核算，各事业部只考虑自身的利益，影响事业部之间的协作，一些业务联系与沟通往往也被经济关系所替代。

事业部制组织结构适用于规模庞大、品种繁多、技术复杂的大型企业，是大型跨国公司普遍采用的一种组织形式，我国一些大型企业集团或公司也使用了这种组织结构形式。

## 三、矩阵制组织结构

矩阵制组织结构是由职能部门系列和为完成某一临时任务而组建的项目小组系列组成，它的最大特点在于具有双道命令系统，是在直线职能制垂直形态组织系统的基础上，再增加一种横向的领导系统，可称之为"非长期固定性组织"。横向系统之中专门项目小组或委员会的成员都来自各职能部门，任务完成后，该成员仍回到原来部门，实际上小组成员处在双重领导下，一方面是受成员本身所在机构行政首长的领导，另一方面是受专门项目小组管理者的领导。矩阵制组织结构如图12-4所示。

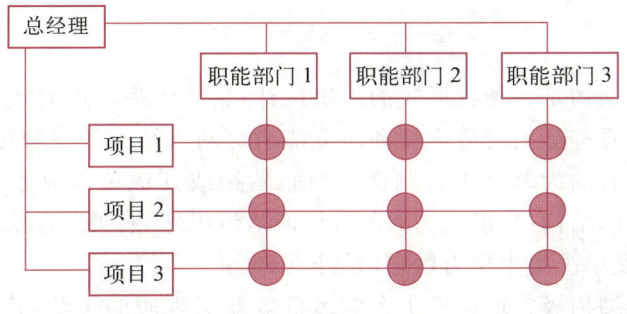

图12-4　矩阵制组织结构

矩阵制组织结构的优点是：由于项目经理与项目的关系更紧密，因而他们能更直接地参与到与其产品相关的战略中来，从而激发其成功的动力；能更加有效地优先考虑关键项目，加强对产品和市场的关注，从而避免职能型结构对产品和市场的关注不足；与产品主管和区域主管之间的联系更加直接，从而能够做出更有质量的决策；实现了各个部门之间的协作以及各项技能和专门技术的相互交融；双重权力使得企业具有多重定位,这样职能专家就不会只关注自身业务范围。

矩阵制组织结构的缺点是:雇员可能对报告关系无所适从,特别是在他们既要向职能部门主管报告又要同时向几个团队主管报告时;双重权力容易使管理者之间产生冲突;如果领导不力,矩阵中的群体决策可能需要更长的时间,决策方式可能出现个人专权,或者陷入过度的妥协状态。

矩阵型组织适合在需要对环境变化做出迅速而一致反应的企业中使用。如咨询公司和广告代理商就经常采用矩阵型组织设计,以确保每个项目按计划要求准时完成。在复杂而动荡的环境中,由于采取了人员组成灵活的产品管理小组形式,大大增强了企业对外部环境变化的适应能力。

## 四、网络型组织结构

网络型组织结构是一种只有中心机构,以契约关系的建立和维持为基础,依靠外部机构进行制造、销售或其他重要业务经营活动的组织结构形式。被连接在这一结构中的各经营单位之间并没有正式的资本所有关系和行政隶属关系,只是通过相对松散的契约(正式的协议契约书)纽带,透过一种互惠互利、相互协作、相互信任和支持的机制来进行密切的合作网络型组织结构如图12-5所示。

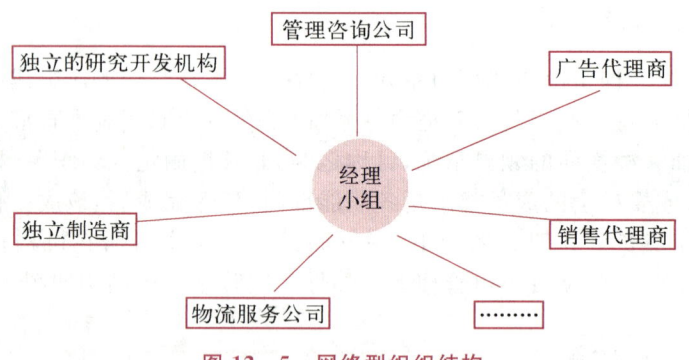

图12-5 网络型组织结构

网络型组织结构是一种新形式的组织设计,它使管理当局对于新技术、时尚,或者低成本竞争能具有更大的适应性和应变能力。网络结构是一种很小的中心组织,依靠其他组织以合同为基础进行制造、分销、营销或其他关键业务的经营活动的结构。在网络型组织结构中,组织的大部分职能从组织外"购买",这给管理者提供了高度的灵活性,并使组织集中精力做它们最擅长的事。

网络型组织结构极大地促进了企业经济效益实现质的飞跃,其优点体现在:降低管理成本,提高管理效益;实现了企业全世界范围内供应链与销售环节的整合;简化了机构和管理层次,实现了企业充分授权式的管理。

但它的缺点也很明显,因网络成员企业之间是长期合作关系,不存在行政权威,中心企业对成员企业的管理难度较大,有时会存在成员企业间"套牢"的风险。

网络型组织结构适合于变化迅速且剧烈的环境。在这种环境中,战略优势取决于创新能力,企业需要相当大的灵活性以对环境变化做出迅速反应。网络型组织结构是市场环境剧变的产物,它的高度灵活性、柔性的特征能使其在复杂多变的环境中获得发展,传统科层结构的相对刚性就显得反应迟钝,效果不好。但是,在一个稳定的环境中,传统科层结构的计划、领导有时能使企业获得巨大的收益,此时网络结构就不如科层结构有效。

## 五、无边界组织

无边界组织是通用电气的韦尔奇首创的一个概念。他强调无边界组织应该将各个职能部门之间的障碍全部消除,工程、生产、营销,以及其他部门之间能够自由沟通,工作及工作程序和进程完全透明。

所谓无边界组织是指边界不由某种预先设定的结构所限定或定义的组织结构。边界通常有横向、纵向和外部边界三种。横向边界是由工作专门化和部门化形成的,纵向边界是由组织层级所产生的,外部边界是组织与其顾客、供应商等之间形成的隔墙。无边界组织是相对于有边界组织而言的。有边界组织要保留边界,完全是为了保证组织的稳定与秩序。但无边界组织也需要稳定和呈现度,所以它绝不是要完全否定企业组织必要的控制手段,包括工作分析、岗位定级、职责权力等的设定,只是不能把它们僵死化。

传统意义上,企业靠严格的边界制胜,未来的企业则要靠无边界赢得竞争。传统的企业组织结构里面一般包括四种边界:垂直边界、水平边界、外部边界、地理边界。垂直边界是指企业内部的层次和职业等级;水平边界是分割职能部门及规则的围墙;外部边界是企业与顾客、供应商、管制机构之间的隔离;地理边界是区分文化、国家市场的界限。

就纵向关系而言,各个层次及各种头衔人员之间的界限已经打破,垂直上下之间的界限不再僵硬难破,而变得具有弹性和可渗透性,从而有助于更快、更好地决策和行动,也有利于组织方便地从各层次人员那里获得知识信息和创新灵感。

就横向关系而言,各职能部门不再有自己独立的山头,部门间的相互渗透,有关领地管辖的争执,被探讨怎样才能最大限度地满足客户需求所替代。

就企业与外部供应商、客户的关系而言,已由通过谈判、争吵、高压技巧、封锁信息,甚至相互拼斗方式的"非赢即输"的关系,转化为一种共创、共享、互利、双赢的价值链关系,构成企业联盟,并使其真正成为一种价值观念。

地理、文化和市场的边界也开始被打破。源自强调国民自尊心、文化差异、市场特殊性的观念,往往将创新和效益的观念孤立起来,并导致总部与工厂、销售市场之间的分离和矛盾。这已不再适应全球化统一市场的企业经营和发展。人才、资金、材料供给已全面向本地化方向发展推进。将跨国企业定义为某国的企业已不再有任何意义,在何处经营,在何处纳税,也就是何处的"公民"。

# 第三节 组织结构设计

## 一、组织结构设计的基本原则

一般而言,组织结构设计是在组织设计理论和组织管理实践的指导下进行的。

# 第 12 章 组织设计与组织文化

组织设计理论又被分为静态的组织设计理论和动态的组织设计理论，静态的组织设计理论主要研究组织的体制（权、责结构）、机构（部门划分的形式和结构）和规章（管理行为规范）。古典组织学派在这一方面，已经做过大量研究。而动态的组织设计理论除了包含上述基本内容之外，还加进了人的因素，加进了组织结构设计，以及组织在运行过程中的各种问题，诸如协调、信息控制、绩效管理、激励制度、人员配备及培训等。现代组织结构设计，较多地参照了动态的组织设计理论。但是在动态组织设计理论中，静态设计理论所研究的内容仍然占有主导地位，依然是组织设计的核心内容。动态组织设计理论是静态组织设计理论的进一步发展，两者是相互依存的包容关系。

综合法约尔、马克斯·韦伯、孔茨和厄威克等人的观点，并结合现代组织管理实践，相应地提出了一些设计原则：

### （一）任务与目标原则

企业组织设计的根本目的，是为实现企业的战略任务和经营目标服务。这是一条最基本的原则。组织结构的全部设计工作必须以此作为出发点和归宿点，即企业任务、目标同组织结构之间是目的同手段的关系；衡量组织结构设计的优劣，要以是否有利于实现企业任务、目标作为最终的标准。从这一原则出发，当企业的任务、目标发生重大变化时，例如，从单纯生产型向生产经营型、从内向型向外向型转变时，组织结构必须作相应的调整和变革，以适应任务、目标变化的需要。又如，进行企业机构改革，必须明确要从任务和目标的要求出发，该增则增，该减则减，避免单纯地把精简机构作为改革的目的。

### （二）专业分工和协作原则

现代企业的管理，工作量大，专业性强，分别设置不同的专业部门，有利于提高管理工作的质量与效率。在合理分工的基础上，各专业部门只有加强协作与配合，才能保证各项专业管理的顺利开展，达到组织的整体目标。贯彻这一原则，在组织设计中要十分重视横向协调问题。

### （三）有效管理幅度原则

由于受个人精力、知识、经验条件的限制，一名领导人能够有效领导的直属下级人数是有一定限度的。有效管理幅度不是一个固定值，它受职务的性质、人员的素质、职能机构健全与否等条件的影响。这一原则要求在进行组织设计时，领导人的管理幅度应控制在一定水平，以保证管理工作的有效性。由于管理幅度的大小同管理层次的多少呈反比例关系，这一原则要求在确定企业的管理层次时，必须考虑到有效管理幅度的制约。因此，有效管理幅度也是决定企业管理层次的一个基本因素。

### （四）集权与分权相结合原则

企业组织设计时，既要有必要的权力集中，又要有必要的权力分散，两者不可偏废。集权是大生产的客观要求，它有利于保证企业的统一领导和指挥，有利于人力、物力、财力的合理分配和使用。而分权是调动下级积极性、主动性的必要组织条件。合理分权有利于基层根据实际情况迅速而正确地做出决策，也有利于上层领导摆脱日常事务，集中精力抓重大问题。因此，集权与分权是相辅相成的，是矛盾的统一。

没有绝对的集权,也没有绝对的分权。企业在确定内部上下级管理权力分工时,主要应考虑的因素有:企业规模的大小,企业生产技术特点,各项专业工作的性质,各单位的管理水平和人员素质的要求等。

### (五)稳定性和适应性相结合原则

稳定性和适应性相结合原则要求组织设计时,既要保证组织在外部环境和企业任务发生变化时,能够继续有序地正常运转;同时又要保证组织在运转过程中,能够根据变化了的情况做出相应的变更,组织应具有一定的弹性和适应性。为此,需要在组织中建立明确的指挥系统、责权关系及规章制度;同时又要求选用一些具有较好适应性的组织形式和措施,使组织在变动的环境中,具有一种内在的自动调节机制。

## 二、组织结构设计的程序

第一步,分析组织结构的影响因素,选择最佳的组织结构模式。

(1) **企业环境**。企业面临的环境特点,对组织结构中职权的划分和组织结构的稳定有较大的影响。如果企业面临的环境复杂多变,有较大的不确定性,就要求在划分权力时给中下层管理人员较多的经营决策权和随机处理权,以增强企业对环境变动的适应能力。如果企业面临的环境是稳定的、可把握的,对生产经营的影响不太显著,则可以把管理权较多地集中在企业领导手里,设计比较稳定的组织结构,实行程序化、规模化管理。

(2) **企业规模**。一般而言,企业规模小,管理工作量小,为管理服务的组织结构也相应简单;企业规模大,管理工作量大,需要设置的管理机构多,各机构间的关系也相对复杂。可以说,组织结构的规模和复杂性是随着企业规模的扩大而相应增长的。

(3) **企业战略目标**。企业战略目标与组织结构之间是作用与反作用的关系,有什么样的企业战略目标就有什么样的组织结构,同时企业的组织结构又在很大程度上,对企业的战略目标和政策产生很大的影响。企业在进行组织结构设计和调整时,只有对本企业的战略目标及其特点,进行深入的了解和分析,才能正确选择企业组织结构的类型和特征。

(4) **信息沟通**。信息沟通贯穿于管理活动的全过程,组织结构功能的大小,在很大程度上取决于它能否获得信息、能否获得足够的信息以及能否及时地利用信息。

总之,组织结构设计必须认真研究上述四个方面的影响因素,并与之保持相互衔接和相互协调,究竟主要应考虑哪个因素,应根据企业具体情况而定。一个较大的企业,其整体性的结构模式和局部性的结构模式可以是不同的。例如,在整体上是事业部制的结构,在某个事业部内则可以采用职能制的结构。因此,不应该把不同的结构模式截然对立起来。

第二步,根据所选的组织结构模式,将企业划分为不同的、相对独立的部门。

第三步,为各个部门选择合适的部门结构,进行组织机构设置。

第四步,将各个部门组合起来,形成特定的组织结构。

第五步,根据环境的变化不断调整组织结构。

## 三、组织结构设计的影响因素

### (一) 四种基本的组织设计类型

从现实角度来看,组织设计必须考虑到现实中的各种因素。图 12-6 给出了前三种基本的组织设计类型,即组织的机械化设计、组织的有机化设计与组织的单元化设计。

#### 1. 机械化设计

机械化设计是指体现韦伯"官僚化"组织内容的组织设计过程。这种类型的设计原则是强调规则、政策与程序;事先规定好决策的方式与方法;组织的控制制度也是事先制定好并在高层支持下由中层加以实施。对此,著名的管理学家亨利·明兹伯格形容它是"如同机器一般的官僚化结构"。

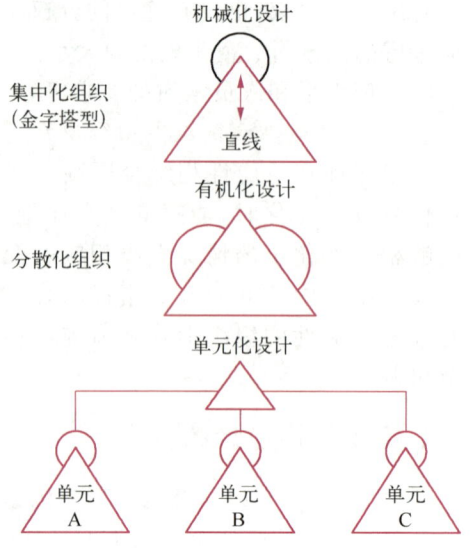

图 12-6 前三种基本的组织设计类型

这种类型的设计适用于外部环境与内部条件均变化很小的组织。在此类组织中,由于无须考虑内外部的变化,所以事先规范好组织的行为规范与控制制度,完全可以使组织运行处于安全稳定的状态。此类组织包括银行、保险公司、政府机构等。

机械化设计的最大缺点是封闭,对外部变化的适应性差,那些追求变化中的挑战者尤其是年轻人会对此感到反感而逐渐离开组织。此外,由于当代组织大多会遇到内外部不断变化的威胁与挑战,而机械化设计却一味强调规范与控制,故对组织的自我调整不利。

#### 2. 有机化设计

有机化设计是指组织采用水平专业化的组织结构的设计过程。有机化设计体现了组织的可调整性。在有机化设计中,固定的程序大大减少,甚至在使用的规范与程序也具有一定的弹性;组织较多地依靠专家与个人的共识和协调来解决存在的问题;在控制机制中引入了激励、培训与外部力量(如顾问、客户与公众等)的监督与支持。类似组织在专业组织(如学校、医院、图书馆、社会服务性机构、广告公司、咨询公司等)中较为常见。

这种类型的设计适用于以知识为基础的组织。一般此类组织具有层次不多、结构扁平的特征,其核心不是高层的领导人,而是组织中担任主角的教授、医生、社会工作者、咨询顾问师、广告创意人与制作人等。组织中各个阶层的负责人权力有限,他们的任务是帮助主角更好地工作。

有机化设计强调组织内的沟通,注重顾客的反应与技术的变化。虽然没有机械化设计那样有效率,但它的优势在于:适合于在变化的环境中解决问题,适应个性化顾客的需求。同时,由于它强调横向的联系,所以并不需要高度的集权。

#### 3. 单元化设计

单元化设计是指,按照"决策权与经营权相分离"的原则决定组织内各管理层的权限与职责的设计过程。其典型实例如前面所提到的事业部制。在实行事业部制的组织中,组织总部下属的各个事业部均是相对独立的系统。总部有总部的权限与职责,事业部有事业部的权限与职责,各自所要决定的内容不同,各自的权限与职责均按组织各层次所处的地位及其重要性而定。与直线职能制的组织结构相比,它更适合于在大型或特大型的组织中形成相对分散的组织结构。

单元化设计对大型或特大型组织来说具有特殊意义,相对分散式的组织结构既可使它减少机械化设计所带来的多层次结构,又可使它避免有机化设计所带来的失去控制之担忧。经典的单元化设计由著名的管理者——通用汽车公司的阿尔弗雷德·斯隆(Alfrred P. Sloan)创立。斯隆将通用汽车的主要的汽车品牌分为不同的业务单元部门,每一个部门负责相应的品牌的设计与制造。每一部门均被视为一个独立的业务单元,从事独立的自负盈亏的经营活动,与其他业务单位彼此间形成了相互竞争的关系。

在单元化组织中,业务单元间的协调主要涉及有关融资、法律、政府、社会等方面的事务。这些事务对于一个业务单位来说,有些是无权设立(如投资决策与资金筹集),有些是由于事务有限而没有必要单独设立(如处理与政府的关系等)。这些工作就可以由更上一级的职能部门或总部决策机构担任。用斯隆的话来说,就是组织的中长期发展决策归入到总部一级,属于"集中决策"范畴;组织日常的产品经营则归入到各个业务单元,属于"分散经营"范畴。这与我们通常所说的"大权独揽,小权分散"的含义基本一致。

对于特大型组织的高层管理者来说,单元化设计可促使他们去考虑组织的中长期的发展问题,以便他们更好地去决定各个业务单元的取舍(发展、维持、缩小或取消)程度。对于各个业务单元的管理者来说,单元化设计则可使他们大胆地应用手中的资源与权力搞好各自产品的经营活动,同时还可得到上级的支持与指导。至于总部如何评价各个业务单元的业绩,斯隆的办法是,考核各个业务单元的投入产出比,即,利润/投资＝投资利润率。这里,利润是指当年的销售利润,投资是指总部对业务单元的投资额。斯隆认为,用投入产出比来衡量各个业务单元的业绩,可以比较出各个业务单元间的管理效率。

更为重要的是,单元化设计能划分总部与各个业务单元间的责权利。组织内业务层次可基本分为三个主要层次:主管发展与协调的总部层次被称为"投资中心",它的职责是按组织发展需要,作出资源配置的决定,并负责监控投资后的运作与回报;主管各自产品的盈亏的业务单元层次(通常用"事业部"这样的专门名词)被称为"利润中心",它的职责是在总部投资后,负责将产品与服务投入到生产与销售中去,负责产品的产销进度以及相应的盈利水平;主管产品生产与质量的工厂则被称为"成本中心",它的职责是负责产品处于生产过程中的工艺、加工、质量等事项。由此可见,单元化设计既落实了各层次的权力,也明确了各层次的责任。

4. 混合化设计

混合化设计是指适宜组织多元化业务展开需要的设计过程。20世纪60年代,一些大企业开始将彼此间互不相关的业务单元结合在一起,形成了跨行业的经济组织,混合化设计由此产生。通用电气公司是一个典型的成功的混合型组织。该企业的经营业务包括了电光源、核反应堆、航空引擎、金融、国家广播公司等业务单元。

20世纪80年代至90年代,大企业间通过兼并与收购来实现混合化经营。由于兼并与收购的规模愈来愈大,融资能力在混合化的初期极为重要,因为没有足够的资金,混合化就无法实现。相应地,组织设计的重要性就下降了许多。然而,对于混合化来说,不同的业务单元结合在一起,虽然可增加组织的经营范围,组织的某项业务遇到竞争者的威胁,还有其他业务可以发展。但这不等于说,互不相干的业务单元结合在一起就能使组织获得更多的利润与效率。问题在于互不相干的业务单元的结合能否产生所谓的协同作用,即能否产生新的生产力。因为互不相干的业务可能意味着相互冲突与抵消,所以混合化的成功标志是,它能产生一种综合效益。

(二)规模与组织结构设计

组织设计首先要考虑它与组织规模的关系。在组织行为学的研究文献中,主要涉及对小型组织、官僚化组织以及四种基本的组织设计类型的研究。

1. 小型组织的简单化设计

简单化设计是指,组织只建立一到两个垂直专门化的职能部门,如财务会计与行政服务部门。在垂直专门化组织中,主要强调管理者监管的水平与能力,而协调往往通过人际沟通方式来实现。简单化设计适合于小企业,如家庭式企业、零售店、小型制造企业等。简单化设计的优点是简单、灵活、适应性强。简单化设计主要依靠管理者的个人领导水平,所以组织结构设计只需注意能满足组织高层管理者对效率的要求即可。

2. 官僚化组织

"官僚化组织"是指,具有多层次、分工严密、讲究协调、制度清晰的现代行政管理机构。当组织发展到较大规模时,管理的层次与更专门化的部门开始增加,相互间的分工与协调问题开始突现,体现组织的规范化、程序化、标准化的"官僚化组织"开始取代简单化设计的小型组织结构。与简单化设计的组织结构相比,"官僚化组织"具有下列特征:

(1) 以制度保障来取代个人影响。现代社会的组织规模决定了它不能只依靠个人的影响与能力。

(2) 以层次分明的机构取代缺乏权责层次和明确业务分工的小型组织。现代社会的组织内部必须建立起具有法律保障,分工明确,有次序、有条理的机构。

(3) 以制度性约束限制个人的权限,应当着力消除非理性的个人领导所带来的非公平现象。

"官僚化组织"一词来自著名的德国社会学家马克斯·韦伯(Max Weber)的研究成果。他指出,大型组织必须依靠法定的权威、逻辑性与秩序。他认为,依靠分工、分层控制,靠提升成员来发展他们的专业化技能,靠行政系统来进行管理是组织的"官僚化"现象。韦伯指出,"官僚化"不是注重个人的影响力而是注重组织的规则与制度,所以官僚化组织明显优于简单设计下的组织结构。因为个人魅力与能力再强,也难保不出现不公平的现象。相反,愈是个人作用强的组织,个人的偏见愈明显,愈容易出现非公平的因素。韦伯认为,现代化的组织就是依靠受制度约束的"官僚化"的行政组织。显然,这与我们通常理解的"官僚化"不是一回事。

实际上,韦伯这种强调制度作用的理论只是一种"理想的组织",现实社会中并不存在纯粹的"官僚化"组织。在现代组织中,制度与人的作用同时影响着组织的运行效率。但离开了对人特别是对高层管理者的制度约束,组织运行就会置于大权在握者的直接控制之下,这对资源的有效利用与决策的民主化无疑是不利的。在这方面,历史与现实都有大量的经验与教训。因此,韦伯的理论对管理的科学化、现代化意义重大。

同时,如果从当代社会的角度来回顾韦伯的相关理论,不难发现,韦伯的"官僚化"组织结构指的是垂直专门化类型的组织结构形式。它强调分工与协作的规范化、工作过程控制的制度化,从而与推崇个人能力与素养的"非官僚化"划清了界限。这与我们所强调"法治"的意图如出一辙。

### (三) 技术与组织结构设计

研究发现,不同类别的组织需要不同类型的技术,而不同类型的技术则需要不同的组织结构相匹配。例如,学校需要的技术包括教室、实验室、教材与教学方法等,这种技术类型需要较为扁平的组织结构,而与学校规模大小无直接关系;中型工厂需要的技术包括设备、工具、原料、动力、厂房、仓库等,这种技术类型需要的可能是直线职能制;大型百货公司所需要的技术包括卖场、陈列商品、促销方式与手段,这种技术类型需要的则可能也是较为扁平的组织结构。显然,这里技术的含义已远远超过了我们通常对技术的理解。

研究技术的意义在于,除了从规范化、程序化与标准化的角度探讨组织设计问题外,我们能否从组织自身运作的需要来选择适当的组织结构?或者说,什么样的组织设计才能与组织运作的技术类型相匹配?更为重要的是,此类研究具有很高的学术价值。因为在此之前,学术界主要围绕着韦伯等人的理论,反复地讨论现代组织存在的必要性以及赞美经典组织结构的设计原则,对现实社会中新出现的组织结构问题不屑一顾,使组织设计成为一种纯学术的研究。有关技术与组织设计的研究成果将组织设计重新置于现实过程中,恢复了它作为一门应用科学的地位。

在组织行为学的研究文献中,有以下两种关于技术与组织的关系学说:

#### 1. 汤姆森的技术观

杰姆斯·汤姆森(James Thompson)将组织技术分为协同型、居中联结型与固定联结型三类。协同型技术要求各方面的专家发挥各自专长并协同工作以解决问题。如医院急诊室里的医生与护士有着各自的专长,在治疗过程中根据每个病人的情况来决定医疗方案,并组成专门的医疗小组。居中联结型技术则是将原本各自独立的部分结合在一起。例如,银行作为一个联结机构,将互不相关的存钱方与借贷方串结在一起,形成了货币的有偿存贷关系。固定联结型技术是指如同大工厂流水线那样有着明确的分工与上下工序间的联结关系,或称连续性生产过程的组织技术。

#### 2. 伍德沃德的技术观

琼·伍德沃德(Joan Woodward)将技术分为三个种类:小批量生产、大量生产、连续性制造。小批量生产组织(如裁缝店、理发店)按个别顾客的要求运作,对设备要求不高,但对组织经营者的制作技能要求很高。在大批量生产的组织(如家电业、机电业)中,自动化的流水线作业是其运作的基本方式。组织内拥有许多专用设备,成员操作规程明确;连续性制造(如化学品制造)组织则是以几乎完全的自动化来生产各种相关的中间品。

伍德沃德的研究表明,组织设计与技术间的匹配是组织成功的关键因素。当技术与组织结构彼此间有着良好的互适性时,组织会有很高的成功度。小批量生产、连续性生产组织通常采用灵活度高的工作小组,而僵硬的、灵活度低的结构通常会导致此类组织的失败;相反,大量生产组织通常采用规范的程序与较大的工作小组。虽然伍德沃德的上述研究在当时有较高的理论学术价值,但今天几乎每个人都知道,技术只是组织成功的一个要素。

### 3. 明兹伯格的技术观

明兹伯格经过调查发现,在现实的工作过程中,管理者、技术专家与生产者往往不知道以何种方式去适应顾客的需求。于是,他认为选择临时委员会的结构会有助于解决上述问题。临时委员会是指强调协作、分权、水平化分工,具有较少的规则与程序,不实行正式的控制制度,具有较高弹性与适应性的组织结构。它以解决突发、意外、风险性大的不确定性问题为导向,强调在解决问题时,优先考虑利用专家的知识与经验以及注重对专家小组的协调。因此,它特别适合于以下几种情况:

(1) 经常会发生突发或意料不到的问题的组织(如医院的急诊室);
(2) 常遇到难以确定问题性质与落实解决方案的组织;
(3) 在无先例,甚至无参考事例的条件下探索某种途径或方案时;
(4) 在鼓励成员占有组织资源、知识、方法与手段去发现新的机会时。

### (四) 环境与组织结构设计

#### 1. 间接环境与直接环境

组织作为一个开放系统,既需要从环境中接受各种外来因素,也需要将本身的产出输送到环境中去。因此,在考虑组织设计时,理解什么是外部环境,把握哪些是对组织有意义的外部环境的因素,显然十分重要。

环境与组织的关系按两者关系的紧密程度分为间接环境与直接环境。间接环境是指组织所在区域中文化、经济、法律与政治以及教育等因素的总和,这些因素会间接地影响到组织的运作。直接环境是指与组织运作直接相关的顾客、供应商、经销商、竞争者、政府机构等方面的因素总和。由于两者差异较大,故区分这两者相对容易。

#### 2. 组织与环境关系中的三个指标

(1) 环境丰富度与衰退度。环境丰富度是指有益于组织生存与发展的外部条件。环境丰富度愈高,组织愈容易生存,即便是技术与管理相对落后的组织仍能够生存下去。此外,环境丰富度高,机会与发展的可能性愈多。如在经济高速增长时期,竞争力差的企业同样能拿到订单。

丰富度的对立面是衰退度。在高衰退度期,组织保持生存的途径是:① 找到衰退的原因;② 避免重犯以往的过失;③ 加强成员的认同度与参与度;④ 减少原定目标与力争留住核心成员;⑤ 使成员远离恐惧;⑥ 恢复士气,强调更多的参与。

(2) 组织与环境的相互依赖度。由于环境的影响与制约,组织必须考虑哪些环境因素会对组织运作产生较大的影响。同样,为实现组织的目标,组织又可以对哪些环境因素施加影响。之所以有如此的考虑,就因为组织与环境是相互依赖的。没有一个组织可以不顾环境的制约而为所欲为。

但对一个特定的组织而言,并非所有的环境因素都会对它的运作产生影响。换言之,组织也没有必要去认真对待所有的环境因素。只有那些对组织产生较大影响的环境因素,才有可能成为组织研究的对象。因此,组织有必要去研究组织与环境的相互依赖问题。

例如,有的企业聘任政府部门、银行等方面的代表作为董事会成员,原因在于该企业的股权结构中有政府的股份、银行的贷款额较大等,组织需要这些相关人士参与决策。又如,化工企业投资决策要更多地考虑社区反应与政府的规定,否则可能会污染生态环境,并遭受社区居民的抵制、政府的罚款与禁止令。

组织设计也同样要考虑利用组织优势影响有关的环境因素。比如,组织设计常考虑设立公关部门,利用本组织的某一优势(满足就业、增加税收等)来影响当地政府或社区。

(3) 环境的不确定度。当前,组织环境变化非常迅速,环境的不确定度上升,这对相当多的大型组织来说相当不利。比如,花巨资投入的设备很快过时、成员不稳定性增强、对组织的认同下降、跳槽率上升、组织运作控制失灵等。一般来说,在不确定性较高的环境条件下,组织设计总是跟不上环境的变化。在这种条件下,传统的组织结构已无法维持组织的生存,有机型的组织结构与委员会型的组织结构却可以使组织增加弹性与适应性。但较多的大型组织在调整其结构时反应迟缓,它们顾虑重重,担心调整步伐过大、过快会影响组织运作,导致竞争力下降。它们并未首先从适应环境变化入手,而只是对以往的业务与管理作一些小幅的调整,结果既失去了与对手竞争的优势,又使得组织因为缺乏一个有效的结构而无法及时回应,最终被迫走上大量关闭或出售各个分支机构、大量裁员的所谓"组织瘦身"之路。

因此,保持组织的弹性与适应性非常重要。在组织还没有调整其结构时,组织应使自身保持在较高的弹性与适应性的状态,以便必要时作出大的调整。

(五) 战略与组织结构设计

20世纪60年代中期开始,对战略的研究开始受到重视,随之也开始了对战略与组织结构间关系的研究。时至今日,战略、组织结构与组织文化、组织绩效的系统研究已成为主流。

战略是指组织为获得并保持中长期的竞争优势,而展开的自身定位研究及其所要采取的相应行动的规划。战略过程是指将组织的目标、资源与环境等多种因素结合在一起的整合过程。

组织结构的建立或调整是在战略制定之后。因此,结构的变化应服从于战略的需要。比如,当一个企业决定将原本为地方性的组织发展为跨区域的组织时,该企业便要考虑如何建立起自己的跨区域结构以适应企业的这一战略要求。又如,为适应人才需求的变化,学校决定调整现有的系科,发展信息、生物等学科,部分老专业则采取合并学科、缩小招生规模或停招的措施。

战略过程要注重其实施时的种种障碍与问题。这主要体现在组织结构、控制制度与组织文化的建立或调整上。现在流行的组织流程业务再造将三个因素联结在一起,按照组织战略的需要予以调整。但实施组织流程业务再造需要许多外部因素的支持。比如,组织的高层能否下决心以短期的利益受损为代价来进行业务重组？再比如,业务重组会裁剪或合并一些业务部门,这会影响到一些经理与成员的利益,组织的高层愿不愿意下这个决心？这就是说,战略过程既是一个具有内在逻辑化的展开过程,也是一个要与现有的利益格局发生冲突的过程,而且冲突往往来自组织的内部。因此,一个好的战略,既要看它的制订基础与内容,也要看它能否得以实施,能否有效地排除各种障碍。所以说,组织结构的调整固然要以服从战略为前提,但原有的组织结构也会对战略的制订与实施产生不可忽视的影响。如果我们忽视了这些战略过程的冲突与影响,那么战略的实施就会遇到种种障碍与问题。

## 第四节　组 织 文 化

20世纪80年代早期,组织文化成了组织行为学研究的中心议题。而人们对组织文化的兴趣并不局限于学术研究,企业界对文化的兴趣远远大于组织行为的其他方面。而今组织文化研究仍然是组织行为学的重要领域。这一研究的假定是,拥有强大文化的组织的绩效高于那些没有这种文化的组织。有关文化对组织绩效的影响的研究结果并不一致,受到研究和变量的影响。组织文化分析是组织行为学最重要的专业领域之一。

### 一、组织文化的概念

不同的学者对组织文化提出了不同的概念,有人曾经作过统计,对组织文化的定义超过180种。其中比较著名的如：

埃德加·沙因(E. H. Schein)认为,企业文化是在企业成员相互作用的过程中形成的,为大多数成员所认同的,并用来教育新成员的一套价值体系。

彼特斯(T. J. Peters)和沃特曼(R. H. Waterman)认为,组织文化就是员工做出不同凡响的贡献,从而也就产生有高度价值的目标感,这种目标感来自对生产、产品的热爱,提高质量、服务的愿望和鼓励革新,以及对每个人的贡献给予承认和荣誉。

迪尔(T. E. Deal)和肯尼迪(A. A. Kennedy)认为,组织文化是价值观、英雄人物、习俗仪式、文化网络、企业环境的凝聚。

霍夫斯坦德(G. Hofstede)认为,组织文化是一种"组织心理"及组织的潜意识,它一方面在组织成员们的行为中产生,另一方面又作为"共同的心理程序"引导这些成员的行为。

科特(J. P. Kotter)和赫斯克特(J. L. Heskett)认为,组织文化是指一个企业中各个部门,至少是企业高层管理者们所共同拥有的那些企业价值观念和经营实践,是指企业中一个分部的各个职能部门或地处不同地理环境的部门所拥有的那种共同的文化现象。

尽管组织文化是非常复杂的,而关于组织文化的定义也是纷繁多样的,但目前以下定义还是得到了比较广泛的认同,即组织文化是指组织成员共有的一套意义共享的体系,它使组织独具特色,区别于其他组织。

组织文化有一些重要的特性,下面这六个特性被认为得到了比较多的认同：

(1) **观察到的行为规则**。当组织成员和其他人互动时,他们使用共同的语言、行话以及与尊重和举止相关的仪式。

(2) **规范**。现有的行为标准,包括对工作量的指导方针。例如,"不要做得太多,也不要做得太少"就是体现组织文化的一种潜在规范。

(3) **支配性的价值观**。组织提倡一些主要的价值观并希望它的成员认同它们。典型的例子是高质量、少旷工和高效能。

(4) **哲学**。有专门的政策阐明组织在关于如何对待员工和顾客方面的信念。

(5) **章程**。存在着与在组织中生活相关的严格的指导方针。新来者必须学习这些"内幕",以便有充分的资格被接受为这个团体的成员。

(6) **组织的氛围**。它是一种整体性的感觉,由组织的外在表象、成员互动的方式、成员与客户或组织之外的其他人交往的方式所传达。

## 二、组织文化的类型

### (一) 主文化与亚文化

承认组织文化具有一些共同性质,并不意味着其中不存在亚文化。很多大型组织中都存在一个主文化以及众多的亚文化。

主文化体现的是一种核心价值观,它为组织中绝大多数成员所认可和共享。当我们谈到一个组织的文化时,通常就是指组织的主文化。正是这种宏观角度的文化,使组织具有自己独特的个性。亚文化通常在大型组织内部发展起来,反映了其中一些成员所面临的共同问题、情境和经历。这些亚文化通常可能在组织内部的部门设计和地理分隔的基础上形成。例如,营销部门可以有本部门成员共享的、独特的亚文化,它既包括主文化中的核心价值观,又包括营销部成员所特有的一些价值观。同样,远离美国总部的通用汽车中国公司也可能表现出不同的风格特点。

如果组织中没有主文化,而是由多种亚文化组合而成组织文化,那么,这一组织文化作为独立变量的价值就会大大减弱。正是由于组织文化中的"意义共享",使得组织文化成为引导和塑造员工行为的有力工具。当然,不能忽视的一个现实是,许多组织还同时拥有亚文化,这些亚文化同样会影响到员工的行为。

### (二) 强文化与弱文化

不同组织的组织文化强度是不一样的,很多知名组织都有自己的典型文化风格,比如,IBM、强生、华为、哈佛、西点军校等都有典型的强文化特征。

在强文化组织中,组织的核心价值观得到强烈而广泛的认同,接受信心价值观的组织成员越多,对核心价值观的信念越坚定,组织文化就越强。强文化会对其员工的行为产生巨大影响,因为这种高强度以及高度的认同感会在组织内部创造一种有力的行为控制氛围。

强文化的一个具体结果是员工的流动率更低。在强文化中,组织成员与组织的立场保持着高度的统一。这种目标的一致性造就了内聚力、忠诚感和组织承诺。反过来,这些特征又降低了员工脱离组织的可能性。

### (三) 组织文化与民族文化

研究表明,民族文化比组织文化对员工的影响更大。因此,在IBM慕尼黑分公司中的德国员工,更多受到德国文化的影响而不是 IBM 的企业文化的影响。换句话说,组织文化对员工行为的影响很大,但民族文化的影响更大。但是,跨国公司在员工选拔的过程中,会寻觅并雇用那些与组织的主文化相匹配的员工,即使这些员工可能在某种程度上并不具备本国人的典型特点。

霍夫斯蒂德分别于 1990 年和 1991 年进行的两项研究提示,民族文化主要在价值层面上不同,而组织文化则主要是在较表层实践的层面上不同,如符号、英雄和仪式。

### 三、组织文化的功能

组织文化对于组织行为的影响是无形而持久的,组织文化往往能在很大程度上影响组织成员的行为,甚至超过正式的权责关系、管理制度等所发挥的作用。但组织文化也存在着与组织环境适应和匹配与否的问题,因而组织文化对组织行为与绩效可以产生积极影响,也可能产生消极的负面影响。

#### (一)积极功能

组织文化在组织中具有多种功能。第一,它起着划清界限的作用,即它使得一个组织与其他组织区别开来。第二,它表达了组织成员对组织的一种认同感。第三,它促使组织成员不仅关心自我利益,还支持更大范围的一些东西。第四,它增强了社会系统的稳定性。组织文化是一种社会黏合剂,它通过为组织成员提供言行举止的恰当标准,而把整个组织聚合起来。最后,组织文化作为一种价值体系和控制机制,能够引导和塑造员工的态度和行为。

在今天的工作场所中,组织文化对员工行为的影响显得越来越重要。当组织不断采取拓宽控制跨度、组织结构扁平化、推行工作团队、降低正规化程度和给员工授权等措施时,都需要通过一种强文化来共享意义,确保组织中的每个人受到同一方向的指引。

#### (二)消极功能

如前所述,组织文化的许多功能对组织和员工都十分重要,它提高了组织承诺,增强了员工行为的一致性,这对企业是不无裨益的。从员工角度来说,组织文化也很重要,因为它减低了模糊性,它能告诉员工事情应该怎样做,以及哪些事情很重要。但是,我们也不应忽视文化,特别是强文化,对组织有效性可能造成的不利影响。

##### 1. 阻碍组织变革

由于组织文化是组织在长期运营过程中形成的,具有历史继承性和稳定性的特点,所以组织文化一经形成,在较短的时间内不易改变。而一旦组织所面临的环境变得动态、多变时,那种牢固不变的组织文化,特别是强文化,就可能成为组织变革的障碍,从而削弱组织应对环境变化的能力。例如,三菱公司、柯达公司、施乐公司、波音公司等。这些组织都拥有强劲的组织文化,并且一直运营良好。但是,当环境发生变化时,这些强文化就成了它们变革的障碍。

##### 2. 不利于多样化

组织文化在聘用新员工时,可能会因为自身的组织文化而产生两难。一方面,管理层希望新员工接受组织的核心价值观,否则,这些新员工就会难以融入组织;另一方面,管理层通常又希望这些员工能给组织带来新的差异和变化。

**3. 给予员工压力**

强文化对员工有着更明显的遵从压力,限定了组织可以接受的价值观与风格的范围。组织通常乐于聘用多元化的个体,因为这些人能带给组织多维优势。但是,当员工试图融入强文化之中时,这些多元化的行为与优势就可能会丧失。因此,当强文化大大削弱了来自不同背景的人带给组织的独特优势时,它就成了组织的束缚。

**4. 影响并购成功**

通常情况下,管理层在做出并购决策时,考虑的关键要素是融资优势或产品的协同作用。不过,近年来,组织文化的相容性成了人们关注的主要对象。尽管收购对象良好的财务状况和生产线可能是最初的一些吸引因素,但是,收购过程能否真正实施似乎与两家公司的组织文化能否相容更有关系。

很多并购都在圆满完成后不久就失败了。有调查显示,58%的并购都没有达到公司高层所定的价值目标。失败的主要原因是组织文化的冲突。例如,2001年美国在线和时代华纳1 830亿美元的并购是公司史上最大的一起并购。此次并购是个巨大的灾难——仅两年时间,股票下跌了90%。组织文化冲突被普遍认为是美国在线时代华纳问题的原因之一。中国企业TCL跨国并购案的失败,以及联想集团收购IBM个人电脑业务之后所遭遇的困境,很大程度上也是与不同企业间尤其是不同国家企业间组织文化融合的困难有关。

## 四、组织文化的形式

组织文化需要借助于一定的形式来表现,需要人们基于可观察到的物象来推断,需要通过一定的渠道和途径以及表现形态传递给员工和外界,以利于解释、识别和学习。它的主要表现形式有以下几个方面。

### (一)故事

故事是指在组织内曾经发生的能够体现组织的价值观、反映组织情境的、经过演化和加工而流传下来的叙述性事件。这些故事有的是历史事件和传奇故事,加进了一些虚构的细节;有的是有事实根据、经过艺术加工的故事。故事的内容大多与组织创建者、违反组织制度、从乞丐到富翁的发迹史、裁减劳动力、员工重新安置、反省过去的错误以及组织应急事情等有关。故事借古喻今,使公司价值观保持长久活力,为全体员工提供了一种共享的理念,还可以为组织政策提供解释。

例如,创建于1901年的美国著名零售业巨头Nordstrom公司,就流传着一个关于顾客退货政策的故事。在这个零售连锁店初创时,有一天,一个顾客来到商店想退掉一副汽车轮胎,而售货员不太清楚自己应该怎样处理这个问题。就在顾客与售货员交谈时,创始人之一的Nordstrom先生路过这里,并听到了谈话的内容。他立刻走过去,问顾客花多少钱买下这副轮胎,然后让售货员收下轮胎,把钱全数退给了那位顾客。等顾客拿着钱离开后,售货员非常困惑地看着老板,说:"Nordstrom先生,我们没有卖过轮胎呀!""我知道,"他的老板说,"但无论如何我们要让顾客满意。我说过,顾客退货时,我们不提任何问题。这是我们的退货政策,必须做到这一点。"然后,Nordstrom先生打了一个电话给在汽车配件厂的朋友,问他愿意花多少钱买走这副轮胎。

还有,海尔公司流传至今的关于张瑞敏砸冰箱的故事,也是海尔文化的一种重要外显形式。

### (二)礼仪和仪式

礼仪和仪式是组织日常已经成为习惯的一系列文化活动的总称。这项文化活动体现了组织对员工的期望和要求。它以生动的、形象化的形式,向员工灌输本组织的价值观。礼仪和仪式,实际上是一种培养人们一定价值观念和行为方式的手段和载体,它使本来抽象的价值观念变成具体的有形的东西,成为组织文化不可缺少的一部分。它能够增进员工向新的社会角色转化,使员工产生更强的社会认同感,有助于改善组织功效,使员工之间产生共同的纽带和良好的情感,增强员工对组织的认同。可以说,没有礼仪和仪式,就没有组织文化。礼仪和仪式的形式多种多样,有各种表彰和奖励活动,有各种聚会和娱乐活动,有唱歌、升旗和背诵誓词等。

比较典型的公司仪式是玫琳凯化妆品公司为销售代表举办的年会。大会既像马戏团表演,又像美国小姐选举。那些达到销售指标的女售货员们将得到各种令人惊奇的奖品,如金饰针、钻石饰针、狐皮披肩,等等。在年会上,所有的与会者互相交流销售经验和心得,互相促进。而通过这种仪式对销售业绩卓越的公司员工所进行的公开表彰,大大激发了人们的积极性。这种年度仪式在树立员工的行为期望方面起到了重要作用。

### (三)物质象征

物质象征是组织文化的物质形态和外在表现,也称作有形信条。这些物质象征包括公司的外部特征,如公司的名称、象征物、内外空间设计、劳动环境如色调、音乐、员工休息室、餐厅、教室、图书室、文化娱乐环境,还包括给高层管理人员配备、提供的各种办公条件、生活待遇、津贴以及基层管理人员的衣着、交通配置等。

例如,有的公司会为高级管理者配备更高档次的汽车、更加宽大的办公室;而有的公司其高层管理者则并不因等级不同而享受特别的待遇。

### (四)语言

语言是指在组织中特有的、常用的、体现组织的行业特点、工作性质、专业方向的专用术语。如公司的惯用语、口号、隐喻或其他形式的语言,这些语言能够识别和解释组织文化或亚文化,并成为组织文化的重要组成部分。组织成员学会这种语言,有利于他们接受组织文化。

## 第五节 组织文化的创建与维护

### 一、组织文化创建

作为组织文化外显形式的组织惯例、传统、做事等,在很大程度上是沿袭过去的,以及这样做事所带来的成功程度。这些在很大程度上受到组织创始人的巨大影响。首先,他们为组织应该做的事情勾画了一幅全新的愿景规划,而新建组织的典型特点是规模比较小,这非常有利于创始人把自己的愿景灌输给所有的成员。

文化的形成有三种途径。第一,创始人仅仅聘用和留住那些与自己的想法和感受一致的人员;第二,他们对于员工的思维方式和感受方式进行灌输和社会化;第三,创始人把自己的行为作为角色榜样,鼓励员工认同这些信念、价值观和假设,并进一步内化为自己的想法和感受。当组织成功时,创始人的愿景被人们视为成功的主要决定因素。在这一点上,创始人的人格特点会植根于组织文化之中。

## 二、组织文化的维护

组织文化一旦建立,组织内部就会采取一些措施来维系文化。在维系组织文化的过程中,有三个因素起了举足轻重的作用:选聘活动、高级管理层的举措和社会化方法。

### (一)选聘

组织的选聘过程有着明确的目标:识别并雇用那些有知识、技能和能力的人,从而成功完成组织中的工作。通常,能够满足某一工作岗位需要的求职者肯定不止一位。在这个时候,所聘用的人显著受到决策者对于求职者是否适合组织的判断的影响。这种试图确保员工与组织相匹配的努力,不管是出于有意还是无意,都会导致受聘员工的价值观与组织价值观大体一致,至少与组织价值观中的相当一部分保持一致。另外,选聘过程也为求职者提供了一些有关组织的信息。如果求职者发现自己的价值观与组织价值观存在冲突,他们也可能会自动退出应聘者之列。因此,选聘过程实际上就是一种双向选择的过程。通过这种方式,选聘过程筛选掉了那些可能对组织的核心价值观构成威胁的人,从而维系着组织的文化。

### (二)高层管理者

高层管理者的活动显然对组织文化有着重要的影响。他们通过自己的举止言行建立起规范,并将其渗透到组织当中,例如:公司是否鼓励冒险;管理者应该给自己的下属多大自由度;什么样的着装是得体的;什么样的活动可以得到加薪、晋升或其他奖励等。

### (三)社会化

不管组织在人员的选聘、录用方面工作做得多好,新员工都不可能完全适应组织文化的要求。更重要的是,由于新员工对组织文化尚不熟悉,所以他们可能会干扰组织中已有的观念和习惯。因此,组织需要帮助新员工适应组织文化,这种适应过程被称为社会化过程。而对于进入高层职位的新人来说,公司常常会花更多的时间和精力,帮助其完成社会化过程。

社会化最关键的阶段是员工新进入组织的时间。这是一个组织要尽力把外来者塑造成"合格"员工的阶段。那些未能掌握重要和关键角色行为的员工,则会被当作"违规者"或"反叛者",并常常会被开除出去。组织会对它的所有员工进行社会化,虽然有时方式并不明显。社会化过程贯穿于员工在组织上的整个职业生涯,它进一步起到了维系组织文化的作用。

社会化可以概括为三个阶段:原有状态、碰撞阶段和调整阶段。第一阶段包括新成员进入组织之前的所有学习活动。第二阶段中,新成员看到了组织的真实面貌,并可能面对着个人期望与真实现实相脱节的问题。第三阶段中,发生了相对长期而持久的变化。新成员掌握了工作所需的技能,成功完成了自己的新角色,并且调整自己以适应工作群体的价值观和规范。这三个阶段会影响到新员工的生产率、对组织目标的承诺,并最终影响到员工在组织中的去留,入职社会化的方法如表 12-1 所示。

表 12-1 入职社会化的方法

| 方 法 | 具 体 内 容 |
|---|---|
| 正式的与非正式的 | 新员工与当前的工作环境越是隔离,并以某种方式清晰地表现出自己是新来的,社会化过程则越是正式。岗前培训和其他培训项目就是其中的例子。非正式的社会化方式则是让新员工直接进入工作 |
| 个体的和集体的 | 新成员可以单独完成社会化,也可以组织起来,并经历一系列共同的经验,如新兵训练营 |
| 固定的和可变的 | 这指的是新成员从局外人转变为局内人的日程安排。固定的日程安排设定了标准化的转变阶段。这种方案有点像组织中的轮岗培训项目,它也包括试用期。例如,在会计师和律师事务所中,在决策某位候选人可否成为一名合伙人之前,即有一个 8~10 年的"副职"状态。可变的日程安排没有提前给出任何转变的时间表,它只是对典型的晋升系统进行描述。而按照这种社会化方式,一个人在没有"准备"好之前,就不会升入下一个阶段,无论他/她经历了多长时间 |
| 有序的和随机的 | 有序社会化的特点是,通过角色模范来培训和鼓励新成员,如学徒制和导师制。在随机的社会化中,角色模范刻意地被隐含起来,如何社会化的问题,留待新员工自己去思考和发现 |
| 授予式和剥夺式 | 授予式社会化假定新员工本身的素质和资格是工作成功的必要组成部分,因此,这些素质和资格可以被认可和接受。剥夺式社会化则要努力去除新员工的某些特点。像美国大学里的兄弟会和姐妹会的"誓词",就是通过剥夺式的社会化来塑造合适的角色 |

### 三、组织文化的发展

由于环境的剧烈变化,组织有时候需要对其文化进行有效的变革。虽然有一些组织的文化中含有变革创新的基因,如美国 3M 公司、苹果电脑公司等,但是在组织中建立一种新的文化或者改变原有的文化,都是一件非常困难的事情,而且,越是那些曾经因其文化而带来成功的组织,实施这种改变就越困难。

尽管如此,组织文化还是可以随着时间的推移而得到有效的管理与改变。以下是关于组织文化变革的一些简单的指导原则:

(1) 评估现有文化;
(2) 设定可以对现有文化基础产生冲击的现实目标;
(3) 从外部招聘行业内有经验的员工,并使他们能够与组织中的员工良好互动;
(4) 自上而下地进行变化,使得相关信息在所有层级的管理团队中得到一致性传递;
(5) 使员工参与到文化改变的过程中,特别是在修改规则和程序时;

（6）消除所有能够唤醒员工对原有文化进行联想的外部标识、饰物；

（7）预计可能会出现的某些问题，并找出那些宁可跟着文化走也不愿意改变文化的人；

（8）尽量快速、果断地建立起变革的动力，排除新文化建立所面临的阻力；

（9）持久地坚持。

需要强调的是，当试图进行组织文化变革时，一定要特别小心不要抛弃自己的根基，不要盲目抛弃组织原有的核心价值或与众不同的特征和能力。

## 本 章 小 结

组织结构是一系列任务、责任和权力的关系体系集合，为组织内部管理提供一个具有相对稳定性的框架。随着外部环境、战略、技术、任务等因素的变化，组织结构也应做出一定的变化，这就需要对组织结构进行设计。设计组织结构时，需要遵循任务与目标原则、专业分工与协作原则、有效管理幅度原则、集权与分权相结合原则和动态稳定性原则，综合考虑组织的规模、技术、环境、战略等各种因素，以使设计出来的组织结构与组织内外环境相适应，达到完成任务的目标。

本章介绍了几种具有典型意义的组织结构，职能制、事业部制和矩阵制是传统科层式的组织结构，而网络组织和无边界组织已经突破了传统科层组织的行政命令体系，是新型的组织结构。但它们各有自己的优缺点和适用范围，因而组织结构本身并没有好坏之分。

组织文化是组织成员共有的一套意义共享的体系，它使组织独具特色，区别于其他组织。组织文化如同一个人的精神气质，形式上不容易看到，但却能够令人感觉到。它令那些具有强文化的组织表现出与众不同的个性化特征，并为组织的巨大成功提供了重要佐证。比如，柯林斯和波拉斯在他们的《基业长青》一书中，就将拥有"教派般的文化"视为那些基业长青公司成功的重要来源之一。

组织文化对于组织的稳定，以及员工行为的塑造与影响作用是明显的。但是，需要指出的是，组织文化的功能并不总是正面的、积极的，它也可能成为组织变革的强大阻力，会给组织多样化以及并购造成障碍，特别是强文化的组织。

组织文化可以通过其外显形式表现出来，如公司中流传的故事、象征性的仪式、各种有形的物质象征，以及人们所使用的内部语言等。而组织文化的创建则离不开创建者的贡献，他们通过创建组织，将个人秉持的一些信条和价值观融会其中。而经由严格的选聘、高层管理者的示范，以及有组织的社会化过程，留有创始人价值基因的组织文化得以逐步凸显和传承。

# 第12章 组织设计与组织文化

## 思 考 题

1. 组织结构设计有哪些原则?
2. 矩阵结构有哪些优缺点?
3. 讨论网络组织与传统组织之间的主要区别。
4. 组织文化有什么重要作用?它的作用总是积极的吗?
5. 有人说,组织文化就是"老板的文化",你如何看?
6. 我们可以通过哪些有形的方式观察到组织文化?

## 练 习 题

哪种组织文化适合你?

下面这些题目是有关目前中国企业中所存在的某些价值观念,请你根据你对其重视的程度进行评估,选择最能代表的数值。

(1=非常不重视 2=不重视 3=不确定 4=重视 5=非常重视)

1. 关心员工个人的成长与发展。2. 发展员工的潜能。3. 理解,信任员工。4. 重视员工的建议。5. 提供知识及技能的培训机会。6. 重视团队建设。7. 鼓励合作精神。8. 促进员工之间情感的交流。9. 鼓励员工之间的相互协作。10. 员工之间相互体贴。11. 最大限度满足顾客的需要。12. 客户的利益高于一切。13. 提倡顾客就是上帝。14. 向顾客提供一流的服务。15. 真诚服务客户。16. 重视社会责任。17. 企业的使命就是服务社会。18. 经济效益与社会效益并重。19. 重视社会的长远发展。20. 乐于接受新生事物。21. 注重新产品,新服务的开发。22. 鼓励创新。23. 大胆引进高新科技。

说明：

该量表包括员工发展(1—5题)、人际和谐(6—10题)、顾客导向(11—15题)、社会责任(16—19题)和勇于创新(20—23题)五个分量表，可以逐个计算分量表所包含题目的平均分或总分，得分越高表明你越适合该分量表所代表的组织文化。

# 案 例 分 析

## 用企业文化铸基业长青

吉姆·柯林斯在《基业长青》一书中对18家伟大企业进行了分析，认为最持久、最成功的公司的基本特质是它们保持一种核心理念，同时刺激进步，能够从烦琐的经营做法和商业谋略中，分离出它们永恒不变的核心价值观和经久不衰的使命。他认为正是企业文化的传承让企业在经历环境变化时能保存自己的核心理念和价值观，大胆拥抱变革。阿里巴巴正是通过企业文化建设，培养了员工的自律意识和向心力，令阿里巴巴从创业到发展的道路上始终秉承核心价值观，成为行业翘楚。

### 文化创业初期(1999—2004年)

"我一只脚跨在自行车上，一只手指着他们，你们给我抬回去！"——1995年，杭州，普通市民马云见义勇为，喝止偷井盖大汉。

初创公司的企业文化在很大程度上是由创始人和创业团队决定的，他们的行事风格和价值观将对未来公司的文化氛围产生巨大的影响。

少年时代武侠情怀的映射让马云始终认为，所谓"侠"的终极目标，是帮助弱小，并推动一群认可这样理念的人，共同实现梦想的奋斗。而在这个时期，"让天下没有难做的生意"的核心使命，就自然地生成出来了。这一文化取向也为阿里巴巴未来的平台化之路，奠定了文化共识的基础，深刻影响了业务判断。

阿里巴巴集团主管企业文化的资深总监静嘉认为："阿里很多文化的元素实际上跟18位创始人的初心，他们互相之间的关系，以及他们对很多事情的判断，是有非常大的关系的，他们是怎么来理解做的事情，把它当做一个事业还是只是当做一件事。其实从第一天开始，马云就有利他的精神在这里面，他想帮助更多的人。这跟马云最早那种侠义的精神有一定的关系。"

在阿里巴巴的创业阶段，阿里巴巴的文化主要是以马云的个人愿景以及他与另外 17 位创始人之间的侠义精神和"让天下没有难做的生意"的使命感所主导。不过，管理公司毕竟还需要将文化以更完善的形态落地，尚在襁褓期的文化理念需要进一步的发展才能支撑阿里巴巴完成向大企业的转型。

2004 年 7 月，时任福道诚壹管理咨询公司董事长的邓康明来到阿里巴巴，出任集团副总裁，负责整个阿里巴巴的人力资源管理。上任后，邓康明的第一刀就切向了"独孤九剑"，他在接受媒体采访时说："这一套价值观的描述，没有完全展现出阿里巴巴的个性。我们正在从几百人变成几千人，甚至未来有可能要扩大到数万人，'独孤九剑'并不便于大面积地推广。"原来的"独孤九剑"精炼成了"六脉神剑"：客户第一、团队合作、拥抱变化、诚信、激情和敬业。

改变人的思想，必须先改变人的行动。阿里巴巴的"六脉神剑"从改变员工的行为入手，将每一条价值观都细分出了 5 个行为指南，30 项指标。

但只有书面制度尚无法保证每一个员工的行动都能按照价值观的指引进行。这时，HR 又抓住典型案例，在全公司范围内进行了无数次反复的传播与讨论，最终才形成了这样一个高度透明、行动整齐划一的团队。

在阿里巴巴，至今直销团队的新人们仍然会反复听到两个案例：一个是关于"客户第一"的。阿里巴巴有一个业务员将山东一个三线城市的房地产商发展为"中国供应商"。尽管它给阿里巴巴带来了 6 位数的收入，但阿里巴巴仍然把钱退给客户，并对员工进行了处理。中国供应商的用户有能力为更大范围内的客户提供服务，但该供应商并没有在其他城市进行开发的能力。

另一个核心价值观，就是诚信。在一次业务知识考试中，公司发现一个区域经理和几个业务员的试卷答案一模一样，明显存在舞弊情况。对于一贯强调诚信的阿里巴巴来说，这触及了底线。阿里巴巴立即将舞弊者全部开除。

为了真正让价值观落地，阿里将价值观考核的地位提升到和业绩考核同等重要的地位，两者在员工绩效考核中各占 50%。

对于很多唯绩效论者，这些措施看起来过于超前和激进。然而吉姆·柯林斯在《基业长青》中描述："我们发现，要建造基业长青的公司，你不需要创造一个'温室'或'舒适'的环境，就绩效和契合公司理念而言，基业长青公司对员工的要求通常比其他公司严，因为它们对于自我认知、事业目的要达到的目标，都说得十分明确。不愿意或不符合公司规定的人，在公司里通常没有生存空间。"

### 梳理价值观支撑企业发展（2005—2008 年）

2005 年，人力资源领域的另一项创举——政委体系在阿里巴巴诞生。为了进一步强化组织的价值观，公司设置了"政委"岗位。静嘉说："当时阿里巴巴是销售为主的体系制度，所以在各个地方只有带兵打仗的人，但是没有文化的这种东西带过去，所以当时会选拔三到五年以上这种老同事以 HR 的身份去做一些文化的事。"

在这一阶段,随着销售体系的扩大,这些3~5年以上的老人,会把这种使命感,带到新人的身上,完成文化的传承。在这个时期文化渐成型固化。而与初创时期相比,绩效体系、薪酬福利、晋升体系上,也在发挥着传承文化的作用。虽然这个时期,阿里巴巴员工数量猛增,但由于上述各种手段,公司的价值观和文化很好地传承了下来。在这个阶段,阿里巴巴基于创业文化精神内核,梳理了企业愿景、确立了价值观。

而在这一时期,阿里巴巴的业务,也在发生着巨大的变化,淘宝,支付宝的出现,让阿里巴巴开始生发出基于业务的"亚文化"。不变的是使命、愿景和价值观,但是基于不同的业务,却有不同的外显:淘宝有倒立文化,有店小二文化,这是因为马云希望用不同的视角看到世界,也希望每一个员工都能够有服务好客户的心态,与彼时飞速发展的创新业务相辅相成;而支付宝有手印文化,按下手印的那一刻,就是一个不变的承诺,这与支付宝强调的信任理念相契合。

### 从企业到行业的小情大义(2009年至今)

在静嘉看来,当阿里巴巴的业务越来越生态化后,引进的人才也越来越丰富。在招聘时,阿里巴巴要保证新员工的核心价值观跟阿里巴巴保持一致,但进入公司以后,如何让他们落地更为重要。阿里巴巴文化的内核从它成立以来到现在没有发生过变化,但是它外延展现的形式却越来越多样化,如果治理方式非常单一的话,其实是很难让各种类型的人才落地,业务也很难前行。"所以我们一直在探讨怎么样能够保证共同的内核的前提下,能够让大家更加地放松,能够更加自在地展示自我。"

阿里巴巴倡导,理想的组织应该是"一群有情有义的人,在共同做一件有价值有意义的事"。有情,是指的真正的认同,有使命感地带着心去做事情,相信正在创造改变能够帮助世人,这样的组织是有温度的,有感召力的。

这个"情"字涵括"大情""小情"。"大情"指的是,因为阿里巴巴和电商生态圈里所有伙伴的努力"让天下没有难做的生意"。不管是小企业主,还是刚刚毕业的大学生,乃至一字不识的农名,都能够因为这群人的努力,切身感受到"微小而美好的改变"。"小情"指的是在实现这个"大情"的路上,这样一群人,应该有共同相信的东西,有同一个目标,这样,虽然会因为业务不同,但最后总会殊途同归,因为他们的信仰是一致的。

在这一阶段,我们看到阿里巴巴文化的成熟,在保持价值内核传承和坚持的同时,对企业目标和社会责任有了更高层次的思考。在坚守核心价值观的同时,求同存异、发展员工多样性以促进企业业务的长足发展。

阿里巴巴文化从创业时单纯的侠义精神,到提升组织能力架构的成型阶段,再到如今的"一群有情有义的人在做一件有意义的事"。虽然形式在不断进化,但"让天下没有难做的生意"的使命没有变,基本价值观没有变,这保证了企业的文化核心得到传承。如柯林斯所说,保持文化核心的不变,企业的非核心部分才能勇敢地拥抱变化。只有不断变化,适应瞬息万变的时代,才能做到企业的基业长青。

**思考题:**

1. 阿里巴巴的组织文化是如何创建并维护的?从中可以得到哪些启示?
2. 阿里巴巴的组织文化是如何传递给员工的?

# 第13章 组织发展与组织变革

进入互联网时代,企业和消费者之间信息不对称的情况正在彻底改变。移动互联、大数据和智能制造等技术的普及,将商业带入数字化时代,企业竞争正在演化为用户选择权的竞争。在这种态势下,曾经等级森严的树状组织结构因无法快速响应市场需求,容易滋生权力斗争,将逐渐被淘汰。企业面临的挑战是:如何针对新的生产方式和市场环境,将战略转向以用户为中心,重新配置企业资源。

中国传统家电制造业海尔集团首席执行官张瑞敏认为,互联网时代带来三大颠覆:一是企业大规模制造变成大规模定制,生产线需要随之改变;二是去中心化,互联网时代人人是中心,也就没了中心,没有了领导,层级制度要改变;三是分布式管理,全球都是企业的人力资源部。

2005年起,张瑞敏开始对海尔进行颠覆式的组织结构改革,大胆提出"人单合一"的创新构想,并从2010年正式进入实质性变革。对于海尔的这场大手术,张瑞敏曾这样形容:这是一次堂吉诃德式的冒险,但我们要努力保持不让冒险成为牺牲。

事实上,为了配合转型,海尔人力资源部也在进行着一场深刻的变革——不仅要从架构上响应海尔组织扁平化的变革进行重构,还要在职能上服务于组织转型的成功。这对人力资源来说是一个巨大的挑战。配合"人单合一"的变革,海尔的人力资源管理最终拆分为"按单聚散"和"按单预酬"两个职能平台,对于海尔的人力资源部门来说,这是个无先例可循的创新。

## 第一节 组织发展

### 一、组织发展的概念

组织发展(organizational development)的思想是由行为学家和组织管理心理学家在20世纪60年代首次提出的。关于组织发展的概念并不统一,但关于它的一些基本特征还是有共识的:① 运用行为科学的知识和方法;② 广泛进行的有计划的、全面的组织改善活动;③ 目的是改进和更新组织,以增进组织的有效性和健康发展。

组织发展范式重视人员和组织的成长、合作与参与过程以及探索精神。它关注的焦点更多的是组织中的人和文化方面。与行动研究的"医生-病人诊断模式"相比，组织发展可以称为"过程咨询模式"。与行动研究相似的是，咨询顾问和管理者及组织成员一起共事，诊断组织的优势和劣势，识别问题和机会。不同的是，在这种模式中，咨询顾问能帮助组织有效地检验和提高他们自己解决问题、决策和行动的能力。

大多数组织发展活动所依赖的基本价值观如下：

（1）**对人尊重**。即认为个体是负责的、明智的、关心他人的。他们应当受到尊重，并有自己的尊严。

（2）**信任和支持**。有效和健康的组织应当拥有信任、真诚、开放和支持的组织气氛。

（3）**权力均等**。有效的组织不强调权威层级和控制。

（4）**正视问题**。不应该把问题掩盖起来，而应公开和正视问题。

（5）**参与**。受到变革影响的人越是参与到变革的决策过程中来，就越可能付诸行动实施这些决策。

## 二、组织发展的干预技术

下面我们介绍一下在组织变革过程中常用的六种组织发展干预技术。

### （一）敏感性训练

敏感性训练，指的是通过无结构化小组的相互作用来改变行为的方法，它有时还被称为实验室训练、交友小组和 T 小组（即训练小组）。在这种训练中，参与者在一个自由开放的环境中，讨论彼此相互交往的过程，讨论中会有专业的行为科学家稍加引导。这种小组是过程导向的，也就是说，个人通过观察和参与进行学习，而不是让别人告诉自己学习的内容。专业人员为参与者创造机会，让他们表达自己的观点、信仰和态度，但他们自己并不承担（实际上是明确拒绝）任何领导角色。

训练的目标是使主体对自己的行为以及别人如何对自己形成认知更为敏感，使主体对他人的行为更为敏感，更理解小组的活动过程。它致力于达到的具体目标包括：① 提高对他人的移情能力；② 提高倾听技能；③ 沟通时更为真诚坦率；④ 增强对个体差异的承受力；⑤ 改善冲突处理技能。

### （二）调查反馈

调查反馈是评估组织成员所持有的态度、识别成员之间的认知差异以及消除这些差异的一种工具。

组织中的每一个人都可以参加调查反馈，但其中最重要的是"组织家庭"（即任何一个工作单元中的管理者及直接向他汇报工作的下属）的参与。通常是由组织或工作单元中的所有成员来填写调查问卷。这种方法可以请组织成员直接道出问题所在，或是通过访谈的方式来确定那些重要的问题。问卷主要询问员工对各个方面的认识、理解和态度。例如，决策实践，沟通效果，部门间的合作以及对组织、工作、同事和直接主管的满意度。

问卷中的数据根据个体所属的"组织家庭"以及整个组织进行列表和归类，并分发给员工。这些资料就是确定问题、澄清问题的出发点。尤其要注意的是，在反馈调查方法中,要鼓励小组讨论,并确保讨论对事不对人。

最后,通过调查反馈法的小组讨论,应该使成员认识到问卷结果的意义。人们会不会听这些信息?会不会由此产生新观点?决策、人际关系、任务分配能否得到改进?研究者对这些问题的回答可以使人们做出承诺,并采取各种措施来解决已发现的问题。

### (三)过程咨询

过程咨询的目的就是让外部顾问帮助管理者对他们必须处理的过程事件"进行认识、理解和采取行动"。这些事件可能包括工作流程、各部门成员间的非正式关系以及正式的沟通渠道等。

过程咨询在假设上与敏感性训练很相似,它们都假定通过协调人际关系和重视参与可以提高组织的有效性。但过程咨询比敏感性训练更为任务导向。过程咨询中的顾问"让管理者了解在他的周围以及他和其他人之间所发生的事情",他们与管理者共同工作,诊断那些需要改进的过程,但不会去解决组织中的具体问题,而是作为指导和教练的角色,在过程中提出建议,帮助管理者解决自己的问题。

### (四)团队建设

团队建设通过利用高度互动的群体活动,提高团队成员之间的信任和开放程度,以达到提高团队绩效的目的。团队建设可以应用于群体内部,也可以应用于群体之间关系的开发。

群体内的团队建设可以包括组织家庭(指挥小组)、委员会、项目小组、自我管理团队和特别行动小组的建设,等等,其目标是改善队员的协作能力,从而提高团体成绩。

群体间关系的开发(intergroup development)致力于改变群体间的态度、观念和刻板印象,主要关注的是可以引致群体间功能失调的冲突。例如,在公司里,工程技术部门员工会把会计部门的人视为一群胆小保守的人,把人力资源部的人视为一群圆滑世故的人。这些刻板印象显然会给部门之间的协调带来了负面影响。

在改善群体间关系方面有不少方法,但最常用的是强调问题解决的方法。在这种方法中,首先让每个群体独自列出一系列清单,其中包括对自己的认识、对其他群体的认识以及自己认为的其他群体对自己的看法。然后各群体之间共享这些信息,讨论他们看法之间的相似之处和不同之处。尤其要认真阐述不同之处,并寻找导致分歧的原因。

群体之间的目标不一致吗?有一些认知受到歪曲了吗?刻板印象是在什么情况下形成的?是否有一些意愿因为误解而产生了偏差?每个群体在界定时使用的概念和术语是否不同?对这些问题的回答可以帮助群体之间认识到冲突的真相。而一旦找到了冲突的成因,群体就可进入整合阶段,即致力于寻求改善群体间关系的解决方法。为了更进一步地诊断,以找出各种可行性方案,改善群体间关系,还可以建立一些由来自每个冲突群体的成员组成的亚群体。

### (五)价值探索

大多数的组织发展方法是以问题为中心的。它们先找到一个或一系列问题,然后寻找问题的解决办法。价值探索这种做法则强调了事物的积极方面。它不是寻找

# 第13章 组织发展与组织变革

需要进行调整的问题,而是确定一个组织的独特品质和独特力量,这些力量可以成为改善工作绩效的基础。也就是说,它关注的焦点是组织的成功,而不是组织的问题。价值探索已经被很多组织的实践证明是一种有效的变革模式。

价值探索的支持者指出,问题解决的做法常常请员工回忆昨天的失败,它关注于缺陷,而很少致力于新的愿景规划。他们认为,传统的行动研究、调查反馈、过程咨询等组织发展技术,通常是以责备和产生防御机制而告终。而价值探索更看重的是提炼和提升那些组织已经做得很成功的地方,即通过强调优势推动组织的变革。

价值探索过程通常是在一个大型群体会议中,用两三天的时间,由一位训练有素的变革代理人进行监控和指导。它主要包括四个步骤。第一步是发现,也就是发现一些大家认为"组织的优势"的想法。例如,请员工讲述他们认为组织最有效的时期,以及他们觉得对自己的工作最满意的时候。第二步是梦想,在第一步的基础上,思考未来组织可能的蓝图。例如,请大家展望一下5年后的组织,并描述可能的差异。第三步是设计,基于对梦想的描述,找到一个共同的愿景规划,并对组织具有的独特品质达成共识。第四步寻求的是界定组织的命运,参与者讨论组织实现其梦想的具体方式,这一步通常包括书写行动计划和开发实施战略。

## 第二节 组 织 变 革

### 一、组织变革的概念

今天,越来越多的组织面对的是一个动态、复杂的环境,"不变革就灭亡"已经成为大多数管理者的共识。组织变革的发生可能是主动的、也可能是被动的,我们这里所关注的是那种由组织主动发起的、有目的的变革活动,即所谓的有计划的变革(planned change)。这种变革活动的主要目标是:第一,致力于提高组织适应环境变化的能力;第二,致力于改变员工的行为。诸如激发创新、建立工作团队,以及给员工授权等,都是组织为了适应环境变化而采取的有计划变革活动的例子。

所以,我们可以把组织变革定义为组织根据外部环境和内部条件变化,主动、有目的地对其自身进行修正、改变和创新的活动与过程。

### 二、组织变革的类型

从变革的激烈程度角度,可以把组织变革分成三类:

(1) 适应性变革。适应性变革是指将经过试点的比较熟悉的管理实践引入组织,属于复杂性程度较低、确定性较高的变革。一般来说,适应性变革对员工的影响较少,潜在的阻力较小。

(2) 创新性变革。创新性变革是指引入全新的管理实践。它往往具有较高的复杂性和不确定性,因而容易引起员工的思想波动和担忧。

(3) 激进性变革。激进性变革是指实行大规模、高压力的变革和管理实践。它打破了原有框架,包含高度的复杂性和不确定性,变革的代价也较大。

从组织内部对结构及工作关系等进行有计划改变的角度,组织变革又表现为以

下三种形式:

(1) **结构变革**。结构变革通过改变正式工作结构及职权关系来改善绩效。组织结构的改变通常牵涉到工作的再设计,这使得一些正式的工作内容和职责的定义发生变化。组织结构的变革也包括上、下级关系的改变。例如在企业创业阶段,创始人经常直接插手各种大小事情,中层主管没有很大的自主权及决策权。但是当公司发展到相当大的规模时,组织结构可能会朝着事业部的方式改变,这样各事业部主管就获得了相当大的自主决策权。

(2) **人员变革**。人员变革是指员工态度、技能及知识基础的改变。这可以通过从组织内外选择满足组织发展需要的员工、向现有员工提供适当的培训,以及促进员工之间进行技能和知识的共享和互补来实现。建立团队(如质量圈)是实现员工技能和知识共享和互补的最典型形式。

(3) **技术变革**。技术变革是指将资源转变成产品或服务的任何新方法的应用,包括机械化、计算机化和信息化等。科学技术的飞速发展无疑将使技术变革成为组织变革的一种重要方式。技术变革不仅仅是技术方面的问题,而且给管理者带来很大的冲击和挑战,随之而来的管理问题如人力资源的开发和使用、工作重新设计等都将呈现在他们的面前。

## 第三节 组织变革的动力与阻力

### 一、组织变革的动力

引起组织变革的动力多种多样。为了讨论方便,可以把这些动力归纳为两个方面:组织外部环境动力和组织内部动力。

**1. 组织外部环境动力**

外部环境的变化必然要求组织做出相应调整。① 全球经济增长速度的变化、产业结构的调整、政府经济政策的调整等,都可能成为引发组织变革的导火线。2008年由美国引发的国际金融危机,以及目前全球产业正在进行的深刻调整,都已经对组织变革带来了明显的压力。② 科学和技术的发展对组织的影响变得越来越明显。例如,计算机的出现使得大量资料的处理变得容易和快速,并且支持复杂的生产活动。信息技术的发展正在彻底改变人们的思维方式,向传统的组织结构和工作模式提出严重挑战。互联网已经并将继续给组织带来冲击和机会。③ 来自竞争对手、客户、社区等方面的压力也是激发组织变革的重要动因。例如,假如主要的竞争对手采用新的技术、开发新的产品和服务、实施组织变革,那么企业通常都会对此做出反应,通过组织变革保持和改善自身的竞争优势。④ 社会观念或价值观的改变也是激发组织变革的重要外部力量。例如,整个社会对环境保护、个人权益的日益重视,将影响企业的经营方式与理念。在经济全球化和科技快速发展的今天,企业经营环境的变化不是什么例外,而是一种经常的现象,整个世界正处于一个"不连续的时代",与过去相对稳定的外部环境相比,当前这种竞争日趋激烈的动态环境为组织变革带来了更大的压力。

#### 2. 组织内部动力

组织内部技术、人员和管理等方面的变化，都会导致组织变革的发生。例如，企业实行技术改造、引进新的设备就需要加强技术服务部门并调整技术、生产、营销等部门之间的工作关系。员工构成和素质的变化，如年龄结构、性别结构、技能和知识结构，以及员工的价值观等的变化，可能会引发工作任务的重新分配和组织结构的变动。当企业有新成员加入或原有人员离职或退休时，也会促使企业进行变革。管理模式和手段的现代化，也为组织变革提供了良好的契机。例如，管理信息系统（MIS）和决策支持系统（DSS）等管理工具和手段的使用，完全有可能引发组织变革。另外，组织最高决策者的更迭无疑会对组织结构造成巨大的冲击。特别是当前、后两任领导人在管理理念、风格、工作能力等方面存在较大差异时，组织变革经常会随之发生。组织变革通常也是组织自身成长的要求。组织本身所处的生命周期阶段不同，如创业期、成长期、成熟期、衰退期等，也会促使组织进行变革。如在初创期，组织结构可能趋向于非正式化，彼此权力关系尚未正式定义。然而，当组织发展成熟，规模扩张至相当大的程度时，就必须建构正式权力关系，此时官僚体系的组织结构就会取代先前非正式化、有机式的组织结构。而当组织处在衰退时期，管理者更会构思企业变革之道，力图使企业重振雄风而避免走向被淘汰的结局。总之，企业处于不同的生命周期时对组织结构的要求是不同的。在小企业成长为中型或大型企业，单一产品企业成长为多产品企业，企业成长为企业集团等过程中，常常伴随着组织变革。

### 二、组织变革的阻力

组织变革关系到组织内部每个员工的切身利益，涉及面广，难度大，敏感性高，是一项十分复杂、艰巨的工作。虽然有一些变革顺应了组织内部员工的要求而受到他们的欢迎和支持，但是并非每一项变革都能产生这样的结果。事实上，要使组织变革受广大员工的欢迎并获得他们的充分支持不是一件容易的事。对于绝大多数的组织变革而言，它打破了员工们业已习惯的工作和生活方式，从而都会在某种程度上遇到来自员工的阻力。因此，在组织变革过程中遇到各种各样的阻力，产生各种怀疑、拖延或者妨碍组织变革实施的员工行为就难以避免。

需要特别注意，员工抵制变革的行为经常出现滞后的现象。滞后的反应模糊了起源与反应之间的联系。例如，在组织变革开始时，员工很少，甚至没有对变革做出反应。但在一段时间之后，员工的抵制力量慢慢显露出来，最后会对组织变革形成很大的阻力。事实上，识别和处理那些隐蔽或滞后的变革阻力，是对组织变革的重大挑战。另外，组织中不仅一般员工可能会抵制变革，中高层管理人员也可能会给组织变革增加阻力。也就是说，员工抵制组织变革的顽固程度与他们在组织结构图上的位置没有必然的联系。事实上，在很多组织，最强的组织变革阻力来自组织的主要领导人，他们通常是现行模式的创立者和维护者，对原有模式最熟悉、切身体会最多、感情最深，让他们丢弃自己一手创立并伴随自己很长时间的模式非常困难。

组织变革的阻力可分为个体阻力和组织阻力，其具体阐述如表13.1所示。个体阻力来自基本的人类本性，如知觉、个性和需要等；组织阻力则来自组织自身的结构。

表 13-1 组织变革阻力的具体阐述

| 阻力类型 | 具 体 阐 述 |
|---|---|
| 个体阻力 | 习惯——为了应对生活的复杂性,我们依赖习惯或程序化的反应。但是,当面对变革的时候,以惯常方式做出反应的趋向就会成为一种阻力源;<br>安全感——有较高安全需要的人很可能抵制变革,因为变革会威胁到他们的安全感;<br>经济因素——如果人们担心他们在新的工作任务或工作规范下的表现不能达到先前的水平,尤其是当报酬和生产率密切关联时,工作任务的改变或工作规范的建立就会引起经济恐慌;<br>对未知的恐惧——变革是用对未知的模糊性和不确定性代替已知;<br>选择性信息加工——为了保持知觉的完整性,个体会对信息进行选择性加工,他们只听取自己想听的,忽视那些对自己已建构的世界形成挑战的信息 |
| 组织阻力 | 结构惰性——组织拥有产生稳定性的内在机制(如甄选过程和正规化管理)。当组织面临变革时,结构惰性就会充当反作用力,努力维持原有的稳定状态;<br>有限的变革关注——组织由一系列相互依赖的子系统组成。你不可能只对一个子系统实施变革而不影响其他子系统。因此,在子系统中进行的有限变革很可能会因为更大系统的问题而变得无效;<br>群体惰性——即使个体想改变他们的行为,群体规范也会成为约束力;<br>对专业知识的威胁——组织模式的变革可能会对特殊群体的专业知识构成威胁;<br>对已有权力关系的威胁——任何决策权力的再度分配,都会威胁到组织长期以来已经形成的权力关系;<br>对已有资源分配的威胁——组织中控制一定数量资源的群体,常常把变革视为一种威胁。他们往往对事情原有的状态感到满意 |

组织和员工对变革的抵制,并不总是坏事,从某种角度讲,具有积极意义:它使得组织行为具有一定的稳定性和可预见性;另外,还可能成为组织中建设性冲突的来源,例如,对结构重组或生产线改进的抵制,可能激发有关变革利弊的争论,从而有益于决策的完善。而且,还需要特别强调的是,变革并非总是有益的,也未必总是积极的、正面的。研究表明,有时过于强调决策速度就会产生很差的决策;而如果处于"变革的迷雾"中,变革发起者可能认识不到变革带来的影响程度有多重大,因而无法估计变革的真正成本,反而可能导致组织陷入困境。

## 第四节 组织变革模型

学者们关于组织变革模式的研究有多种,这里主要介绍勒温(Kurt Lewin)的经典三阶段模型、科特(John Kotter)的八阶段模型,以及行动研究模型和组织发展模型。

### 一、勒温的三阶段模型

勒温认为,成功的组织变革需要遵循解冻、变革、重新冻结这样三个阶段。该模型用简单的语言总结了组织变革的复杂过程。

解冻就是组织要进行变革就必须要放弃现在的稳定状态,这种状态实际是一种平衡。这一过程强调的是必需产生变革的共识,以解冻原有的平衡现状,使其产生某种松动,为克服个体阻力和群体从众压力做准备。解冻为组织变革提供了动力。要成功进行解冻,通常可以借重两类方法:一是减少阻力,二是增加变革方案的吸引力。

变革阶段是一个需要承担新风险、澄清混乱的过程。在这个过程中,纯粹依靠组织设计往往并不能带来成功,更多时候组织成员还需要心理上的安全感,以及相应的支持与领导。研究表明,组织变革要有效,速度就要快。组织实施变革的组织不如那些立即行动并快速通过变革阶段的组织变革效果好。

重新冻结阶段的主要任务是要从各个方面巩固、强化新形势,使变革阶段产生的成果能够稳定存在。否则,组织变革可能是短命的,而员工也会试图回到原来的平衡状态。因此,对目标重新冻结,就是通过对推动力和阻力进行平衡,使新形势得以稳定。

勒温的三阶段模型认为,组织变革不是一个静止的状态,而是正反方向的作用力量彼此消长的动态过程。换言之,是组织变革的推动力和变革阻力之间较量的结果:动力大于阻力,会促使组织变革发生;阻力大于动力,则是维持现状甚至倒退。

勒温的三阶段模型如图13-1所示。

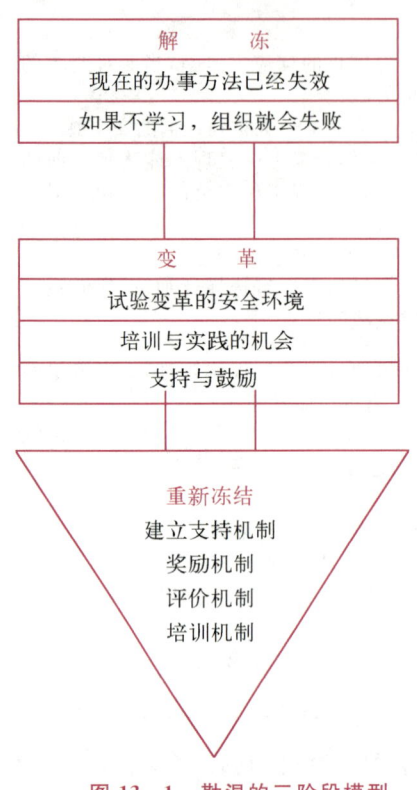

图13-1 勒温的三阶段模型

## 二、科特的八阶段模型

哈佛商学院的科特在勒温的三阶段模型基础上,与他的合作者一起为变革实施建立了一个更加详细的八阶段模型。八阶段分别是:① 增强紧迫感;② 建立指导团队;③ 确定变革愿景;④ 有效沟通愿景;⑤ 授权行动;⑥ 创建短期成效;⑦ 不停变革;⑧ 巩固变革成果。科特的八阶段模型的具体内涵如表13-2所示。

表13-2 科特的八阶段模型的具体内涵

| 阶 段 | 具 体 内 涵 |
| --- | --- |
| 1. 增强紧迫感 | 无论是大型私有企业的高层主管,还是身处非营利组织的基层部门,那些在组织变革中取得成功的人士,都会在发动变革之前,在相关人员心里制造一种紧迫感。紧迫感有时是通过一些富有创造性的方法形成的,可以使人们立即意识到进行变革的重要性,并准备随时为此而采取行动 |
| 2. 建立指导团队 | 有了紧迫感之后,成功的变革领导者会马上召集那些有一定的可信度、技能、关系、声誉和权威的人员,组成一支指导团队来担任变革过程的领导工作。这支团队应该有着很强的责任感,并且能够得到很多人的信任 |
| 3. 确定变革愿景 | 指导团队会为自己的组织变革确立合理、明确、简单而振奋人心的愿景和相关战略 |

## 第四节 组织变革模型

续　表

| 阶　段 | 具　体　内　涵 |
|---|---|
| 4.有效沟通愿景 | 指导团队将愿景和战略传达给所有的相关人员，领导者们把简明扼要的信息通过畅通的渠道传达下去。这一步骤的目标就是在所有相关人员内部达成一种共识和责任感，从而准备变革。领导还应该通过实际行动来让人们更好地理解愿景。领导应该不厌其烦地做沟通工作 |
| 5.授权行动 | 要想在组织变革中取得成功，领导者必须对参与变革的有关管理者和员工进行充分授权。通过授权，可以使人们有能力克服阻力、清除障碍，将变革往前推进 |
| 6.创建短期成效 | 在进行授权之后，那些在组织变革中取得成功的领导者就会设法帮助组织取得一些短期成效。这是非常关键的。因为他们可以为整个组织变革的必要性和正确性提供强有力的证明，并为随后的工作提供必要的资源和动力 |
| 7.不停变革 | 取得一些短期成效后，成功的变革领导者绝不会放松努力。因为在这种情况下，整个组织的信心都被调动起来，早期的一些变革措施也开始得到理解和认可。这时，人们就会精明地选择以后的行动，并不断地将变革推向前进，直到彻底实现组织变革的愿景 |
| 8.巩固变革成果 | 最后，在那些取得成功的组织当中，整个组织的领导者们会通过培育一种新的企业文化，把所有的变革成果固定下来。一种新的企业文化——包括组织当中的群体行为规范和人们的价值观的建立，需要较长的一段时间，而且在这段时间里，整个组织还需要不断取得新的成功，以证明变革措施的有效性。在这个过程中，适当的人事变动、精心设计的新员工培训，以及那些能引发人们某种情感反应的活动，都可能起到很重要的作用 |

特别值得一提的是，科特认为，要使得人们真正愿意变革，必须采用新方法以触动员工的情感。他和他的合作者认为，要推动组织变革，最重要的事情是改变人们的行为。传统的变革模式是：分析—思考—改变，也就是给员工讲道理，向他们展示一些事实和数据，希望通过逻辑分析的方式改变员工的思维，进而促其行为改变。他们认为应该采取的新方法是：看到—感受—改变，也就是让员工真正看到事情的真相，影响他们的内心感受，进而促使其改变行为。

实际上，我们可以把传统的变革模式称为变革的"理性模式"，而把科特等人提出的新模式看作是变革的"感性模式"。前者强调了人类行为改变的理性方面，后者则突出了行为改变中感性因素的重要作用。他们认为，看到—感受—改变的感性变革模式，比分析—思考—改变的理性变革模式在推动变革时更为有效。现实生活中的一些例证，似乎也比较支持这个结论。比如，当我们试图改变吸烟者的吸烟行为时，即可通过理性模式：用科学证据说明吸烟有害健康，以促使吸烟者放弃吸烟；也可以使用感性模式：如让吸烟者亲眼看见因长期吸烟而受到损害的肺或者心脏，真切感受到吸烟的严重后果，从而促使其放弃吸烟。显然，后一种方法的效果要好一些。难怪世界卫生组织要求各国的烟草商，不仅要在香烟盒上注明"吸烟有害健康"的字样，还要进一步将受到吸烟损害的人体器官，如肺、心脏的图形印在盒子上。感性变革的模式与理性变革的模式比较如表13-3所示。

表 13 - 3　感性的变革模式与理性的变革模式比较

| 感性模式：看到—感受—改变 | 理性模式：分析—思考—改变 |
|---|---|
| 1. 看到：帮助人们看到问题 通过一些戏剧性的、引人注意的情景来帮助人们发现问题，找出解决方案或者看到 8 个步骤中自满情绪、战略、授权或其他关键问题的解决情况<br>2. 感受：人们的情感受到冲击 看到问题后，人们的情感受到冲击。他们开始从内心深处做出反应，那些阻碍变革的情感因素开始削弱，支持变革的因素开始增强<br>3. 改变：人们的行为开始发生变化，那些已经改变了的行为也得到了进一步的强化 | 1. 分析：向人们展示分析结果 收集并分析许多信息，撰写报告，并做许多关于组织问题、可能的解决方案以及组织上的紧迫感、团队工作、沟通、士气下滑或 8 个阶段中的其他问题的演示<br>2. 思考：数据和分析影响人们的思维方式 信息和分析改变人们的思维方式。那些与必要的变革相抵触的思想开始得到更正或摒弃<br>3. 改变：新的思维方式改变人们的行为，或者强化那些已经改变了的行为 |

## 三、行动研究模型

行动研究指的是这样一种变革过程：先系统地收集信息，然后在信息分析的基础上选定变革行为、进行变革管理的过程。行动研究为推行有计划的变革提供了科学的方法论。在行动研究中，变革推动者通常是外部顾问而不是内部管理者。行动研究模型包括五个阶段：诊断、分析、反馈、行动和评价，跟科学研究方法很相似。

在诊断阶段，这些外部顾问通过提出问题，与员工面谈，翻阅各种记录，并倾听员工所关注的问题，从而收集变革需求方面的信息。诊断之后是分析阶段：人们认为哪些问题最为关键？这些问题以什么形式出现？变革推动者把有关信息综合成为人们主要关心的问题、问题的范围以及可能采取的行动等几个方面。

行动研究需要变革对象的广泛参与。也就是说，任何变革方案中涉及的员工都必须积极参与问题的界定，主动寻求解决办法。所以，在反馈阶段，就是让员工共同参与分享前两阶段发现的问题。在变革推动者的帮助下，由员工开发需要实施变革的行动计划。

接下来就是行动阶段了，员工和变革推动者采取具体行动来改进他们发现的问题。

最后一个阶段是对行动计划的有效性进行评价。变革管理者把收集到的原始资料作为标杆，对而后发生的变革进行比较和评价。

行动研究的主要优点是：① 着眼于问题。变革推动者客观地发现问题，问题的类型又决定了变革行为的类型。虽然从直观上来说这是显而易见的过程，但现实中，大量的变革行为并不是这样来做的，而是以解决问题的方法为中心。变革推动者通常先有一个好的解决方法，例如，实行弹性工作制、建立工作团队，或目标管理方案，然后，他们寻求与这种解决方法相对应的问题。② 由于行动研究中包括员工的大量参与，所以减弱了变革阻力。实际上，只要员工在反馈阶段积极参与，变革过程通常就有了自身的动力。参与变革的员工和群体会成为带动变革的持续的内在力量源泉。

## 本 章 小 结

今天的组织正处在一个动态、复杂的环境中,按照英国著名管理学者查尔斯·汉迪的说法,唯一不变的是变化。而根据资源依赖理论者的观点,任何组织都不可能脱离环境独自生存。因此,实施组织变革以适应环境的变化,就成为当今组织的重要议题之一。无论这种变革采取激进的还是温和的方式,是针对结构、人员还是技术的变革。

然而,组织变革并非一件容易的事情。这其中的原因,一方面可能来自人们自身,可以是人性本身,例如,对不确定性的天生恐惧和对固有习惯行为的坚持;也可以是基于对个人利益的理性盘算。另一方面则来自组织自身的特征:任何组织都是因环境而生,而其重要使命之一,就是为了管理环境的不确定性。由此,任何组织"自降生之日",便有了某种维持自身稳定的"惰性基因"。当然,组织间不同部门、利益群体之间的理性抵抗,也是重要的变革阻力来源。

因此,组织变革的过程,实际上就是组织内外各种力量,特别是变革动力和阻力此消彼长的演进过程,各种旨在推进这种演进的理性方法应运而生。从勒温的变革"三部曲"、更加细化的科特的八阶段模型,到行动研究、调查反馈、过程咨询,以及聚焦于组织中人与文化方面的各种组织发展干预技术,都可看作是理论家和实践者为推动组织变革不懈努力的结果。

最后再一次提请读者注意两点新进展:一是科特基于对传统组织变革理性模式反思,提出的"感性变革"思想;二是价值探索思想在组织发展方面为我们所打开的新视野。

## 思 考 题

1. 什么是组织变革?通常所讲的组织变革是什么含义?
2. 组织变革有哪些类型?
3. 组织变革的动力和阻力来源有哪些?

4. 如何理解勒温和科特模型的异同?
5. 比较行动研究和过程咨询。
6. 比较组织发展的不同方法。

## 练 习 题

**练习一 组织变革模式**

请你根据实际情况,对下面每一项对你所在的组织的描述进行评价和判断,选择最能体现的数字。

(1=非常不同意　2=不同意　3=不确定　4=同意　5=非常同意)

1. 我单位在进行组织变革时,总是在同一段时间内同时进行多项重大变革。
2. 我单位在进行组织变革时,一般变革幅度比较大,几乎覆盖了所有部门。
3. 我单位在进行组织变革时,核心业务流程发生了重大变化。
4. 进行组织变革时,我单位一般持续时间比较短,半年以内就完成重大变革。
5. 我单位曾发生过变革,但每次变革的内容比较少。
6. 我单位曾发生过变革,分批分次,每次变革的幅度比较小,每次仅涉及少数几个部门。
7. 我单位总是在循序渐进中改进工作,核心工作并没有发生重大的变化。
8. 我单位曾发生过变革,变革持续的时间比较长,通常需要几年的时间。

说明:

该量表包括激进式变革(1—4题)和渐进式变革(5—8题)两个分量表,可以计算分量表所包含题目的平均分或总分。

**练习二 市场和技术动荡程度**

请你根据自己的实际感受和体会,对下面每一项对你所在组织的描述进行评价和判断,选择最能体现的数字。

(1=非常不同意　2=不同意　3=有点不同意　4=不确定　5=有点同意　6=同意　7=非常同意)

1. 在我们的业务中,客户的产品偏好会随着时间的推移而发生很大变化。
2. 新客户往往具有与产品相关的需求,这些需求与我们现有客户的需求不同。
3. 我们的客户倾向于一直在寻找新产品。

4. 我们目睹了从未购买过产品的客户对我们产品和服务的需求。
5. 我们行业的技术日新月异。
6. 技术变革为我们的行业提供了巨大的机遇。
7. 通过我们行业的技术突破,使许多新产品的想法成为可能。
8. 我们行业的技术发展很多。

说明:

该量表包括市场动荡(1—4题)和技术动荡(5—8题)两个分量表,可以计算分量表所包含题目的平均分或总分,得分越高表明市场动荡程度或技术动荡程度越高。

# 案 例 分 析

## 组织变革后的涅槃重生

智联招聘成立于2005年,是业内最大的人力资源服务商之一。智联在2010年以前是一家相对传统的招聘企业,宣传上以传统广告、明星代言为主;业务上也是重销售而不重用户运营。商业模式的"传统化",导致智联招聘落后于当时处于行业第一梯队中的竞争对手,屈居行业第三,2005—2010年期间业绩连年亏损。

在内部管理上,传统销售型企业的基因难以去除,在互联网PC时代,企业的管理思路还停留在重销售而不重用户体验,作为一家依托于互联网技术的线上平台,公司的产研部门曾经不满30人。且管理干部传统的思维模式、技能的落后都为企业的发展带来很大挑战,企业运行效率低迷。公司处于一片内忧外患之中,急需一场革命。

2010年10月,郭盛出任智联招聘新任CEO。智联招聘开始进行彻底的自我革命,实现了从人力资源一站式服务供应商到职业发展平台再到人才生态领导者的一系列成功转型。

在曾经内忧外患的局面下,郭盛首先做的是明确战略,即智联的目标是打造职业发展平台,摆脱传统的人力资源服务商角色;接下来公司便从建立全新的企业文化和建立系统性管理模式着手,实施组织变革。

### 建立全新的企业文化

(1)"创新、合力、敬业、乐业"的企业基本精神。企业中最具人格魅力的角色通常是创始人,而郭盛作为中途接管企业的CEO,通过个人的努力,很快取得了员工的信服和股东的认可。对于外资股东,郭盛通过优秀的沟通能力和大局观与他们达成有效的共识,双方取得彼此的谅解和信任;对于内部员工,郭盛不注重个人利益,是个有担当的领导,不盲目施加压力,注重鼓舞士气,提升团队的凝聚力。

(2) 创业精神。郭盛提出智联招聘应该以创业的心态来面对市场。以这样的态度去学习,更快速地把握市场变革。只有这样,智联招聘的转型才能更快实现。智联招聘力争永当招聘市场的"小鲜肉",永远年轻、有活力、吸引人。

(3) "德能勤绩练"的人才观。智联招聘以"德能勤绩练"作为考察每一位员工的标准。德,即创业激情、职业操守、大局观念;能,即业务决断、团队领导、跨部门合作;勤,即贴近基层、创新改进、推动执行;绩,即实际的工作业绩;练,即职业生涯的历练。

### 建立系统性的管理模式

(1) 边界重塑。打破小部门各自为政的现状,按照业务交叉逻辑设置四大委员会,让每个部门都可以从更高格局上参与公司战略和方向的讨论,并确保公司战略顺利落地。

管理委员会负责公司整体战略方向的确立和管理文化的确立:包括总裁办公室、行政、内审、财务、人事。平台委员会负责公司产品研发推广和系统运营:包括产研、市场、IT三个部门。创新业务委员会负责新业务孵化培育:教育培训、校园、测评、卓聘。销售管理委员会负责销售体系的运营管理和客户服务:全国销售管理体系、上海设计服务中心。

(2) 精细化运营。产品标准化。产品标准化是企业发展的必经之路,可以解决市场与目标客户定位的问题,让产品和服务更为系统,也让销售售卖更加简便有针对性。智联作为服务型企业,产品标准化之路更具挑战,目标是打造符合客户和市场需求的标准化服务型产品。

智联将标准化产品概括成"3的3次方"产品模型,为学生、白领、高端白领匹配3类产品:测评、网络招聘、教育培训,帮助求职者解决我是谁、我能干什么及我如何进步的职场痛点,并通过线上、线下、无线三个渠道,为职场人的全面发展打造平台,从而实现从"简历仓库"到"人才加工厂"的战略转型,为中国人才市场打造一个闭环生态链。

销售策略升级。在销售方面,智联通过城市分级、销售分级、产品分级以及客户分级,全方位推进精益运营,实现精细化管理驱动高增长。截至2017年第一季度,智联招聘的企业雇主数增长到424,382位,居行业第一。人均单产值提升,客户续约率高达81%。

(3) 新业务孵化机制。企业规模小的时候呈井喷式发展,鼓励野蛮生长,更多赋能,给新业务更多自由,只看核心指标。随着业务不断发展壮大,再从业务的野蛮生长向系统化管理转变。

智联卓聘是智联招聘内部孵化的创业项目,在2013年上线,主要的业务是通过"自营+开放"的模式,盘活猎头手里的简历资源,让用人单位更快招到人,也让

# 案例分析

猎头增加更多新的收入来源。对于很多公司来说，即使有猎头的存在，招聘到合适的中高端人才也并不是一件容易的事。智联卓聘的成立就是想把中高端人才招聘市场的层级结构打散，让招聘方更直接地接触候选人。智联卓聘面向职场高端人才、猎头和企业，打破传统网络招聘"人找职位"模式，推出职位找人的模式，并首创网络招聘电商模式，让候选人多维度展示自己，实现价值最大化。

综上所述，为了摆脱传统、被动的局面，CEO 郭盛带领智联招聘结合明确的战略目标，针对性地制定相应的企业文化和人才观，打造适合企业发展目标的团队。在管理上，通过边界重塑建立民主、高效的组织体系，打破部门之间的边界，确保战略顺利落地；通过精细化运营让产品、服务及内部考核科学化、标准化、统一化，并朝着核心指标明确的前进；同时，智联招聘时刻保持危机感，秉承创业心态不断进行新业务孵化，确保持续领先。

**思考题：**
1. 智联招聘为什么要进行组织变革？
2. 智联招聘的组织变革主要涉及哪些方面？
3. 请简述智联招聘是怎么确保变革成功的。

# 主要参考文献

[1] 罗宾斯,贾奇.组织行为学[M].李原,孙健敏,译.12版.北京:中国人民大学出版社,2008.

[2] 罗宾斯.组织行为学[M].李原,孙健敏,译.10版.北京:中国人民大学出版社,2005.

[3] 陈国权.组织行为学[M].北京:清华大学出版社,2006.

[4] 陈春花,杨忠,曹洲涛,组织行为学[M].北京:机械工业出版社,2009.

[5] 严进.组织行为学[M].北京:北京大学出版社,2009.

[6] 鲁森斯.组织行为学[M].王垒,译校.北京:人民邮电出版社,2004.

[7] 阎海峰,王端旭.现代组织理论与组织创新[M].北京:人民邮电出版社,2003.

[8] 格里芬,摩海德.组织行为学[M].刘伟,译.8版.北京:中国市场出版社,2008.

[9] 弗伦奇.组织发展与转型:有效的变革管理[M].阎海峰,译.6版.北京:机械工业出版社,2006.

[10] 赫尔雷格尔,斯洛克姆,伍德曼.组织行为学[M].俞文钊,丁彪,译.9版.上海:华东师范大学出版社,2001.

[11] 孙健敏,李原.组织行为学[M].上海:复旦大学出版社,2005.

[12] 吉布森.组织学:行为、结构和过程[M].王常生,译.10版.北京:电子工业出版社,2002.

[13] 王蔷.组织行为学教程[M].上海:上海财经大学出版社,2001.

[14] 达夫特.组织理论与设计[M].王凤彬,译.9版.北京:清华大学出版社,2004.

[15] 陈昭全.关系实践在中国的利弊[J].管理视野,2015(6).

[16] 严进.组织行为学[M].2版.北京:北京大学出版社,2012.

[17] 卢森斯.组织行为学[M].北京:人民邮电出版社,2012.

**郑重声明**

高等教育出版社依法对本书享有专有出版权。任何未经许可的复制、销售行为均违反《中华人民共和国著作权法》,其行为人将承担相应的民事责任和行政责任;构成犯罪的,将被依法追究刑事责任。为了维护市场秩序,保护读者的合法权益,避免读者误用盗版书造成不良后果,我社将配合行政执法部门和司法机关对违法犯罪的单位和个人进行严厉打击。社会各界人士如发现上述侵权行为,希望及时举报,本社将奖励举报有功人员。

**反盗版举报电话** (010)58581999  58582371  58582488
**反盗版举报传真** (010)82086060
**反盗版举报邮箱** dd@hep.com.cn
**通信地址** 北京市西城区德外大街4号  高等教育出版社法律事务与版权管理部
**邮政编码** 100120

# 教师教学资源服务指南

教师可扫描下方二维码,关注微信公众号"高教财经教学研究",免费申请课件和样书、下载试卷、观看师资培训课程和直播录像等。

🎯 **云书展**

点击导航栏中的"教学服务",点击子菜单中的"云书展",了解最新经管教材信息。

🎯 **样书申请**

点击导航栏中的"教学服务",点击子菜单中的"免费样书",填写相关信息即可免费申请样书。

🎯 **课件申请**

点击导航栏中的"教学服务",点击子菜单中的"课件申请",填写相关信息即可申请课件。

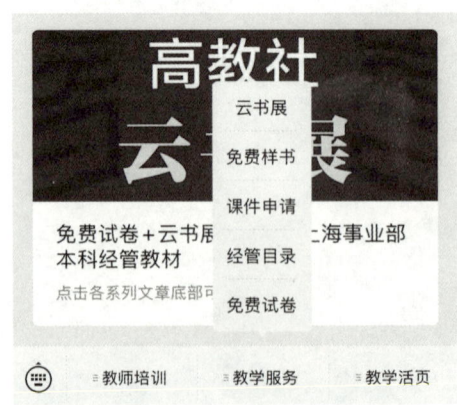